JN066118

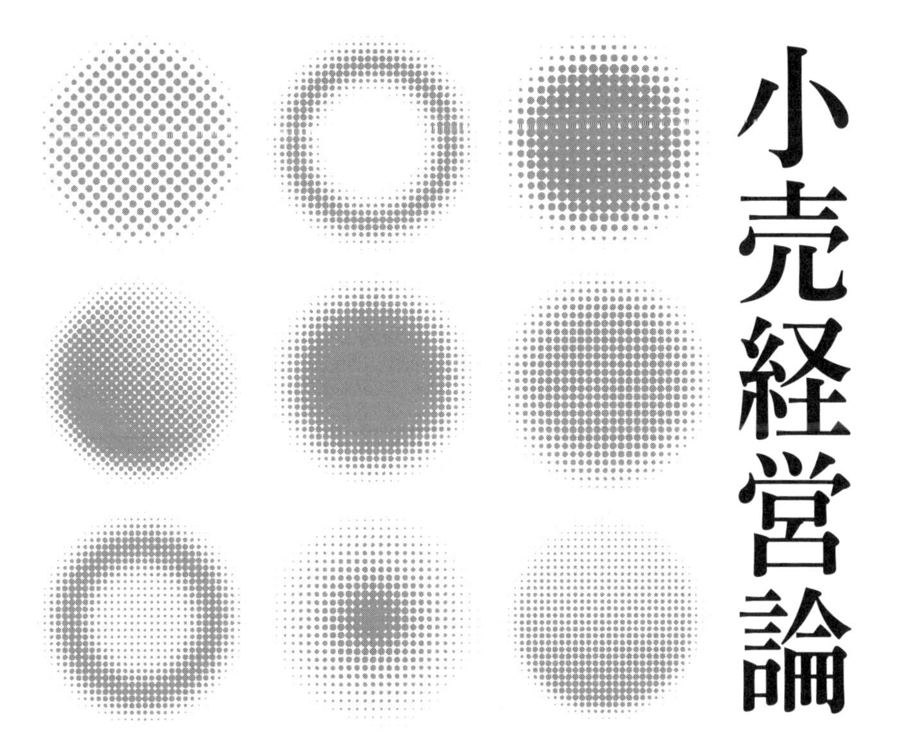

小売経営論

高嶋克義・髙橋郁夫　著

Takashima Katsuyoshi, Takahashi Ikuo

有斐閣

はしがき

本書は，小売経営の考え方や基本的な知識を提供する教科書であり，大学・大学院で小売流通や小売経営について学習する人，小売業に従事する人，製造業・卸売業・物流業・情報サービス業・行政機関で小売業と関わりのある業務に携わる人などの，さまざまな読者層を想定している。

近年，小売業を取り巻く環境は大きく変化しており，小売企業における意思決定はますます複雑で難しいものとなっている。とりわけインターネット販売やオンライン小売とも呼ばれるECが成長し，大手EC事業者による市場の侵食が起きていることは，店舗小売業にとっての大きな脅威となっている。そのほかにも，「モノからコトへ」と表現されるように消費者が経験価値やサービスを重視するようになったこと，特に地方で進展する少子高齢化の影響が深刻になったこと，消費者の安全・安心への志向や環境意識が高まっていること，小売業の現場で人手不足の問題が生じていることなどは，小売経営における問題解決を一層難しくしていると言えるだろう。

小売企業がこうした環境変化に適応しながら成長していくためには，直面する問題の構図を理解し，適切な意思決定を導いたり，革新的な問題解決に取り組んだりすることが重要になる。しかも，こうした行動を企業として取るためには，組織のさまざまな部門が協力・連携したり，店舗の従業員を適切に管理したり，さらには仕入先など他企業との関係を適切に管理したりすることが求められる。

そして，このような状況のもとでは，小売経営に関する専門知識を習得することがますます重要になる。というのは，小売経営の全体像を理解した上で，個別の専門的な知識を総合的に習得することによって，問題を分析し，解決策を導く能力を高められるからである。さらには，小売企業における個々のスタッフとしての能力だけでなく，他のスタッフ，他の部門，他の企業とも連携して問題を解決するような，組織としての能力を高めるためにも，小売経営の専門知識は必要になるだろう。

小売業における現場での経験や先天的なセンス・商才の重要性は否定しないが，それらだけに依存し，小売経営に関する専門知識の学習を軽視してしまうと，小売業の人材育成がうまく行われず，さらに言えば，小売業の社会的地位もなかなか高まらない。小売経営の専門知識を持った人材がきちんと育成され，そうした多くの人材が革新や改善に基づく新たな知見をもたらし，その知見が小売経営の専門知識をより豊かなものにするという好循環を形成してこそ，小売業の社会的地位が一層高められると期待される。

このように専門領域としての小売経営を学ぶ必要性は高まっているが，商業論や流通論の教科書は数多く存在するものの，小売経営を専門的に扱いつつ，幅広い領域を偏りなく扱う国内の教科書は少ない。そこで，私たちはこのギャップを埋めるために，小売経営の教科書作りに着手し，2015 年末から 4 年間の歳月をかけ，数え切れないほどの議論を重ねて，本書を完成させた。執筆においては，高嶋が第 **1, 3, 4, 9〜12, 14** 章を，髙橋が第 **2, 5〜8, 13, 15, 16** 章を担当している。ただし，教科書であるがゆえに，著者の「書きたいこと」「書けること」を書くのではなく，小売経営論として「何を学ぶべきか」を考えて書くという基本的方針を共有した上で，原稿を相互に読んで意見を交換し，加筆や修正を行うという形で，共同での執筆作業を進めた。

また本書では，理解の助けになるように，補足的な説明や用語解説のための **Column** を各章に配置している。さらに，各章末には本書の内容を企業などの事例に結び付けて理解できるよう，**演習問題**を設定してある。独習や授業・演習・研修などにおいて，個人やグループで事例を探し，課題に沿って事例を分析することで，理解を深めてもらいたい。

最後に，小売経営の理想的な教科書を作るという究極の目標を共有し，本書の企画・編集にご尽力いただいた柴田守氏・得地道代氏をはじめ有斐閣の皆様に心から謝意を表したい。

2020 年 3 月

高嶋　克義
髙橋　郁夫

著者紹介

高嶋 克義（たかしま・かつよし）

担当 第**1, 3, 4, 9～12, 14**章，**Column** ①～③⑤⑦⑧⑬⑰⑲㉑㉓㉕㉘，演習問題

1982年，京都大学経済学部卒業

1984年，神戸大学大学院経営学研究科博士前期課程修了

1987年，同研究科博士後期課程単位取得退学

現職 神戸大学大学院経営学研究科教授。博士（商学）

主要業績 『マーケティング・チャネル組織論』千倉書房，1994年；『生産財の取引戦略』千倉書房，1998年；『日本型マーケティング』（編著）千倉書房，2000年；『営業プロセス・イノベーション』有斐閣，2002年；『現代商業学』有斐閣，2002年（新版：2012年）；『営業改革のビジョン』光文社新書，2005年；『生産財マーケティング』（共著）有斐閣，2006年；『現代マーケティング論』（共著）有斐閣，2008年；『小売業革新』（共編著）千倉書房，2010年；『小売企業の基盤強化』有斐閣，2015年など。

髙橋 郁夫（たかはし・いくお）

担当 第**2, 5～8, 13, 15, 16**章，**Column** ④⑥⑨～⑫⑭～⑯⑱⑳㉒㉔㉖㉗㉙

1981年，慶應義塾大学商学部卒業

1983年，慶應義塾大学大学院商学研究科修士課程修了

1984年，ノースウェスタン大学大学院博士課程にロータリー財団奨学生として留学

1986年，慶應義塾大学大学院商学研究科博士課程単位取得満期退学

現職 慶應義塾常任理事，慶應義塾大学商学部教授。博士（商学）

主要業績 『消費者購買行動――小売マーケティングへの写像』千倉書房，1999年（増補版：2004年，三訂版：2008年，新装版：2019年）；このほか，*Journal of Business Research*，*European Retail Research*，*Psychology & Marketing*，*Australasian Marketing Journal* などに共著論文多数。

目　次

Column 一覧

第1章

小売業とは何か

1　小売業とは

● 小売活動と小売企業

「小売」とは，物やサービスを消費者に販売することである。販売する相手が，消費者という個人ではなく，流通企業や製造企業（メーカー）などの組織であれば「卸売」になる。なお，銀行などのサービス業などでは，消費者を対象とする事業のことをリテール事業と呼ぶこともあるが，リテール（retail）とは小売のことである。ただし，一般的に「小売」と言えば，商品流通における小売を想定し，上記のようなサービスのリテール事業は含めて考えない。

そして，小売という活動，つまり小売活動を事業として，もっぱらそれを行う企業のことを小売企業，あるいは小売業者と呼ぶ。また，小売業というのは，そのような事業として行われる小売活動の全体を産業として総括するときに考えるものであり，その中で特に小売企業によって行われる小売事業の全体のことを小売商業と言う。

したがって，小売活動は，小売企業だけが行っているわけではない。例えば，製造企業が市場情報を収集するために自ら直営の販売所を設けて，そこで製品の一部を消費者に直接，販売する場合には，その製造企業は，小売活動を行っているが，売上の大半は製造業によるものなので，その企業は小売企業とは言わない。

そして，小売活動が実際に行われる物理的な施設が小売店舗（小売店）となる。小売店舗は，消費者が身近な場所で商品を入手することを好むために，消費者の近隣に立地することになる。また，小売企業が複数の小売店舗を経営することがよくある。後の章で説明するような小売チェーン企業はその典型である。なお，カタログ販売やEC（electronic commerce：インターネット販売）も小売業であるが，これらの場合には物理的な店舗施設がないために小売業の中でも無店舗販売という範疇に入る。ただし，ECでは，慣用的にウェブ上の販売サイトのことをネット店舗と呼ぶこともある。

また，小売企業が消費者に販売する商品は，多くの場合，卸売企業や製造企業から調達した商品であるが，そのような調達をすることを仕入活動と呼ぶ。他方で，小売企業が商品の製造や開発を行う場合がある。例えば，製造業における新製品の企画・開発と同様に，小売企業がPB（プライベートブランド）の企画・開発を行うことがある。衣料品専門店チェーンの中には，こうしたPBだけを販売している企業があるが，このような企業も主に小売活動で収益を上げているために小売企業の範疇に入り，PBの製造や開発は，小売企業による製造活動として理解される。

● 小売経営を学ぶ意味

小売経営の問題とは，小売事業が一般的にさまざまな役割を担う企業組織の人員によって遂行されることから，それらの諸活動をいかに行わせて，それをいかに管理するかという問題である。なお，この問題は小売企業だけの問題ではなく，製造企業なども小売活動を行う場合には，小売経営の視点が必要になる。

では，なぜ小売活動だけを切り出して考えるのか。それは，他の事業活動であまり議論されないさまざまな問題がそこにあり，事業の成果に影響を与えるからである。例えば，消費者はどのような商品をどこで買うのか，なぜそこで買うのかという問題から，小売企業では，小売店舗をどこにどのように建て，そこでどのような商品をいかに売るのかといった経営の課題が発生する。さらに，小売店舗は他の小売店舗と競合関係にあることが予想されるため，他店舗との競争に勝つように，さまざまな活動を適切に行う必要がある。そこで，どのような商品をいくらでどのように売るのかといった消費者の目に見える部分に関わる活動だけでなく，仕入活動や販売員の管理・育成などの販売活動の背後にある見えない部分での活動も重要になってくる。

しかも，これらは小売業において特徴的な活動と言える。例えば，製造業と比較すると，ここに挙げた店舗における販売活動，店舗間競争，仕入活動，販売員の管理・育成といったことは，製造業ではあまり注目されない局面であるが，小売経営では重要な局面になる。

2 小売業の役割

● 流通チャネルにおける小売業

小売業の役割として最も中心的なことは，商品の販売であり，これは商品の所有権を消費者に移転することと，その対価としての支払いを受けることである。ある商品が生産された後に，その所有権が生産者から卸売企業，小売企業，そして消費者へと移転することが一般的であるが，このような商品の所有権が移転する経路のことを流通チャネル（またはチャネル）と言う。なお，所有権の移転には，必ず取引が発生する。したがって，流通チャネルは，ある商品の取引の連鎖でもある。例えば，ある商品の所有権が，生産者，卸売企業，小売企業，消費者へと次々に移転するなら，生産者と卸売企業との間，卸売企業と小売企業との間，小売企業と消費者との間に取引が行われる。

また，この取引が行われるときには，そこに取引をめぐる競争が売手と買手において発生する。例えば，小売企業と消費者との間での取引では，消費者がどこで商品を買うかに対応して，小売企業間では消費者への販売をめぐる競争が発生し，他方で，消費者が他人よりも有利な条件で商品を得ようとすることから，消費者間の競争も発生する。すなわち，流通チャネルで行われる取引は，それぞれの段階での市場競争の中で行われる。したがって，さまざまな商品の流通チャネルの総体は，このような取引段階ごとに成立する市場が連鎖したものという理解が可能になる。

● 流通機能と小売サービス

ペティ・クラークの法則にもあるように，わが国でも経済発展につれて第一次産業から第二次産業，さらに第三次産業へと産業構造の中心が大きくシフトしてきた。ここで，第三次産業とは，運輸業，商業，サービス業などの，いわゆる広義のサービス産業部門の総称である。商業は，生産者と消費者の仲立ちをすることで財の円滑な流通に寄与している。そして小売業は，卸売業と並ぶ重要な商業の構成要素であり，流通というサービスを消費者に提供している。

商業が果たす機能を流通サービスの提供とするなら，研究者はそれをどのようなものとして捉えてきたのであろうか。例えば，Alderson（1957）は，それを本質的サービスと付随的サービスに分けて説明した。つまり本質的サービスとは，品揃えの形成（仕分け，集積，配分，取り揃えなど）に関するサービスであり，付随的サービスとは，商品の効果的な使用に関連したサービス（据え付け，購入商品の調整・修理など），商品の移転に関連したサービス（信用，包装，配送など），商品の選択に関連したサービス（陳列，店員によるサービス・助言，広告，カタログ配布など）の3つとした。

また，Bucklin（1966）では，流通サービスを，ロットサイズ，市場分散化，配達時間・待ち時間，品揃えという4つの要因に関わる機能として論じた。つまりそれらは，顧客が購入しやすいように取引の最小単位を小さくし，できる限り広域に商品を流通させ，消費者が商品を入手するまでの時間を短縮し，顧客ニーズに合わせて商品を取り揃えるという小売業の本質的機能を意味していた。

これら2人の研究者の見解を踏まえつつ，マクロ的視点から流通サービスの基本機能を示すなら，それは商流（所有権の移転）・物流（財の物理的移転）・情報流（生産者および消費者からの情報の移転）に関わるものであり，川上の製造業・卸売業・小売業に従事する企業から，川下の消費者に向けた付加価値の提供を意味する。つまり，こうした流通サービスの中で小売業が担う部分を小売サービスと考えることができる。消費者は，この小売サービスを享受することによって生活の質を維持・向上させることが可能となり，小売業は，生産者，卸売企業，消費者を含むマクロマーケティング・システムの一員として社会的・経済的貢献をしていると言える。

● 小売店舗の役割

ECなどの無店舗販売を除けば，小売企業は（物理的な意味での）小売店舗を設置する。この小売店舗は，商品の実物を陳列して，消費者に商品を選ばせ，商品の販売を行い，その場で商品の引き渡しを行う場となっている。

前に述べたように，これらのうちで中心となるのが，販売としての所有権の移転を行う場である。それに加えて小売店舗では，商品の実物を見せることで消費者に情報を提供する役割を果たしている一方で，商品の物理的な引き渡しを行う場となっている。すなわち，小売店舗には，小売企業と消費者との間での商流・物流・情報流の３つを同じ場所で一緒に行うという特徴が生まれる。

それに対して，ECでは，商流と情報流は，インターネットを利用した受注・決済・商品説明で行われ，物流は物流業者による消費者への配送によって行われるため，商流・情報流と物流が分離された形になる。これを商物分離と言うが，物流を分離することで，店舗という施設を使わなくてもよい反面，商流と物流とが同時に行われないために商品の即時引き渡しが行われないことや，物流が分離されて，商品の実物情報が得られないことに伴うリスクが消費者に知覚されたり，物流を別に行うことで商品の入手までの時間や費用が余計にかかったりするというデメリットが発生する。

それとの対比で言えば，小売店舗というのは，商流・物流・情報流の３つを一緒に行うためのコストをかけることで，こうしたデメリットによる不都合を小さくしていると理解できる。したがって，物理的な店舗のないECが店舗や店頭の商品にかかるコストを節約したとしても，これらのデメリットの大きさによって，消費者が日常的に店舗を利用するという現象が生まれるのである。

● 品揃えの広さの形成

小売店舗では，多数の種類の商品を取り扱うのが一般的であり，こうして１つの場所に集められた多数の種類の商品の集合のことを品揃えと呼ぶ。この品揃えが小売店舗において形成されることで，次のような２つの理由から，消費者は自分の欲しい商品を効率的に入手することができる。

まず１つは，品揃えの広さによる効果である。品揃えの広さとは，小売店の品揃えに含まれる商品種類の多さであり，広い品揃えであれば，消費者は多様な種類の商品を１つの店舗の中でまとめて購入することができる。もし製造企業がそれぞれの商品を１品目だけ扱う直営の販売店で販売するならば，消費者は，各直営店を回って生活に必要なさまざまな商品を購入しなければならない。そこで小売店舗にさまざまな商品を取り揃えるならば，１つの店舗で一度に買い揃えることができるようになり，消費者の買物の負担は大幅に軽減される。すなわち，小売店舗の品揃えの広さは，消費者の費用を軽減したことになる。なお，この場合の費用とは，交通費などの金銭的な負担だけでなく，肉体的・心理的な負担を含めて考える。

また，前述のように，商品流通には商流・物流・情報流の3つがあることを考えると，1つの店舗でさまざまな商品を一度に買い揃えることができるというのは，消費者のそれぞれの商品の入手にかかる商流・物流・情報流の費用をまとめて買うことで節約することになる。例えば，商流としては購買の手続き，物流としては商品の持ち帰り，情報流としては店頭の商品情報の収集を，個々の商品について行う代わりに，さまざまな商品をまとめて連続して行うことで，それらにかかる費用を節約することができる。

この費用節約が大きくなるほど，消費者の品揃えの広さへの期待は大きくなる。ただし，消費者は常にさまざまな商品をまとめて買うわけではないことに加えて，小売店舗側にも商品を陳列する費用がかかるため，店舗の品揃えは限りなく広くなるわけではなく，取り扱う商品や顧客のタイプ，店の立地などの条件によって，ある最適な品揃えの広さが想定される。とはいえ，少なくとも小売店舗では品揃えの広さを提供することで，消費者に費用節約というメリットをもたらしていると言える。

● 品揃えの深さの形成

もう1つは，品揃えの深さによる効果である。品揃えの深さとは，ある商品カテゴリーに含まれるブランド，デザイン，サイズ，味，香りなどの異なる商品の多さであり，店頭の品揃えが深くなるほど，消費者は自分が望む商品を見つけやすくなる。もし製造企業がそれぞれのブランドだけを扱う直営の販売店で販売するならば，消費者は，どのブランドを購入するかを決めるとき，販売店を回って各ブランドの情報を集めなければならなくなる。そこで小売店舗がさまざまなブランドを取り揃えるならば，1つの店舗で比較して決めることができるようになるため，消費者の商品探索の費用は軽減される。

ただし，品揃えの広さによる効果とは違って，ここではまとめて買うことを考えていないため，商流・物流・情報流の中の情報流における費用節約の効果だけが想定される。つまり，1つのブランドを選んで買うため，商品の購買の手続きや持ち帰りなどの商流・物流にかかる消費者の費用は減らないが，その決定に至るまでに多くのブランドを比較したとしても，その情報収集にかかる消費者の費用は大きく節約される。この品揃えの深さも，とにかく深くなれば望ましいというわけではなく，状況によって最適な品揃えの深さが想定される。その状況によっては，特定ブランドの限られた商品しか扱わない店舗というケースもありうるが，品揃えの深さには，消費者による商品探索の費用を節約する効果があることは理解しておこう。

● 取引数節約の効果

小売店舗で品揃えの広さや深さを形成することは，小売企業に商品を供給する生産者にとってもメリットがもたらされる。というのは，品揃えの広さや深さがもたらす商品の購買・探索に関わる費用節約を期待して，消費者が買物を行う場所として小売店舗を選択するようになれば，多くの消費者が小売店舗に集まるようになるからである。商品を販売したい生産者は，小売企業に商品を販売してもらうことで，自分たちの直営店で販売するよりも効率的に商品の買手を見つけて販売することができるということになる。

このとき，小売企業の数は消費者よりもはるかに少ないため，生産者にとっては商流・物流・情報流の活動の費用を大きく節約できる。詳しく言えば，品揃えの広さについては，小売企業との間のほうが，個々の消費者との間で商流・物流・情報流の活動を行うよりも効率的になる。また，品揃えの深さについては，個々の消費者の商品探索に対応するような煩雑な情報流の活動を小売企業の利用で削減できる。

こうして小売店舗において品揃えが形成されることで，消費者の購買や商品探索に関わる費用が節約されると同時に，生産者にとっても商流・物流・情報流に関わる費用を削減することができる。このことは流通全体で見れば，社会的な流通費用の節約として理解される。つまり，小売企業が品揃えを形成することが，社会全体の流通を効率的にしていることになる。

そして，品揃えの広さによって流通費用が節約されるメカニズムは，取引数節約の効果としても説明される。すなわち，これまで消費者と生産者のそれぞれの費用が節約されることを述べてきたが，このことは社会全体で言えば，品揃えの広さを形成する小売業が介在する場合のほうが，介在しない場合よりも，

図 1-1　小売業者の介在による取引数節約

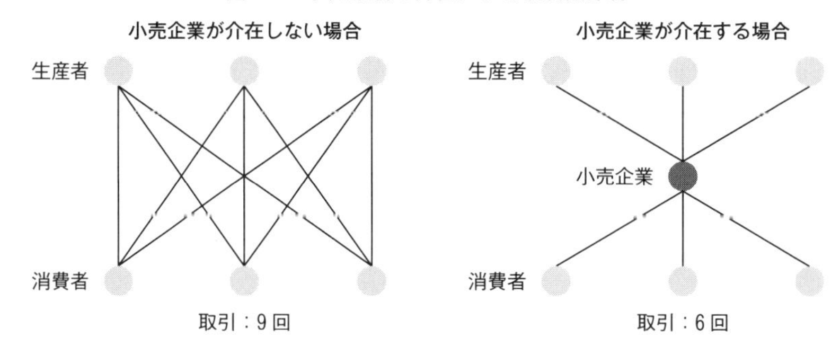

消費者と生産者をつなぐ取引の数が少なくなり，それに伴う商流・物流・情報流に関わる費用が節約されることとして理解される。

例えば，図 1-1 のように 3 人の生産者と 3 人の消費者がいて，各消費者は 3 人の生産者の商品をすべて買い揃える必要があるとすれば，品揃えの広さを形成する小売企業が 1 つ介在する場合には，3 人の生産者と小売企業との間の 3 回の取引と，3 人の消費者と小売企業との 3 回の取引で，社会的には合計 6 回の取引が行われることになる。

それに対して，小売企業が介在しない場合には，3 人の消費者は，それぞれ 3 人の生産者の商品を購入することになるため，合計で 9 回の取引が行われる必要があった。このような取引数の削減は，生産者と消費者の数が増えても成り立つため，小売企業が品揃えの広さを形成することで，取引の数が減り，その取引に伴う商流・物流・情報流の流通費用が節約されたことになる。

ちなみに，前述の消費者や生産者におけるそれぞれの費用の節約は，各消費者や各生産者から伸びている取引の数が，小売企業が介在することによって，それぞれ 3 本から 1 本に減っていることとして理解される。

● 情報縮約の効果

もう一方の品揃えの深さによる社会的な流通費用の削減は，情報縮約の効果として説明される。品揃えの深さは，取引の数を減らすわけではないが，情報のやり取りの数を減らすものであるために，社会全体での情報流に関わる費用を削減することになる。

例えば，3 人の消費者がいて，各消費者は，同じ商品カテゴリーの違うブラ

図 1-2　小売業者の介在による情報縮約

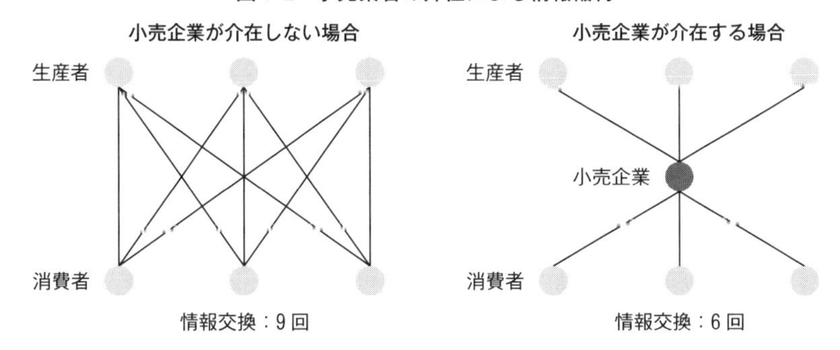

ンドを生産する 3 人の生産者の商品（ブランド）を比較して，どれを買うかを決めたいと考えているとする。そのような状況で，品揃えの深さを形成する小売企業がなければ，3 人の消費者は，それぞれ 3 人の生産者から商品の情報を収集することになるため，3 人の合計で 9 回の情報のやり取りが行われる必要がある。それに対して，小売企業が介在して，店舗に 3 人の生産者の商品を陳列し販売する場合，3 人の消費者は，小売企業の店舗で 3 種類の商品の情報を入手することができるため，3 人の消費者の合計で 3 回の情報交換が行われる。また，3 人の生産者も小売企業との間で情報をやり取りすればよいので，3 人の生産者の合計で 3 回の情報交換が発生し，社会全体では合計 6 回の情報交換が行われることになる。

こうして社会全体で行われる探索のための情報交換の回数は，小売企業が介在することによって減少することになる。これも取引数の削減と同様に，生産者と消費者の数が増えても成り立つ。これが情報縮約の効果である。

なお，取引数の節約のときは，小売企業が品揃えの広さによる取引の回数が減るという効果であったが，情報縮約は，品揃えの深さによって探索のための情報交換の回数が減る効果であり，商品をまとめて購入することによる取引回数の削減は起きなくても，情報流に関わる流通費用の節約をもたらす。

以上のように，小売企業が商品流通において介在することは，社会的に見れば，効率的な商品流通を可能にする。それゆえ，小売業が社会において存立することになる。もし小売業がなければ，消費者は，生産者の直営販売拠点で商品を購入しなければならず，生産者も全国に直営販売拠点を設けなければならなくなる。それはあまりにも不効率であるため，消費者や生産者は効率的な商品流通をもたらす施設として，小売店舗を利用することになるのである。

3 小売市場競争の特徴

● 小売市場競争

これまで説明してきたように，小売企業が介在することで，効率的な商品流通が可能になる。これは小売業が社会においてなぜ必要とされているのかを説明するものではあるが，特定の小売企業が社会において選択されることを保証するものではない。つまり，消費者や生産者は，いずれかの小売企業が必要であると思っていても，それが特定の小売企業を必要とすることにはならない。むしろ，小売企業は，そこで選択されるように，激しく競争している。特に多くの消費者に小売店舗を選択してもらうことが重要で，消費者を多く引き付ける小売店舗ほど，生産者もその店舗に商品を置いてもらおうとする。

したがって，小売店舗間では，より多くの消費者に選ばれるように競争をすることになるが，この競争のことを小売市場競争と呼ぶ。

● 地域市場という特徴

小売市場競争には，ある限られた地域市場での競争という特徴がある。すなわち，ある小売店舗が競争するのは，全国のすべての小売店舗ではなく，その店舗の近隣の店舗に限られる。それは，消費者が小売店舗から離れたところに居住するほど，店舗までの移動に時間や労力，交通費などの費用がかかるため，各小売店舗を訪れる消費者は，それらの費用が受容できるような地理的な範囲としてのある商圏に居住する消費者になってくるからである。

そして，この商圏内に同じような商品を扱う別の小売店舗があれば，それらの店舗との間で競争が発生する。例えば，2つの店舗の各商圏が重複するエリアに住む消費者は，両方の小売店舗に訪れることが可能であり，それらの店舗の商品を比較して選択することができるため，小売店舗としては，その選択をめぐって競争することになる。しかも，消費者が買物のために行動する範囲はあまり広くないことから，実際に競合する小売店舗の数は限られ，この地域市場は，ごく少数の小売企業が競争するという寡占市場の状態になっていることが多い。

ただし，寡占市場であっても，小売企業が寡占間協調を形成して，小売市場競争を相互に自制することは難しい。というのも，小売市場への参入障壁は高くないことから，既存の小売企業間での寡占間協調を形成しても，それをアウトサイダーによって崩されてしまうからである。製造業での市場参入であれば製品開発などが必要になるが，小売市場への参入であれば商品を調達して店舗を作れば参入できる。しかも，地域市場への参入であるために，小規模に参入することも可能になる。もちろん，そのような参入企業が成功するとは限らないが，少なくとも既存の小売企業は，常にこうした参入の脅威にさらされているために，競争を自制しにくい状況にある。なお，このように市場参入の脅威にさらされている状態をコンテスタブルな市場と言う。

● **小売市場での差別化競争**

小売市場競争は，価格競争だけでなく，立地や品揃えのよさ，店舗でのサービスなどのさまざまな非価格要因による差別化競争が行われるという特徴がある。すなわち，消費者がこれらの非価格要因に基づいて，特定の小売店舗を特別に選好するという状態が作られやすい。

例えば，店舗が人通りの特に多い場所に立地していれば，他の店舗が同一の場所に立地できず，またそのような好立地は限られているという理由で，その店舗は立地において消費者の選好を得ることが可能になり，他店舗に対して差別化できることになる。さらに，小売企業は，顧客の店舗へのアクセスをよくすることで，利便性を向上させることができる。大規模なショッピングセンターなどでは，近くの駅や住宅地を循環するバスを走らせたり，都心の百貨店では店舗から離れた駐車場までバスでの送迎を行ったりしている。

また，同様に，品揃えのよさや店舗でのサービスなどについても，ある要因で競合する他の店舗よりも優れた特徴を形成することができれば，こうした店舗間での差別化競争において有利な地位を占め，それを選好する消費者をより多く獲得することができる。この品揃えについては，前述のように，大きく分けると２つの次元がある。１つが，品揃えの広さである。これは店舗内で取り扱う製品カテゴリー数の多さであり，また，同一カテゴリー内であっても，そこにおける商品の種類の多さ，つまりバラエティを意味する。また，もう１つの次元が，品揃えの深さである。これは，特定の製品について，取り揃えられている色柄やサイズの多さを意味する。以上に加え，すべての商品を製造企業が開発・生産したものにするのではなく，小売業が自主的に企画・販売するPBの取扱いをどの程度にするかということも品揃えに関する重要な意思決定要因といえる。

さらに，チラシ，新聞，テレビ，ラジオ，雑誌，インターネットなどのメディアを用いた広告，店内のPOP広告，ディスプレー，試食販売，催事，イベント，ポイント制度，ダイレクトメールなどのさまざまな販売促進手段を使った差別化もある。

また，小売店舗の雰囲気は，顧客の滞在時間にも影響する重要な要素である。店構えや店頭のディスプレーに始まり，店舗のレイアウト，商品陳列，照明，BGM，匂いといった五感に訴求する要素や，大型商業施設であれば，飲食店などのテナントの配置，トイレ・休憩場所などの付帯施設なども重要な差別化手段である。そして，小売店には，セルフサービス店のように機能的・効率的に売場が作られているものもあるが，対面で販売することを基本とする店も多い。後者の場合，店員の服装や身だしなみ，立ち振る舞い，それに丁寧で親切な接客サービスも，差別化において重要な役割を担っている。そのほか，店舗の営業時間は，利便性というサービス要因となる。また，店舗で現金のみならず多様な支払方法に対応したり，一定条件の上で返品を受け付けたり，さらには，販売した商品に保証を付けたりすることで，顧客サービス水準の向上を図り，店舗を差別化することができる。

製造業でも広告やブランド構築などを通じた差別化競争が展開されるが，小売業における差別化競争では，特に立地，品揃え，顧客サービスなどによる差別化が特徴的となる。そして，さまざまな非価格要因についての差別化競争が展開されている状況では，各小売企業は，これらの非価格要因について，競合する店舗よりも優れた特徴や他の店舗にない特徴を出すことを考える必要がある。

以上のように，小売市場競争は，地域競争であるとともに差別化競争という特徴を有することから，小売企業が出店する地域の消費者需要に適応しながら，競争をすることが基本となり，そのような地域ごとの需要への適応が小売企業戦略の重要な課題となるのである。

4 小売業における環境の変化と適応

● 変化する消費者需要

小売業では，消費者に商品やサービスを販売し，差別化競争を繰り広げることから，消費者の需要について情報を収集し，それに適応することが特に重要になる。したがって，消費者需要が変われば小売業のあり方も変わることになる。ただし，小売企業が消費者需要に適応するとは言っても，消費者の個別の需要にそれぞれ対応するのは費用的に難しいため，現実には，店舗がターゲット（標的顧客）とする消費者層を想定し，その消費者層における平均的な需要に対して適応することが行われる。また，誰をターゲットとするのかという消費者層の考察を効率的に行うために，性別，年齢階層，所得階層などの消費者層の類型パターンが用いられることが多い。

例えば，近年では，高齢者層の人口が増えたことに対応して，小売業で高齢者の需要への対応が求められている。具体的には，世帯人数の少ない高齢者層向けに，少ない容量の商品を増やすなどの品揃えを変更したり，配達サービスを導入して，高齢者による購買の利便性を高めたりすることである。他方で，若年層を中心として商品の購買においても SNS（social networking service：ソーシャルネットワーキング・サービス）とモバイルデバイスを積極的に活用する傾向が強まったことに対応して，小売業では，販促手段として SNS を活用する一方で，店舗で商品を見てから EC で購買するというショールーミングへの対応が求められるようになった。

さらに，前に説明したように，小売市場の特徴が地域市場であることから，各店舗が立地する場所によって，この消費者層の需要が異なるということを意識する必要がある。特に，都市と地方では店舗を訪れる消費者の需要は異なることが予想され，都市においても，都市の中心地に立地する場合と都市の郊外に立地する場合では異なる消費者需要に直面することになるだろう。

消費者の高齢化問題は，勤労者世代の多い都市部よりも地方において顕著に現れることになる。例えば，地方において高齢者への対応を求められることから，コンビニエンスストアでも高齢者向けのサービスの充実化が図られるようになった。また，郊外に住む消費者が時間の経過とともに高齢化することによ

Column ❶ 小売業とコト消費

近年，商品の物的な価値よりも商品を利用する経験から得られる満足度に注目すべきという意味で，「モノからコトへ」という提唱がなされることが多いが，そこでは消費者の快楽追求や経験価値の局面を重視していることになる。この「モノからコトへ」を小売業にあてはめるならば，小売業は，商品というモノをただ販売するのではなく，買物の楽しみや発見する喜びといった快楽的な経験価値を提供する事業ということになる。

そして，小売企業がこうした経験価値を消費者に提供することは重要な意味を持つ。小売業がモノを売るという事業と考えていると，同じようなモノ（商品）が他の小売店舗やECでも販売されているために，消費者は，より安い店舗やECサイトを探すようになり，どうしても厳しい価格競争に巻き込まれることになる。そこで，小売企業は，他の店舗やECサイトには代替されにくい存在となるために，コトを提供することによる店舗の差別化を図る必要がある。

ただし，「モノからコトへ」の転換を経営者や管理者がスローガンのように言うだけでは実現するものではない。消費者の多くは，モノを求めて小売店に来ているため，どのようなコトを望んでいるのかを口にすることは少ない。つまり，消費者に何を欲しているのかを尋ねても，よりよいモノをより安く売るという「モノの販売」から抜け出すことはできず，むしろ，消費者はコトよりもモノを望んでいるという考えを正当化してしまうかもしれない。

そこで，まず重要になるのが，消費者が探すモノの背後にある潜在的な課題を探り，その解決策（ソリューション）を店舗や販売員を通じて提案することである。特に販売員には，接客のインタラクティブなコミュニケーションを通じて，消費者の潜在的な課題に関する情報処理を行う高い能力とともに，普段からそれを進んで行う動機付けが必要になる。

さらに，こうした消費者の潜在的な課題は，消費者行動論で言う包括的問題解決（第**7**章**3**を参照）に相当するため，特定の商品カテゴリーに関わる解決策の提案では明らかに不十分である。しかし，小売企業では，商品カテゴリーごとに売場を分けたり，仕入や販売の担当者が違っていたりするために，コトに関する有効な提案が難しくなる場合がある。例えば，百貨店は，消費者が買物の楽しさを感じやすい小売業態であるために，「モノからコトへ」の転換も進めやすいように見えるが，商品カテゴリーで売場や担当者が分かれていることで，消費者への商品カテゴリーを超えたライフスタイル提案のようなコトに関する提案が難しいという課題に直面する。したがって，小売業における「モノからコトへ」の転換は，単に意識だけの問題ではなく，人材育成，販売員管理，責任・権限の範囲などの小売企業の組織的な問題として考える必要がある。

って，郊外型のショッピングセンターが集客する消費者の年齢層が上がり，ショッピングセンターの品揃えやサービスも修正を迫られるようになる。

しかも，消費者の需要というのは，時間の経過とともに変化するため，消費者需要への適応を通じて小売企業の戦略も変化させる必要がある。この需要の変化は，さまざまな要因によって引き起こされる。

第一に考えられるのは，マクロ的な景気の変動による可処分所得の増加や減少による影響である。例えば，好景気になるほど，高価格・高付加価値の商品が消費者によって購買されるが，逆に，景気低迷期では，消費者は低価格志向を強めるため，小売市場での価格競争は激しくなる。

第二に，こうした短期的な変化とは別に，長期的な市場の成熟化による影響も存在する。すなわち，十分に成長した経済のもとでの消費生活の経験の蓄積は，消費による社会的欲求や自己実現欲求などのより高次な欲求を満たすことに関心が向かうようになる。また，市場の成熟化とともに，「モノからコトへ」と言われるようにサービスへの需要も大きくなる。さらに上記の景気低迷期の低価格志向と市場の成熟化による高次の欲求がともに現れるとき，消費者が価値を置くことについては消費の質を求める一方で，その他のことについては節約志向が現れるといったメリハリのある購買行動が見られるようになる。

そして第三には，消費者の年齢階層別の人口構成の時間的な変化による影響もある。例えば，団塊の世代と呼ばれる戦後のベビーブーム世代が年齢を重ねることによって，購買される商品の変化が発生する。あるいは，前述の高齢者への対応問題は，年齢階層別の人口構成における高齢者の比重が大きくなったことによって生じている。

● 変化する技術

小売業は消費者需要の変化だけでなく，小売活動で用いる技術の変化による影響も受けている。特に近年では，情報通信技術（ICT：information and communication technology）の発展が小売経営に大きな影響を及ぼしている。

この情報通信技術の影響は，小売業における情報処理の重要性から商流・物流・情報流のすべての領域に及んでいるが，大きく分けると，小売業で扱う商品の物流局面，顧客データ管理の局面，EC 事業の局面の 3 つに分けて考えることができる。それらの詳細は，後の各章で詳しく述べるが，その概略は次のように理解できる。

まず，商品の物流局面では，商品の調達物流において情報システムが導入され，機械化された物流センターと連係させることで，小売店頭の商品在庫を迅速かつ効率的に補充することが可能になっている。具体的には，消費者がレジで商品の支払いを行うとき，商品の単品レベルでPOS（point of sale：販売時点）データが収集されるが，そのデータに基づいた多頻度少量の物流システムを通じて，店頭在庫の迅速な補充が行われるようになっているのである。

このような物流システムの構築は，物流の効率化だけでなく，高い在庫回転率を目指す効果的な品揃えの形成を追求する小売業のビジネスモデルの成長を導くことになった。それが特に顕著に現れたのが，コンビニエンスストアやファストファッション（第**2**章**Column**③）などである。

次に，顧客データ管理の局面では，次に述べるECで特に進展しているが，店舗小売業においてもポイントカードシステムなどにより，顧客の購買データを収集し蓄積して，小売店舗の販売促進活動において利用することが行われている。これまで顧客との関係性を築くのは個々の販売員の能力に依存してきたが，このような情報システムを利用した顧客データの管理が行われることにより，企業レベルでの顧客との関係性を構築したり，販売員による関係性構築を企業レベルで支援したりすることが可能になった。また，こうした情報システムを利用することにより，個々の顧客に合った販売促進活動を展開できるようになったのである。

最後に，EC事業の局面では，インターネットを使った通信販売事業として，店舗のような立地や営業時間に制約されないことが，店舗小売業に対する強みとして定着している。すなわち，立地に制約されずに消費者に幅広くECサイト（EC店舗）や商品の情報を伝え，オンラインで注文を常時受け付けることに基づいて，ECの利用者が増加しており，それがEC事業の成長とECに対する店舗小売業にとっての競争的な脅威をもたらしている。

また，EC事業では，消費者からオンラインで注文を受けるため，注文情報がデジタルデータとして収集され，これまで述べてきた物流局面や顧客データ管理局面における情報システムの利用が一層，有効かつ効率的に行われるという特徴がある。つまり，EC事業は，情報通信技術の導入による効果をより享受しやすいため，そのことがEC事業に対する期待と競争的な脅威を高めているのである。

Column ❷ 小売業に関する統計データ

小売業においてよく用いられる統計データとして，商業統計（経済センサス）や商業動態統計，家計調査などがある。まず商業統計は，経済産業省が全国の商業に従事する事業所のすべてに対し，事業所数，従業者数，年間商品販売額などを調査し，そのデータを業種別，従業者規模別，都道府県・市区町村別，業態別などにまとめたものである。ただし，商業統計は2014年に経済センサスと同時に実施されたのを最後として，2018年に廃止されたため，その後は経済センサスのデータで代替することになる。

この統計データは，国や地方での政策，企業の戦略や計画，流通・商業に関する研究などで活用されているが，利用する上で注意すべきことがある。1つ目は，そのデータが事業所レベルでの店舗の数，従業者数，販売額を集計した値か，それとも企業レベルで集計した数値を表しているのかという違いである。ある地域に何店舗あって，その総販売額がいくらかを捉える場合には，事業所レベルの集計値を使う必要がある。2つ目に，「産業編」では最も販売額の多い品目で業種を捉えていることである。例えば，書籍・文房具小売業では，書籍・文房具をメインに販売している店舗のデータが示されるが，売場の一部で書籍・文房具を売っている店舗は含まれない。3つ目に，年によって調査対象や産業分類の変更があるため，複数年の商業統計・経済センサスを使って長期的な推移を捉えるときには，そうした変更の影響を除いて分析する必要がある。特に経済センサスへの移行における変更には注意が必要である。

そして，商業動態統計は，経済産業省が全国の商業を営む事業所や企業に関する標本調査を行い，業種別，商品別，業態別，都道府県や政令指定都市別の商品販売額などの増減から販売活動の推移や動向を探るための統計データである。商業統計のような全数調査ではないが，月報や年報という形で速報性があることと，全体的な経営状態を推測する指標として商品販売額や商品在庫率などの増減が分かることが特徴となっている。

さらに，商業統計や商業動態統計が流通業者の調査データであるのに対し，消費者の特に支出面でのデータが必要なときは，家計調査を利用することができる。家計調査は，総務省統計局が地域ごとに無作為抽出された世帯を対象として，家計の収入・支出，貯蓄・負債などを毎月調査している統計データであり，小売業や製造業では，特に品目別の月平均支出額の推計のときに利用される。例えば，家計調査を使えば，高齢者単身世帯における収入階級別のカップ麺の月平均支出額などを知ることができる。

● 革新する小売業

これまで述べてきたように，消費者需要に適応することや新しい技術を導入することは，小売業における変化をもたらすと考えることができる。その変化は，小売店舗における品揃え，商品の販売価格，顧客へのサービス活動，店舗の立地戦略，店舗の規模など，さまざまな局面において現れる。例えば，適切な品揃えを形成するためには，ターゲットとなる消費者の需要を分析して，その消費者が望む商品を品揃えに加え，需要されない商品を品揃えから排除する作業を常に行う必要がある。また，情報通信技術の発達に基づいて，需要の分析や店頭の在庫管理に情報システムを利用することも重要になる。こうした日常的な需要適応や技術導入を通じて，小売企業は小売市場における価格・非価格競争を展開しながら，優位性を得て，成長することができるのである。

こうした小売業の変化は，日々のたゆまぬ改善によるものに加えて，ドラスティックなビジネスモデルの革新という形でもたらされることもある。それは経営者が企業家として小売業の新たなビジネスモデルを構想し，投資を行うことで実現する非連続的な革新であり，小売業態革新と呼ばれている。そこには，前述の環境への適応や新技術の導入の側面もあるが，環境に受動的に適応したとか，既存の技術を導入したというよりも，企業家として革新を自ら引き起こし，その革新のリスクを積極的に受容するという特徴が強調される。

そして，そのような新たなビジネスモデルが顧客に支持され，競合する小売企業に対して優位性を確立することになれば，他の小売企業もそのビジネスモデルを模倣したり，あるいは，それに対抗して既存のビジネスモデルに修正を加えたりすることが発生する。このように，小売業における新たなビジネスモデルは，小売市場の競争環境を大きく変動させる要因となる。

また，このような小売業のダイナミズムが，国際的に広がることもある。すなわち，海外の小売企業が新たな小売ビジネスモデルを日本市場に導入したり，日本の小売企業が，日本市場で成功したビジネスモデルを海外に展開したりするのである。

演習問題

1 ターゲット（標的顧客）が明確な小売企業を1社取り上げて，ターゲットの選択がその企業の差別化戦略にどのように反映されているかを調べてみよう。

2 直営店舗を展開する製造企業を1社取り上げて，その直営店舗の特徴が同じ種類の商品を扱う一般的な小売店舗の特徴とどのように異なるかを調べてみよう。

第2章

小売業の革新と動態

1 小売業の経営形態と類型

● 店舗形態

小売業は，店舗形態，企業形態，企業間組織という各要素の組み合わせによって多様な姿を持つ。まず店舗形態とは，小売企業が提供する買物空間がどのような営業の仕方で顧客に接しているかを表す。つまり，各店舗は，小売ミックスと呼ばれる品揃え，価格，立地・アクセス，広告・販促活動，顧客サービス活動，店内設備・雰囲気などの要因の有効な組み合わせを顧客に提供する。ここで店舗形態を類型化するとき，最も基本的な手掛かりが業種と業態の概念である。

一般的に業種型店舗と呼ばれるものは，日本標準産業分類に沿ったもので，川上に位置する製造企業の業種区分に基づいた小売店という意味合いが強い。そこでは，取扱商品の種類によって，例えば，男子服，野菜・果実，酒，自動車，家具・建具・畳，医薬品・化粧品といった具合に，特定の品目に絞った品揃えを持つ小売店として分類される。つまり，何を販売しているかという点から見た小売店が業種型店舗となる。業種型店舗は，主として伝統的に存在する生業性の強い小売形態であり，後継者難の問題や次に述べる業態型小売業の発展もあり，一般に減少傾向にある。

これに対して，業態型店舗は，販売方法や経営方針などに基づいて小売業を捉えるもので，百貨店，スーパーマーケット（総合スーパー，食品スーパー），コンビニエンスストア，ディスカウントストア，ホームセンター，均一価格店チェーン（100円ショップなど）のような，複合的な品揃えを持つ比較的新しい小売形態である。また，カタログ通信販売，訪問販売，生活協同組合などの共同購入，自動販売機による販売，ECといった無店舗販売方式を取る小売業者も存在している。つまり，何を売っているかというよりは，どのように販売しているかという点から見たものが業態型店舗と言える。

ただ，いずれの形態の店舗であるにせよ，経営者はターゲットとする顧客層に対して，さまざまな小売マーケティング戦略上の意思決定を行い，商圏内の顧客の吸引を図っている。また，1店舗のみならず，複数のチェーン店舗を持つ小売企業は，それら全体としてどのように連携して管理するかという経営課題も抱えている。

● 商業統計における業種と業態

業種と業態の区別は，経済産業省による商業統計調査の結果にも反映されている。この調査は，わが国商業の実態を明らかにし，商業に関する施策の基礎資料を得ることを目的として全事業所を対象に全国規模で実施されるもので，業種別，業態別，従業者規模別，地域別に，事業所数，従業者数，年間商品販売額，売場面積などの情報が，経済産業省のホームページで公開されている（第**1**章**Column**②）。

商業統計の場合，業種による小売業の分類は基本的に日本標準産業分類に従っている。これは前述のように製造企業中心の視点である。そこでは，まず大分類としての小売業，次に中分類としての各種商品小売業，織物・衣服・身の回り品小売業，飲食料品小売業，機械器具小売業，その他の小売業，無店舗小売業，そして，それらの中分類の下に細かい小分類としての小売業がそれぞれ存在する。

ここで，百貨店，スーパーマーケットなどは，本来，業態型小売業と言えるが，統計分類上，中分類の各種商品小売業に属する小分類の中に組み込まれている。また，中分類の飲食料品小売業の中には持ち帰り飲食サービス，配達飲食サービスが含まれている。同様に，機械器具小売業の中に自動車小売業が，その他の小売業の中に家具・建具・畳小売業，医薬品・化粧品小売業，書籍・

Column ❸ ファストファッション（SPA）

流行を意識して，価格を抑えた衣料品を自ら企画・生産し，チェーン店舗を通じて大量に販売する小売業態のことをファストファッションと呼ぶ。代表的な小売店舗ブランドとしては，ユニクロ，ZARA，H&M，GAP などがある。なお，日本ではSPA（エスピーエー）と呼ぶこともある。ちなみに，SPAとは，GAPが1986年の年次報告書で用いた"specialty store retailer of private label apparel"（自主企画アパレル製品の専門店小売企業）という表現を日本の業界紙が略して紹介し，国内に広まった略号であり，日本ではファストファッションという表現よりも先行して広く用いられている。

そして，ファストファッションという小売業態は，次の4つの特徴を持っている。第一に，他のアパレル企業の商品を仕入れて売るのではなく，独自のブランドを付けた衣料品を企画し，販売する。第二に，小売業として衣料品の専門店チェーンを展開する。第三に，生産から消費者への販売までのサプライチェーンを自社で管理し，店頭における需要への迅速な供給対応をする。これはクイックレスポンスと呼ばれ，消費者の選好の変化が激しい衣料品でも，店頭の販売状況に合わせた生産や供給の調整を行って，在庫リスクの削減ができるようになる。そして，第四に，グローバルな生産拠点やチェーン店舗の展開によって生産・販売の規模の経済性を追求して，コスト優位の形成を目指す。また，この特徴から，ファストファッション企業がグローバルなレベルでの企業規模や市場シェアの拡大を志向する傾向が規定される。

こうしてファストファッションでは，流行を取り入れたブランド展開を行いつつ，短いサイクルで商品の企画・生産・店頭への供給を行ったり，衣料品を低コストで大量に生産したりすることで，ファストフードのように「早くて安い」を実現し，競争優位の構築を目指すことになる。

文房具小売業，スポーツ用品・がん具・娯楽用品・楽器小売業が，無店舗販売小売業の中に通信販売・訪問販売小売業，自動販売機による小売業が，それぞれ小分類として含まれている。

他方で，商業統計調査の結果は，業態別にも集計・公表されている。それによれば，業態は，店舗販売（百貨店，総合スーパー，専門スーパー，ホームセンター，コンビニエンスストア，ドラッグストア，その他のスーパー，専門店，中心店，その他の小売店），無店舗販売（訪問販売，通信・カタログ販売，インターネット販売，自動販売機による販売），その他（生活協同組合の「共同購入方式」）に分類されている。

● 企業形態と組織間関係

次に，企業形態について言えば，わが国の場合，個人経営の小売店の割合が4割ほど（2014年商業統計調査の結果）と高く，卸売業と比べても個人経営の小売店の割合が高い。

また，小売企業は，単一の店舗を経営するだけではなく，同一の業種・業態の店舗を多数展開したり，複数の業種・業態をそれぞれ異なる小売ブランド名で展開したりする場合もある。同一の小売ブランド名の店舗でも，小売企業が直営店として多店舗展開する場合とフランチャイズ契約に基づき多店舗展開する場合がある。

さらに，企業間組織の面からいうと，単に製造企業や卸売企業が供給する商品の販売チャネルとしての小売店という関係性に加えて，例えば，小売企業が，PBを納入する製造企業を川下主導による製配販の取引連鎖の一部に組み込んでしまう場合がある。また，自動車，化粧品，家電製品のように，独立した小売店でありながら，川上からの系列店として，主に特定製造企業の製品しか扱わない場合もある。

このように，小売企業はさまざまな形態を採用しながら市場のニーズに適応しようとしている。したがって，市場ニーズや小売業を取り巻く環境が変化するとき，それにうまく適応できない小売企業は廃業を余儀なくされる。

反対に，その変化を先取りし，革新的な業態で市場に参入し，市場にうまく適合する小売企業も現れる。その後，これに追随する小売企業が次々と生まれ，消費者にその一般的形態が認知されるとき，それは新業態の確立となる。以下では，国の内外で生まれた代表的新業態の歴史について見てみよう。

2 小売業の革新

● 百　貨　店

19世紀後半以降，海外および日本で，さまざまな革新的小売業態が生まれた。ここではそれらのうち代表的な3つの業態について，それぞれの発生の経緯と背景を紹介する。なお，今日，内外で急成長しているECによる革新については，第**11**章で詳しく述べることとする。

まず，百貨店は，一般に高級品を中心に幅広い品揃えと充実した顧客サービスを提供している。その起源を辿ると，1852年にフランスのパリで開業したボンマルシェが最初の百貨店とされている（第**5**章**Column**⑧）。巨大で立派な店舗にはパリ万国博覧会をイメージした豪華なショーウィンドウがあり，大量廉価販売を行ったことなどによって多くの顧客が押し寄せたこの百貨店について，作家エミール・ゾラは『ボヌール・デ・ダム百貨店』という小説の中で「消費信者のための消費の大伽藍」と称した（Zola, 1883）。その後アメリカでも，フィラデルフィアのワナメーカー，ニューヨークのメーシーズ，シカゴのマーシャルフィールドなどの百貨店が次々に開業した。

産業革命の影響によって都心部に人口が集まり始めると，百貨店は，大衆化社会における非日常的空間とワンストップショッピングの場を多くの市民に提供した。つまり，百貨店は，本来，高級専門店が扱う商品を部門ごとに大量に仕入れ，交渉によらない定価販売と返品制など，当時としては革新的な販売方法を採用することによって，中間所得層に対する大量流通販売制度としての役割を果たした。

これに対し，日本の百貨店の歴史は明治時代に遡る。1904年12月，三井呉服店によって株式会社三越呉服店が設立され，その後，「デパートメントストア宣言」を記した書状を顧客に送り，新聞広告でもその主張を展開した。この宣言が，日本における百貨店の誕生を象徴する一例であると言われている。

この経営革新を主導したのが，三井銀行出身で三越呉服店初代専務の日比翁助（ひびおうすけ）であった。日比はイギリスの有名百貨店のハロッズを参考に，1914年に東京・日本橋にルネサンス様式鉄筋5階建ての三越呉服店本店（現日本橋本店）を建てた。「今日は帝劇，明日は三越」という当時の広告は流行語にもなった。

次に，鉄道駅のターミナルビルに入居する百貨店は，日本ならではのものと言える。その起源については諸説あるが，代表的なものとしては，1929年，阪急電鉄梅田駅に小林一三（いちぞう）が建てた阪急百貨店がある。それが契機となって，大阪から東京の私鉄にも波及し，京浜デパートや東横百貨店の開店へとつながった。また，これまでの呉服系百貨店とは異なるターミナルデパートという百貨店スタイルが生まれたことで，福岡市の岩田屋や岡山市の天満屋など地方百貨店のターミナルデパート化にもつながった。これによって，わが国の百貨店は，先に述べた呉服屋を起源とするものと，鉄道会社を起源とするものの2大潮流が形成された。

● スーパーマーケット

スーパーマーケットの起源は諸説あるが，セルフサービス方式（第5章 Column ⑨）を採用した食料雑貨店という仕組みは，アメリカの起業家クラレンス・サンダース（Clarence Saunders）が1916年9月6日，テネシー州メンフィスに創業したピグリーウィグリー（Piggly Wiggly）に見ることができる。ただし，当時，同店では生鮮食料品は扱われておらず，現代的なスーパーマーケットの発祥は大恐慌の翌年の1930年にマイケル・J・カレン（Michael J. Cullen）がニューヨーク州クイーンズ区ジャマイカ地区に開業したキング・カレン（King Kullen）とされており，アメリカ初のスーパーマーケットとしてスミソニアン学術協会によってその地位が認定されている。

これに対し，日本初のスーパーマーケットは，1953年に東京・青山に生まれた紀ノ国屋と言われている。その後，スーパーマーケットの発展は，1957年に中内㓛が開いた「主婦の店ダイエー薬局」（後のダイエー），1958年に伊藤雅俊が開設したヨーカ堂（後のイトーヨーカ堂），さらには，岡田卓也が三重県四日市市に開いた岡田屋（兵庫県姫路市を拠点とするフタギおよび大阪府吹田市を拠点とするシロの3社が提携・合併してジャスコとなり，後にイオングループとなる）などの例に見られるように，それらは，いずれもカリスマ経営者によって創業・牽引されてきた。これらのスーパーマーケットの多くは，アメリカのスーパーマーケット（食品スーパー）とは異なり，一般に食品のみならず衣料品その他も扱う総合スーパー（いわゆるGMS）として発展した。

また，日本のチェーンストアの発展に少なからず影響を及ぼしたとされるのが，経営コンサルタントの渥美俊一が1962年に設立したチェーンストア経営研究団体のペガサスクラブである。上記の3人の経営者は，いずれも同クラブの設立当初の主力メンバーであり，渥美らとともに，本格的なチェーンストアの経営システムを学ぶために頻繁にアメリカ視察に出向いたと言われている。

● コンビニエンスストア

1970年代以降のわが国の小売業の革新の特徴は，コンビニエンスストア，ホームセンター，ドラッグストアなど多様な業態が発生した点にある。中でもコンビニエンスストアは，最も発展した業態と位置付けることができる。それは，年中無休，深夜営業，小規模ながらも生活ニーズに合った多様な品揃えといった当初からの特徴に加え，現在では銀行ATM，公共料金の収納代行，宅配便の取り次ぎ，各種チケット販売など，さまざまなサービスの提供によって買物以外の利便性も提供している。

コンビニエンスストアの歴史は，1927年，アメリカ・テキサス州オーククリフにあったサウスランド・アイス社（現7-Eleven, Inc.）の氷の販売店にまで遡る。この店の店長であったジョン・ジェファーソン・グリーン（John Jefferson Green）が，毎日午前7時から午後11時まで営業を続けるとともに，顧客の利便性のために，氷以外の食料品も販売したことがコンビニエンスストアの始まりとされている。

日本のコンビニエンスストアの生成と発展を語る上で触れておかなければならないのは，セブン-イレブンである。かつてイトーヨーカ堂の社員であった鈴木敏文は，アメリカの流通視察の際に目にしたセブン-イレブンというコンビニエンスストアを日本に開設しようと考えた。当時，わが国には業種型の中小小売店が多数存在し，「よろず屋」と呼ばれる小売店もあったため，コンビニエンスストアは日本には根付かないという見方が社内にあった。しかし，イトーヨーカ堂は，㈱ヨークセブン（1978年に㈱セブン-イレブン・ジャパンに改称）を設立，サウスランド社とライセンス契約を結び，1974年に東京・豊洲で第1号店をオープンさせた。それ以降，コンビニエンスストア業界では新規参入と発展が続き，現在では，セブン-イレブンのほか，ローソン，ファミリーマートといったチェーンを中心に，国内のみならず海外にも“日本発”のコンビニエンスストアが広がりを見せている。

3 小売業の動態

● 中心市街地と郊外の小売業

いま述べた3つの小売業態も含め，小売業は社会経済の発展の影響を受けながら構造変化してきた。本節では，立地および業種・業態間競争の視点から，わが国の小売業の動態について述べてみよう。

鉄道が発達した日本では，駅前を中心に商店街が形成され，その周囲に住宅街が広がるというのが典型的な街の姿であった。しかし，高度経済成長が転機となり，自家用車の普及と，都市の外縁部における宅地開発が進むことによって，スプロール現象やドーナツ化現象が見られるようになった。そこでは，車での来店を想定した総合スーパーやロードサイドに店を構える衣料品専門店チェーン，ホームセンター，ドラッグストア，それに外食チェーンが発達し，他方で，駐車スペースを十分に持たない駅前商店街は衰退するところも多かった。商業集積としての商店街が自然発生的なショッピングセンターであるのに対し，デベロッパーにより計画・管理運営されるショッピングセンターが車社会の到来によって各地に生まれた。

一般社団法人日本ショッピングセンター協会によれば「ショッピングセンターとは，一つの単位として計画，開発，所有，管理運営される商業・サービス施設の集合体で，駐車場を備えるものをいう。その立地・規模・構成に応じて，選択の多様性，利便性，快適性，娯楽性を提供するなど，生活者ニーズに応えるコミュニティ施設として都市機能の一翼を担うものである」。そうしたショッピングセンターの典型は，百貨店や量販店が核テナントとして存在し，その周囲に中小のテナントを配するというものである。

日本で初めての百貨店を核テナントとして持つ本格的な郊外型ショッピングセンターが，1969 年に誕生した玉川髙島屋 S·C であった。その後，ららぽーとやイオンモールなどの大型ショッピングセンターや，主要駅ビル内のファッションビルと呼ばれるショッピングセンターなどが全国に広がりを見せた。また，近年では，アウトレットモールや都市の中心市街地再開発によって生まれたショッピングセンターなども増えている。また，食品スーパーと各種テナントを核として，飲食，映画館，医療機関，金融機関，スポーツジムなどのサービス業をも組み込んだコミュニティの場としての地域密着型ショッピングセンターも各地に生まれており，ショッピングセンターは多様化しつつある。

● 業種・業態の盛衰

わが国の小売業の構造変化は，経済産業省が実施する商業統計調査データによって見ることができる。それによれば，小売商店数は，1982 年の 172 万店をピークに一貫して減少を続け，2014 年には 102 万店となっている。

これを業種や業態別に見ると，最も早くかつ大きく減少したのは，中小の専門店であり，具体的には，衣食住に関連する業種型の小売業であった。その原因として考えられるのは，郊外化による中心市街地の衰退や後継者難による廃

Column ❹ 日本の有力小売企業

下の表は，2018年の日本の小売企業の売上高について上位10社を示したものである。それによれば，総合スーパーやコンビニエンスストアなど複数の業態を経営する小売企業，専門店チェーン（ファストファッションを含む），百貨店などの企業が並んでいる。その上で，営業利益率を見ると，ファーストリテイリングとセブン&アイHDが高く，百貨店のそれは相対的に低い。

また，表の最右列は約半世紀近く前の1972年の売上高ランキングを示しており，当時は百貨店5社がランク入りしていた。この年は，それまでの大型店を代表する創業300年の三越を，創業わずか15年ほどの総合スーパーのダイエーが売上で追い抜いた，象徴的な年でもあった。その後，2018年のランキングにあるように，さまざまな小売業態が発生するとともに，合併や連携によって小売業の寡占化が進み，現状に至っている。

（参考） 佐藤（1974）。

表 小売企業売上高および営業利益ランキング（2018年）

順位	企業名	売上高（百万円）	営業利益（百万円）	営業利益率（%）	1972年売上高ランキング
1	イオン	8,390,012	210,273	2.51	ダイエー
2	セブン&アイHD	6,037,815	391,657	6.49	三　越
3	ファーストリテイリング	2,130,060	236,212	11.09	大　丸
4	ヤマダ電機	1,573,873	38,763	2.46	髙島屋
5	ユニー・ファミリーマートHD	1,275,300	27,974	2.19	西友ストア
6	三越伊勢丹HD	1,268,865	24,413	1.92	西武百貨店
7	髙島屋	949,572	35,318	3.72	ジャスコ
8	パン・パシフィック・インターナショナルHD	941,508	51,568	5.48	松坂屋
9	エイチ・ツー・オーリテイリング	921,871	22,765	2.47	ニチイ
10	ビックカメラ	844,029	27,055	3.21	ユニー

（出所） 各企業の決算数値：日本経済新聞社調べ。

業などである。

また，同じく商業統計によれば，業態型小売業について店舗数がピークとなった年代を挙げると，百貨店は1991年，総合スーパーは1997年である。そして，コンビニエンスストアやドラッグストアは，ライフサイクルの成長期を経て，成熟期に入ったと考えられる。つまり，これらの業態は，総じてほぼ店舗数の増加が望めなくなったと言えるが，個別企業のレベルでは成長しているものも多い。さらに，総合スーパー，ショッピングセンター，ドラッグストア，それにコンビニエンスストアなどにおいて，店舗数が減少しているとしても，むしろ店舗規模は郊外店を中心に拡大している。

戦後から今日に至るまでの日本の小売業を振り返ってみると，次のような大きな変革があった。第一に，駅前の商店街や百貨店から郊外の総合スーパーや専門店チェーン店への変革である。これは，モータリゼーションの発達と人口の郊外化を背景に効率的店舗運営と仕入購買力を持つチェーンストアとしての総合スーパーが発展したことなどによる。また，これに並行して，地価の安い郊外の幹線道路沿いに出店した紳士服，カジュアルウェア，靴，スポーツ用品，書籍，カー用品，DIY 用品などの専門店チェーンも発展した。ただし，これらについては，大規模小売店舗法（1973～2000 年）による出店規制に該当しない規模の小売業ということが，その発展の背景にあった。

第二の変革は，大規模化である。総合スーパーや郊外型ショッピングセンターは，そもそも広大な駐車場を完備しており，売場面積規模も大きいため，それらの発展は結果的に日本全体の小売業の平均店舗規模を増加させる要因となった。また，それらの業態そのものも企業間競争の激化や大規模小売店舗法の廃止によってさらに大規模化が進んだ。

第三は，無店舗販売形態における変革である。わが国には，通信販売（カタログ販売，テレビショッピングなど），訪問販売，自動販売機による販売など，多様な無店舗販売方式が存在する。特に「富山の薬売り」に始まり，自動車ディーラーの新車の訪問営業，化粧品や飲料の職域販売などは，昔からよく知られた訪問販売形態であった。また，今世紀に入って大きな成長を続けているのが，インターネットによる販売，すなわち EC である。EC の発展は，店舗小売業の経営にも大きな影響を与えている。

以上のように，わが国も革新的な小売業態の登場と既存の業種・業態の構造変化を経験してきた。小売研究者の中には，このような現象の中に一定の法則性を見出したり，その法則性を左右する要因を発見しようとしたりした研究者も多く存在した。その研究成果の一端を次に紹介する。

4 小売業の革新と発展のプロセス

● 小売の輪の理論

革新的な小売業態が，どのように生まれ，その後，いかなる運命を辿るのかに関して，ライフサイクルのような法則性を見出そうとしたのが，ハーバードビジネススクールのマクネア（M. P. McNair）であった。豊富な実務経験を併せ持つ彼は，1931年に*Harvard Business Review*誌で大規模小売企業における業態革新と市場参入の特徴について述べ，また，1957年にはピッツバーグ大学で行われたシンポジウムで，革新的小売企業が低価格・低サービス（つまり低コスト）で市場に参入するという，「小売の輪」なる理論仮説を提示した。

アメリカの小売業の歴史を見ると，都市部の小規模商店から百貨店，食品雑貨チェーンからスーパーマーケット，百貨店からディスカウントハウスへと新規参入と既存小売業の衰退が繰り返されたことから，この指摘は説得力をもって内外の研究者や実務家に受け入れられてきた。わが国でも，スーパーマーケット，ディスカウントストア，均一価格店チェーンは，やはり低価格・低サービスで市場に参入している。

その上でマクネアは，次のように主張した。つまり，このような革新的小売企業は，既存小売業の需要を奪うことで市場地位を確立するが，それに伴って，その成功が他社の新規参入を生み出し，やがて企業間の競争も激化する。すると，その小売企業は，他社との差別化を図るために，サービス水準の向上，すなわちトレーディングアップ（格上げ）で対抗する。なぜなら，類似の経営方式を持つ追随業者が次々と参入すると，価格面だけでは差別的有利性を持たなくなるため，品揃え，サービス，設備の向上などを通じた付加価値競争が展開されるようになるからである。その結果，革新的小売企業が当初行っていた低コスト・低マージン経営は，高コスト・高マージン経営へとトレーディングアップする。したがって，このことが，次の新たな革新的小売企業が低マージン・低価格の形態で市場に参入する余地を生み出す。

このように，ある小売業態の発生から成長，衰退へのライフサイクルを車輪にたとえ，これが回転するように革新的小売業態が次々と登場するという様相を捉えたものが，小売の輪の理論である。しかしながら，この理論は，コンビニエンスストア，ショッピングセンター，自動販売機などのように，必ずしも低価格・低サービスで市場参入せずに業態を確立したものがあるという批判も多く集めた。

● 真空地帯論

上述のマクネアの小売の輪の理論では説明できない，低価格帯以外での市場参入をも説明の対象としたのが，ニールセン（O. Nielsen）によって提唱された真空地帯論である。それによれば，まず，横軸に価格水準（サービス水準と同義）を，縦軸に消費者の選好度をとって，消費者の選好分布を考えると，消費者の選好度が最も高いのは低価格・低サービスと高価格・高サービスの中間領域にあるとする。この場合，低価格帯に参入した小売企業は，より高い消費者選好を求めて，サービス水準を上げるかもしれず，これはマクネアの小売の輪の理論で言う格上げを意味する。したがって，より低価格帯に新たな真空地帯が生まれる。しかしながら，これとは逆に高価格帯で営業する既存小売企業は，やがて，より高い消費者選好を求めて，より大衆的なサービス水準と価格帯の商品を提供するようになるかもしれない。したがって，マクネアの小売の輪の理論では触れられなかった高サービス・高価格の領域に真空地帯が生まれ，ここに革新的小売業態の参入可能性が示唆される。

つまり，真空地帯論は，既存の小売業態が競争戦略上，消費者選好の高いサービス水準・価格帯にシフトするため，低サービス・低価格および高サービス・高価格の両端部分に真空地帯が生じ，革新的な業態が出現する余地を生み出すという発想に基づいている。確かにこの論理で考えるなら，比較的高価格で市場参入したコンビニエンスストアや自動販売機などの小売業態も説明することができる。

● アコーディオン理論

アコーディオン理論は，ブランド（E. Brand）やホランダー（S. C. Hollander）によって提起されたもので，総合的で広い品揃えをする小売業と，専門的で狭い品揃えをする小売業とが交互に出現しながら小売業態革新が進展するという考え方である。この理論は，ゼネラルストア（「よろず屋」）→衣料専門店→百貨店→ブティック→ショッピングセンターといった具合に取扱品目を増やして総合化していく過程と，逆に専門化して取扱品目を絞る過程とが，アコーディオンの開閉の様子に似ていることから，このように命名された。なお，アコーディオンの開閉に影響を及ぼす要因としては，経営者の非経済的な動機，法的制約，資本負担能力，必要なコスト，消費者の選好パターンという要因が想定されていた。

● ビッグ・ミドル仮説

レビー（M. Levy）らが小売業態変化のメカニズムを説明するために唱えたこの仮説は，縦軸に相対的な小売サービス品質を，横軸に相対的な価格を取ると，新規参入者は，両軸の原点に近い「低価格」（low-price），ないしは原点から遠い「革新」（innovative）の，いずれかのグループに属する。すると，多くの企業は，両軸とも中庸にあって多くの潜在的な購買力が存在する「ビッグ・ミドル」（big-middle）のセグメントを目指し，次第に支配的地位を確立していく。反対に，それに失敗した企業は，「不振」（in-trouble）グループに移る。

また，「ビッグ・ミドル」の地位を確立した大企業も，中長期的には安閑としてはいられない。成功企業にありがちな支配的論理，つまり，自社事業に直接関わると考える情報やデータにのみ注意を払うという近視眼的な経営になってしまうと，「不振」に移行する危険性がある。そのため，常に価格面と革新面から事業を見直し，必要な投資を確実に行っていくことが必要である。わが国のコンビニエンスストアは，業態が成立した当初と比べて，その外観こそ類似してはいるものの，提供する商品とサービス，それにオペレーション面では大きな革新が進められてきた。そのため，この業態は継続して「ビッグ・ミドル」の領域にとどまることができていると考えられる。

● 多極化原理

これまで，小売の輪の理論，真空地帯論，アコーディオン理論，ビッグ・ミドル仮説と，革新的小売業態の生成・発展プロセスを説明する理論を述べてきた。それらの理論は，いずれも，価格（低コスト），サービス水準，品揃えなどのごく単純な小売ミックス次元で，論理が組み立てられていた。

しかしながら，現実の業態革新は，必ずしもこれらのごく限られた次元だけをめぐって生成・発展してきたわけではない。多極化原理を提唱したブラウン

（S. Brown）によれば，小売業態革新は，品揃え（広い・狭い），価格志向・サービス志向，店舗規模（大・小）などの複数の次元の組み合わせから，多様な方向性をもって展開されている。それは，小売業が，商圏という地理的に限定された市場において，消費者のデモグラフィック特性や文化的特性，それに競合店の動向などを考慮に入れながら，差別化競争を行っているからである。

● 小売業態展開の規定要因

マクネアが提唱した小売の輪の理論は，流通分野の理論化の端緒を開く上で大きな貢献を果たしたものの，前述のように比較的高価格で市場参入する業態を説明できないことや，低価格であること以外，次なる業態革新を予測できないことなどの限界を抱えていた。その後，マクネアは，バージニア大学のエリナ・G・メイ（Eleanor G. May）と著書を著し，アメリカにおける多様な新業態を生み出す要因を明らかにした。そこでは，マクネアの小売の輪の理論が，あらゆる革新業態の出現を予測できるわけではないという批判に対し，新業態の出現を予測することは，そもそも困難であるが，過去に遡ってそれを説明する要因を示すことは可能であるという立場をとった。具体的に提示された要因とは，経済的変化，技術的変化，生活状況の変化，消費者の変化，マーケティングの変化，経営者の役割であり，とりわけ経営者の役割が重要であると彼らは主張した。

● 小売業における革新のディレンマ

以上の学説が主張してきたように，小売業態の生成とその後の構造変化には，ある一定の法則性があり，新規参入企業の革新によって小売業態の動態が引き起こされる傾向がある。例えば，内外の百貨店，スーパーマーケット，コンビニエンスストアについて言えば，カリスマ的な創業者の発想と行動力で，トップダウン方式で革新的業態が生み出された。つまり，既存の大型百貨店からスーパーマーケットが生まれたわけでもなければ，アメリカの大手スーパーマーケットがコンビニエンスストアを始めたわけでもない。

これに関し，経営学者のクリステンセン（C. M. Christensen）が提唱した革新のディレンマ（innovator's dilemma）によれば，革新には持続的革新と破壊的革新があり，前者に注力しがちな既存の大手優良企業は，新興企業の破壊的革新によって生まれる新市場を無視し，そのため市場への参入が遅れる傾向にある。小売業でも，マクネアが言うように，新規業態が顧客の支持を集めると追従企業が多く現れるが，大手の優良小売企業は，自己の成功モデルを破壊する恐れのある新業態に追随するための投資を初期段階から積極的に行うことは少ない。さらに，新興の先発企業においても，時間が経過すれば，競争の激化に伴って格上げを行ったり，差別化を図ったりするが，当初の業態とかけ離れた業務内容の大幅な変更を行うことはない。そのような意味においては，新規業態は破壊的革新によって生み出されており，一見すると小売業にも革新のディレンマが働いているように見える。

しかしながら，小売業の分野では，革新のディレンマを乗り越える例も存在する。例えば，わが国の大手コンビニエンスストア・チェーンは，情報通信技術を用いた受発注の仕組みや物販のみならず各種サービスの提供といった革新を生み出し，ただ「格上げ」だけをしているわけではない。アメリカのサウスランド・アイス社が設立した当時のセブン-イレブンやわが国のその1号店と現在のそれとでは，同じコンビニエンスストアとはいえ大きく異なり，革新を自ら引き起こして，進化し続けていることは明らかである。

小売業という産業は，一般に市場が地理的に限定されていることもあり，ある新興の革新企業によって一気に取って代わられることはない。したがって，次々と新しい業態が生まれてはいるが，相変わらず百貨店やスーパーマーケットも存在している。このことは，小売業における革新では，先のトップダウン型の新規業態開発のみならず，既存の優良企業によるボトムアップ型，つまり，持続的革新も併存してきたことを意味している。このような革新は，漸進的プロセス革新とも呼ばれ，製造企業や卸売企業などの仕入先企業との取引業務，物流企業やIT企業の力を得て行うバックヤード業務，それに顧客への販売業務などのプロセスを現場主導で日々改良する中で生み出される。そうした意味においては，すでに多店舗展開し，供給業者や関連業者との共同革新の意欲と能力の高い既存の大手小売企業ほど，漸進的プロセス革新は生まれやすい。

● 小売業態の拡散と収斂

これまでは小売業態の動態の中でも，主に革新による小売業態の生成という局面を中心に検討してきた。他方で前述のように，既存の小売業態は新規参入の小売業態によって，ただ市場を奪われるのではなく，既存の小売業態の中には，持続的革新を蓄積して，初期の業態とはまったく異なる業態に進化して発展する業態もある。そこで，小売業態の動態を捉えるためには，新規参入の局面だけでなく，革新的業態が参入した後の段階における小売業態の変化を考えることも重要になる。

この参入後の既存小売業態の変化としては，業態の拡散と収斂の２つの方向性を考えることができる。まず，拡散とは，同じ小売業態の中で，それぞれの企業が差別化を志向するために，個別の特徴を持つことにより，業態の共通性が失われていくことである。業態の拡散は，特に同じ業態の小売企業と顧客層が重なって，店舗間競争が厳しくなるほど，他の小売企業に対する差別化が行われる結果として発生すると予想される。また，その差別化を目指して，小売企業において革新が発生すると，業態はますます拡散することになる。

ただし，もし小売業態において拡散しか起きないのであれば，企業間の異質性が大きくなり，業態の境界は曖昧になるはずである。ところが，現実には，誰でも初めて訪れる店舗について，たとえ看板を見ていなくても，それがどの業態であるかを容易に識別することができる。これは，実際の小売業態がそれほど拡散していないことを意味するが，ここに業態の収斂を考えることができる。

この業態の収斂が起きる１つの要因として，他の小売企業において成果を上げた手法を模倣し，学習することが挙げられる。すなわち，小売企業は競合に対して差別化をするだけでなく，競合が高い経営成果を上げているなら，その競争優位をもたらす手法を分析して，同じような手法を導入して，キャッチアップしようとする。これは，販売方法や品揃えのような店舗において観察できるものもあるが，物流システム，在庫管理，発注方法，人材育成などの後方にあって観察しにくいものでは，外部から知識を得て，学習することが必要となるものもある。そして，模倣や学習を通じて，業態で成功した手法が他の企業にも取り入れられることで普及し，業態は収斂することになる。

さらに，もう１つの収斂をもたらす要因として，小売企業が業態の分かりやすさを追求するということがある。消費者は各業態の外観や品揃えについてのイメージや期待を持っているが，小売企業とすれば，そうした業態のイメージや期待に沿った店舗や品揃えにすることは，消費者を店舗に吸引する上で有効な策と言える。たとえ差別化という目的であったとしても，消費者の持つイメージや期待から大きく逸脱した店舗にしてしまうと，その店舗を消費者は買物を行う候補として認識できなかったり，それに伴う違和感から顧客の離反を招いたりする可能性がある。それを避けるために，小売企業は既存の小売業態のイメージや期待に従うよう努めることから，結果として同じ業態であれば共通の特徴が維持されやすいことになる。そして，前述のような業態の拡散がある一方で，こうした収斂が常に作用することで，小売業態は業態としての「まとまり」を維持しながら，時間の経過とともに進化することになるのである。

演習問題

1 ECのショッピングサイトを比較・検討して，ECをいくつかの小売業態に分けてみよう。

2 小売業態を1つ取り上げて，その業態に属する小売企業の間で業態の拡散と収斂がどのように行われているかを調べてみよう。

第 3 章

小売企業の組織

1 小売企業の職能部門

● 店舗部門

小売企業において小売活動を行う上でさまざまな役割を持った人が連携する必要があるため，組織としての活動を統合する仕組みが重要になる。そして，小売企業組織においては，特定の活動に専門化して，職能別に役割を分担し，その職能別に部門という下位の組織を作ることがよく行われる。つまり小売企業では，いくつかの職能部門に分かれて，それぞれの専門的な作業を行い，それらの部門を適切に管理することによって，企業全体としてまとまりのある活動が行われている。

そのような部門の中で，小売業においてとりわけ特徴的な部門は，店舗部門である。これは，店舗における販売活動を主に担当する部門であり，企業によって販売部門や地域部門などの多様な呼び方がある。また，後で詳しく説明するように，店舗部門で販売活動以外の商品の仕入活動などを部分的に担当する場合もある。そして，店舗の数が多く，しかも全国的に広く展開されている場合には，広域の地域ごとに下位の部門が設定されて，店舗本部—地域部門—店舗と階層的に管理されることもある。

さらに，大規模な店舗では，各店舗の販売活動において，商品カテゴリーごとに担当部門を分ける場合も多い。それは，商品の特徴によって，商品の販売や取扱いにおいて専門知識が要請されるほか，商品仕入活動も担当する場合には仕入活動に関する専門知識が必要となるためである。

● 商品部門

小売企業における商品仕入活動を主に担当するのが，商品部門である。これは商品部や商品本部と呼ばれることが多い。この部門も，商品の技術的な違いや仕入先の産業の違いを反映して，商品カテゴリーごとに下位の担当部門に分かれ，それらを商品本部として統括することが多い。なお，前述のように店舗において商品仕入の意思決定を行う場合でも，それらの店舗からの注文を集約して，仕入先との取引を行う役割は，商品部門が担うことが一般的である。

また，商品の仕入活動を行う担当者は，バイヤーと呼ばれる。バイヤーは，仕入先と交渉して，商品の取引を行うだけでなく，どこから商品を仕入れるかという仕入先の探索や選択も行う。その一方で，小売業においてバイヤーが仕入活動だけでなく，仕入れた商品の店頭での販売方法について計画や管理を行う場合もある。

● 商品企画・開発部門

小売業は，主に商品を仕入れて販売するために，製造業のような技術開発部門を持つことはまれである。しかし，小売業でもPBを開発することがあり，多くのPBを扱っている小売企業では，PBを企画し開発する担当者を置いている場合がある。また，そのようなPBの企画・開発の担当者は，商品部門に配置され，バイヤー業務を兼ねている場合もあれば，PBの企画・開発を専門的に行う場合もある。そして，後者のような専門の企画・開発スタッフが多くいる場合などでは，商品部門や本部の下位に商品企画・開発部門が設けられることもある。

● 物流部門

店舗小売業では，小売店舗で品揃えを形成するために，小売店頭に商品在庫があることが重要になる。ただし，小売店舗面積が限られているために，小売企業が商品在庫を保管する物流センターを持ち，仕入先から商品を物流センターに集め，物流センターから小売店舗に配送するという物流ネットワークを構築していることが多い。また，仕入の取引は卸売企業と行っても，配送の時間やコストを考えて，製造企業の倉庫や物流センターから小売企業の物流センターに直接送る場合があったり，卸売企業や製造企業の倉庫や物流センターから小売店舗に直接，商品を配送する場合もある。このように商品の小売店舗への配送は，多様なルートがあり，しかも，小売企業や仕入先，外部の物流企業などの，どこが配送作業を担当するのかについての選択も必要になる。

こうした物流の仕組みに関する代替案が多くなり，小売店舗への配送計画が複雑な仕事になる場合には，物流部門が設けられることになる。そこでは，物流のコストや納品・配送の時間を考えて，最適な物流のネットワークと計画を策定し，その実施を管理することになる。また，この物流部門は，商品部門や本部の管理下に置かれることが多い。

● 情報システム部門

物流についてのデータは，情報システムを使って管理することが一般的になっている。さらに，小売店舗で商品が販売されたというデータも個別の商品（単品）ごとのPOSデータとして収集・管理され，そのPOSデータに基づいて店頭在庫の補充のための配送や仕入活動も行われるようになっている。この場合，販売や仕入に関わる商流のデータと店舗への配送に関わる物流のデータが情報システムで統合的に管理されることになる。

また，小売業では，このような商品の仕入・販売や物流に関するデータだけでなく，顧客データの管理も重要になってきている。さらに，本部における人事や財務のデータの管理などにも情報システムが利用される。

このように小売業では，情報システムを活用することが重要になってきたことに伴い，情報システムを構築して維持・管理するための専門的な部門としての情報システム部門が設けられることが多くなっている。ただし，小売企業で使われる情報システムは，販売活動や仕入活動，物流のほか，店舗の運営や企業における管理情報など，多岐にわたるため，それぞれの情報システムの役割に応じて，担当する部門が分かれていることが多い。

● 販促部門

店舗小売業では店舗の立地する地域の住民に対して，チラシ広告と呼ばれる紙媒体の広告物を配布することによって，販売する商品の価格を訴求することがよく行われる。また，店舗内では，商品の販売促進のためにPOPという店頭の販促物を掲げることも一般的である。

そこで，各店舗におけるこれらの広告・販促活動を支援する専門の部門として販促部門が，小売企業の中に設置される場合がある。具体的に販促部門では，広告・販促活動に関して，店舗部門や商品部門と連携して，チラシ広告の編集・制作を行ったり，POPの中でも各店舗に共通する販促物を制作したりする。

● 店舗開発部門

小売企業において，小売店舗内の什器や内装工事の発注・管理を担当する部門が設けられることがある。この部門は，特に既存店舗の改装や新規店舗の開店において，外部の専門業者と連携して店舗内部の物理的な施設・設備の設計・施工やその発注を担当することになる。

さらに，新規店舗の出店に先立ち，出店する立地を探索し，分析したり，用地の取得やその手続きを行ったりする部門もある。また，後述するようなフランチャイズ制度を導入している小売企業では，加盟店の募集や店長の教育・指導などの業務が発生するため，フランチャイズ店舗開発のための専門部門が置かれることが多い。

なお，これらの店舗開発業務は，それぞれの役割の遂行において，専門知識が異なり，連携する外部の業者も異なるため，業務内容別の担当部門として本部に設置されることが多い。

● 管理本部

小売業においても，他の産業の企業と同様に，人事，経理，法務，総務などの仕事があり，これらは本部業務として企業の管理本部に置かれる。

人事は，企業の人員の雇用，配置・異動，評価・報酬，教育などに関わる人材管理業務のことであり，経理は，企業における売上や支払いに関する管理や決算報告，税務などの会計関連の管理業務である。また，法務は，外部の業者との契約や企業組織などに関する法律関係の業務であり，総務は，企業内環境の整備，経営者層の秘書業務，企業の広報業務などの企業活動を円滑に進めるための全社的で，補佐的・補完的な業務である。これらは，企業規模によって，人事部門，経理部門，法務部門，総務部門などの専門の部門が管理本部に設けられる場合もあれば，人事・経理・法務などの業務を総務部門として包摂する場合もある。

2 商品部門と店舗との関係

● マーチャンダイジング活動の組織体制

小売企業は，さまざまな商品を卸売企業や製造企業から仕入れて，消費者に販売する活動を行う。この仕入から販売に至る一連の過程において，どのような商品をどこから，いくらで仕入れ，どこで，どのように販売するかについての計画を立て，それを実行・管理することをマーチャンダイジング活動と総称する。

このようなマーチャンダイジング活動という捉え方が必要な理由は，商品を仕入れるときに，店頭での品揃えや販促活動を考えて行わなければならず，また，店頭での商品の販売計画を立てる上でも，品揃えや商品の仕入価格，供給量を把握しておかないとできないからである。それゆえ，適切なマーチャンダイジング活動を行うためには，商品の仕入から販売に至る一連の活動を通して，できるだけ統合的に管理することが重要になる。

ところが，マーチャンダイジング活動のうちで，商品を仕入れる活動は，主に商品部門が担当し，商品を販売する活動は店舗が担当することが多い。それは，仕入活動と販売活動を行う場所と専門知識が異なるために，部門を分けて，分担して行うことが効率的となりやすいからである。

例えば，仕入活動については，仕入先との交渉が必要になり，各店舗で販売する量をまとめて仕入れることが効率的となるために，商品部門が置かれる本部において集中的に行うことになりやすい。しかも，仕入活動においては，商品や仕入先についての専門知識が要求されるために，商品部門のバイヤーがそのような専門知識を学び，経験を積んで，仕入活動の専門的な仕事をこなすことになることが多い。

それに対して，販売活動に関しては，消費者が小売企業の本部にまで買物に行くことはせず，近くに立地する店舗を利用するために，地域的に分散した各店舗施設において行われることになる。つまり，商品部門のある本部で消費者への販売活動を行うことは基本的にできない。また，販売活動を店舗の販売員に任せるとしても，品揃えや販売価格などの販売活動における意思決定を本部で集約して行うことは可能であるが，その場合でも，店舗に訪れる消費者の需要動向を反映した意思決定を行うためには，消費者の需要情報を収集しやすい店舗でこうした意思決定を行うことが重要になる。

そこで，仕入活動は本部の商品部門が行い，販売活動は店舗で行うという役割分担がなされるようになるが，そのような役割分担を重視するほど，仕入活動と販売活動を連係させることは難しくなる。

● 商品部門と店舗との分担関係

商品部門と店舗との役割分担が明確になるほど，仕入活動と販売活動との連係が難しくなるのは，次のような理由が考えられる。

1つには，役割分担を明確にするということは，各部門が負うべき責任の境界が明確になることであり，各部門が達成すべき成果の責任については強く意識することになるが，それ以外のことについては関心が低くなりやすい。それは各部門で求められる成果の達成具合によって，その部門の担当者や管理者の評価や報酬・地位が左右されるために，その成果の達成が優先されるからである。逆に，その達成に貢献しないような活動は，それがたとえ企業全体の利益になることであっても，あまり動機付けられない。例えば，商品部門では，仕入先との交渉における努力が評価されるゆえに，仕入活動の課題は優先的に取り組むことになるが，仕入れた商品の販売方法を改善することは，バイヤーとしての評価には直結しないため，バイヤーの目標として意識されず，積極的には行われないことになる。

さらに，このように各部門が負うべき責任の境界が明確になれば，その境界の外部の活動における意思決定権限を持たないことになる。そのような状況で連携した活動を行うためには，部門間での意思決定の調整が負担になりやすい。具体的には，商品部門が店頭での商品の販売方法を改善しようとするとき，店舗の担当者と意見の交換や調整が必要となるが，そのための費用（時間や労力）が大きくなることが障害となるのである。

また，各部門の担当者は各自の成果責任を意識することから，それぞれの領

Column ⑤ マーチャンダイザー

小売企業によっては，マーチャンダイザーという職能担当者を置いている場合がある。マーチャンダイザーは，担当する商品群について，仕入から販売までの計画と実践に関する権限と責任を包括的に持つ担当者であり，バイヤー（仕入担当者）やバイヤーの管理者が兼務したり，バイヤーとは別の部門にいて，バイヤーと連携して業務を行ったりする。

マーチャンダイザーの仕入活動に関わる基本的な役割は，次の3つである。第一に，商品の仕入予算を管理し，品揃え計画を策定することである。このことは，マーチャンダイザーが，市場動向や店舗の販売状況のデータを収集・分析して，売上高や利益計画にまで責任を持つことを意味する。第二に，仕入先との関係を管理し，仕入先の生産や在庫の計画において問題が発生しないようにしたり，仕入交渉を通じて，適切な仕入品目の量を決め，その商品が円滑に納品されるようにする。第三に，各店舗への品揃えの広さと深さなどの在庫の配架計画を管理する。例えば，旗艦店にはフルレンジの品揃えを置くのに対し，他の店舗には，店舗サイズによって，取扱商品のカテゴリー数や品目数を制限するといったことを決めるのである。

さらに，マーチャンダイザーは，店舗の販売活動にも関与する。具体的には，商品の値下げ（マークダウン）を決定したり，陳列や広告・販売促進の計画や管理を行ったりする。これらを通じて，売上高や利益についての目標を達成したり，販売計画からの乖離を是正したりすることになる。なお，大規模な小売企業では，広告・販売促進に関する活動は，マーケティング部門の担当者が行う役割としていることもあり，マーチャンダイザーの担当する業務範囲は，企業によって異なる傾向がある。

域についての情報収集に積極的になり，その課業の遂行に必要な知識や能力を習得することも動機付けられる。それに対して，責任の範囲外については，この知識や能力の蓄積が動機付けられないため，専門外という意識が生まれやすい。すなわち，専門外という意識から，部門間での活動の調整をする上で他の部門の活動への関与を躊躇させることになりやすいのである。

3 マーチャンダイジングの分権化と集権化

● マーチャンダイジング権限の配置

商品の仕入から販売に至るマーチャンダイジング活動を適切に行うためには，仕入活動を分担する商品部門と販売活動を分担する店舗のそれぞれにおける意思決定を調整することが重要になる。ところが，これまで述べたように，この調整は部門間のカベという問題に直面することになる。

そこで，小売企業では，一般的に，店舗か商品部門かのどちらかの部門のマーチャンダイジング活動の意思決定権限（マーチャンダイジング権限）を強くして，他方の部門に対する主導的な立場を与えることで，この部門間調整ができるようにする。

そして，店舗の権限を強めることを分権化，商品部門の権限を強くすることを集権化と呼ぶ。つまり，マーチャンダイジング活動に関して，分権的なマーチャンダイジング組織では，店舗が販売活動だけでなく，仕入活動についても，商品の選定や価格の設定・変更といったことを決めることができるのに対し，集権的なマーチャンダイジング組織では，商品部門が店頭の品揃えを決定し，価格の設定・変更についても店舗に指示する傾向が強くなる。

なお，小売企業は複数の店舗を持つことが多いため，店舗に権限を付与するときには，各店舗にマーチャンダイジング権限を分散して持たせることになることから，分権化と呼ぶ。他方で，商品部門は小売企業の本部にあることが多いため，商品部門がマーチャンダイジング権限を集中して持つときには，本部に権限が集中するという意味から，集権化と呼ぶ。

また，小売業では多様な商品のさまざまなマーチャンダイジング活動のうちで，より多くの権限がどちらに配置されているかによって，分権か集権かのどちらかの傾向があると判断されるが，すべてのマーチャンダイジング権限について，店舗が掌握する完全な分権化や商品部門がすべて統制する完全な集権化というのは，ほとんどない。それは，それぞれについてのメリットとデメリットがあるため，店舗や商品部門がそれぞれの権限をある程度，確保することも必要だからである。

● 分権化のメリット・集権化のデメリット

マーチャンダイジング活動に関し，より多くの部分を店舗で意思決定できるようにする分権化には，次のようなメリットがある。

まず，最も重要なメリットとして，店舗を訪れる顧客のニーズに対応したマーチャンダイジング活動ができるという点を挙げることができる。顧客のニーズについては，販売した商品についてのPOSデータを使うことで，商品部門でもある程度は情報収集をすることができる。しかし，商品を買わずに立ち去った顧客の情報や顧客との会話から明らかにされる顧客の商品に対する潜在的なニーズなどは，店舗において顧客と接する販売員しか情報を収集できない。また，こうした顧客の潜在的で詳細なニーズの情報に基づいて，店頭の品揃えを修正したり，店頭の商品の価格をタイムリーに引き下げたりすることができれば，店舗の販売額を増やしたり，売れ残りによる損失を少なくして，店舗の利益率を高めることが期待される。

そこで，店舗のスタッフに仕入れる商品を選択させたり，どこにどのように陳列するかを決めさせたり，価格を切り下げたりする権限を持たせることによって，各店舗における顧客のニーズに適応したマーチャンダイジング活動ができるようにするのである。

2つ目には，店舗の販売員の声を反映した商品の仕入が行われることで，販売員に責任感が生まれ，積極的な販売活動を動機付けることが期待されるという効果がある。また，販売員がこうした販売活動に取り組む過程において，顧客からニーズ情報を収集しようとする意識も高まることが期待される。

そして3つ目には，店舗において，販売活動だけでなく，商品の選定などの仕入活動の一部を担うことになるため，商品の仕入から販売までのマーチャンダイジング活動においての実務経験を積ませることで，小売企業における人材育成にもポジティブな効果を持つと期待される。

そして，これらの分権化のメリットは，集権化のデメリットに対応する。すなわち，商品部門にマーチャンダイジング権限を集約化させるという意味での集権化を行うほど，まず，顧客ニーズへの柔軟な適応が難しくなる。それは，POSデータだけで販売活動における環境変化や顧客ニーズを把握するのは困難だからである。例えば，商品部門が決定した品揃えが各店舗における顧客のニーズとミスマッチを起こしていることに気が付くのが遅くなったり，その顧客ニーズの変化が何によってもたらされているのかが確認しづらいという問題を発生させる可能性がある。

また，商品部門がマーチャンダイジング権限を持つ集権化では，本部が各店舗で販売する商品，販売方法，価格を決定し，店舗の販売員は本部の計画や指示に従って商品の販売活動を行うだけになるため，店舗の販売員における販売活動の動機付けが難しいという問題が発生しやすい。また，販売員は商品の選択などには関与しないために，顧客のニーズに関する情報を収集する動機付けも低くなりやすい。つまり，販売員は販売活動において商品部門が決めたことをこなすだけの役割という認識を持ちやすく，そのことが販売活動や顧客からの情報収集における消極性をもたらす可能性が高くなるのである。

そして，マーチャンダイジング権限が商品部門に集約されている状況では，店舗に配属されたスタッフが仕入活動の経験を蓄積することができないために，店舗と本部との間にキャリアの断層が形成されやすく，そのことが小売経営の人材育成における課題となりやすい。

● 集権化のメリット・分権化のデメリット

マーチャンダイジング権限を商品部門に集約する集権化を行うとき，店舗では商品部門が決めた商品を商品部門の計画や指示に従って販売することになる。このようなマーチャンダイジング権限を集権化するメリットとしては，次のようなものが考えられる。

まず1つ目として，商品部門において各店舗で取り扱う商品を決定することができるために，1つの商品についての発注量を複数の店舗でまとめて大きくすることができ，それによって仕入先との価格交渉で有利な条件を引き出したり，物流の効率化を図ったりすることで，費用の削減を進めやすくなる。

2つ目に，商品部門として，小売企業としての共通のコンセプトを持った商品を取り扱い，そのコンセプトに沿った店頭での販促活動を展開することで，小売事業ブランドの一貫性を確保して，小売企業としてのブランド戦略を進めやすくなる。

3つ目には，仕入先と接触する機会の多い商品部門が品揃えや販売価格，販促方法を決定することから，仕入先との交渉条件を考慮しながら，仕入れる商品を選択したり，発注量を決めたり，販売価格や販促方法を考えたりすることができるというメリットがある。例えば，新製品のように仕入先が積極的に売り込もうとするときには，商品部門は，交渉でより有利な条件を引き出す一方で，仕入先にも協力させながら，店頭での販促計画を立てて，実行することができる。

そして4つ目には，商品部門が集約してマーチャンダイジング活動を行うことから，店舗の販売員は，仕入活動の負荷が軽減されて，販売活動に専念できるようになる。そのことは，店舗において仕入能力のある人材を配置する必要がなくなり，店舗の販売員の育成期間が短くなり，非正規従業員を雇用しやすくなることを意味する。すなわち，企業における人件費の負担が軽減されることが期待される。

これらの集権化によってもたらされるメリットは，分権化のデメリットになる。すなわち，店舗にマーチャンダイジング権限を配置したときには，各店舗がそれぞれの考えで店頭の商品を選択し，その結果，品揃えが店舗ごとに異なりやすくなるために，発注量をまとめることは難しく，仕入や物流における規模の経済性が得られない。そして，各店舗が商品を選択して，販促活動もそれぞれで行うことから，小売企業としての一貫したブランドイメージを形成できないことになる。これらのことは，小売企業がPB戦略において効率化やブランド形成を狙うときには，特に大きな障害となるだろう。

また，店舗の従業員が商品を選択することから，仕入先との交渉とは切り離された意思決定になり，仕入先に対する交渉力を考えた商品や仕入先の選定ができないという問題が発生する。さらに，店舗の従業員が仕入活動の意思決定を行うことになるため，販売活動だけでなく仕入活動にも習熟した人材が企業として数多く必要となる。そのことは，人材の育成期間を長引かせることになるため，人件費の負担が重くなる。

4 小売企業におけるチェーン店舗展開

● チェーン店舗展開による大規模化

1つの小売企業が多くの店舗を経営することがよくある。その中でも同じ小売事業ブランドを付けて多店舗展開をすることをチェーン店舗展開，あるいは，チェーン化と言い，その店舗のこととチェーン店舗（またはチェーン店）と呼ぶ。

もし小売企業が店舗を1つしか持たないとすれば，その小売企業の売上高は，その1つの店舗に来る顧客の数によって制約されることになる。たとえ小売企業が大規模な店舗を設け，豊富な品揃え，低価格の商品，小売サービスや広告などで多くの顧客を店舗に吸引しようとしても，遠方からの顧客に来てもらうのは難しい。それは，顧客にとっての来店に要する交通費や時間が多大になるほど，顧客が来店する可能性や来店頻度が少なくなるためである。すなわち，

Column ❻ 小売経営に関連する資格制度

小売店を営業したり，そこで仕事をしたりする上で役立つ公的資格にはさまざまなものがある。まず，経営全般に関して言えば，中小企業診断士（中小企業支援法に基づく試験もしくは登録による国家資格。実施主体は経済産業省）がある。また，社内の労働・社会保険関連の事務作業に関しては，社会保険労務士（社会保険労務士法に基づき厚生労働省が認定する国家資格）が，経理事務においては，簿記検定（通称，日商簿記検定。日本商工会議所および各地商工会議所による公的資格。他にも全商簿記検定と全経簿記検定がある）が，それぞれ役立つはずである。販売業務全般に関するものとしては，販売士（経済産業省・中小企業庁が後援し日本商工会議所が認定する公的資格）や実用英語技能検定（文部科学省が後援し，公益財団法人日本英語検定協会が認定する民間資格）も有用であろう。

次に，特定分野の専門技能に関しては，業態ごとにいろいろな資格がある。例えば，薬局やドラッグストアでは，店舗に薬剤師（第一類医薬品を扱う店舗の管理者として）や資格登録販売者（都道府県が認定する公的資格。医薬品のうち第二類および第三類一般用医薬品を扱う店舗）という資格者を置くことが求められる。また，食品スーパーで食品の製造や加工を行う場合には，食品衛生管理者（厚生労働省が管轄する国家資格。食品衛生法によって定められた特定の食品加工や添加物製造を行う事業所が対象）や食品衛生責任者（自治体が管轄する公的資格。食品販売や製造を行うすべての事業所が対象）が必要となる。このほか，主に衣料品や住生活用品に関連する小売業に関わるものとして，カラーコーディネーター（東京商工会議所による公的資格），インテリアコーディネーター（公益社団法人インテリア産業協会），DIY アドバイザー（一般社団法人日本 DIY 協会）といった資格もある。

さらに，これは資格とは言えないが，酒類を小売店で販売するには，酒税法に基づき店舗の所在地の所轄税務署長から酒類販売業免許を受ける必要がある。

そして，消費者からの提案・意見を企業や行政に効果的に反映させたり，消費生活センターなどで苦情相談に当たったりするための公的資格として，消費生活アドバイザー（一般財団法人日本産業協会）や消費生活専門相談員（独立行政法人国民生活センター）がある。これらの資格を取得すると，2016 年の改正消費者安全法の施行により，新たにスタートした消費生活相談員資格試験（国家資格）の合格者と同じ資格が同時に付与されるようになった。

以上のように，小売店の営業に関連する許認可・免許，公的資格，民間資格には，さまざまなものがある。ただし，単に資格を持つことよりも，その資格を具体的にどのような業務に生かすのかということのほうが，より重要と言えるだろう。

来店が期待される地理的範囲としての商圏が強い制約となっており，その商圏外の顧客を吸引することは難しく，小売企業にとって過重な費用がかかることになる。そこで，店舗販売を行う小売企業が利益を上げながら売上高を伸ばすためには，1つの店舗を経営するのではなく，1つの企業のもとで多数の店舗を展開するチェーン店舗展開が選択されることになる。

つまり，チェーン店舗展開は，小売企業が店舗の商圏という制約を克服して，企業規模を拡大し，成長するための最も有効で，一般的によく利用されている方法となっている。

● チェーン店舗展開による仕入と販売の分離

すでに説明したように，小売企業がチェーン店舗展開を行う場合には，仕入活動を各店舗に分散させるのではなく，本部に仕入活動を集約することがよく行われる。そもそもチェーン店舗展開は，店舗の商圏による制約を克服して企業規模を拡大させる方法であるが，この企業の規模の経済性をできる限り確保しようとするならば，仕入活動の本部への集約を通じた効率化や仕入先への交渉力の追求が行われやすいと言えるだろう。すなわち，チェーン店舗展開を通じて，小売企業として販売規模を拡大させる一方で，仕入活動の本部への集約によって，仕入活動における規模の経済性を追求することで，小売企業がチェーン化による大規模化に基づく低コスト化や低価格販売を目指すことになりやすい。

したがって，チェーン店舗展開を行う小売企業では，仕入活動における規模の経済性に基づくコスト優位の追求を戦略的に重視しているとき，仕入活動の権限を本部にある商品部門に集約する傾向が強まることになる。

ただし，小売企業の戦略において，コスト優位だけでなく，競合店舗に対する差別化戦略が重要になる場合もある。また，企業規模の拡大は，効率化や交渉力強化だけでなく，企業ブランドを通じた差別化にも貢献する。このことから，仕入と販売を総括したマーチャンダイジング権限を店舗に配置して，店舗での販売活動による差別化戦略が展開されるという選択が可能になったり，逆に，本部でブランド管理を行うための本部への権限の集約化を追求する状況が生まれたりする。したがって，前に述べたような商品部門と店舗との間における権限の配置問題は，チェーン店舗展開によって，ますます重要になると言えるだろう。

● フランチャイズ制度

小売企業が自社の資金を使ってチェーン店舗展開を図ることは，多大な出店コストがかかることになる。そこで，小売企業が積極的なチェーン店舗展開を行うときに，フランチャイズ制度を利用して，出店のための資金調達の課題を解決しようとする場合がある。

フランチャイズ制度とは，小売企業がフランチャイズチェーンの加盟店を募集し，外部の企業や個人にその加盟店への投資や経営をさせる制度であり，フランチャイズチェーン本部となる小売企業のことをフランチャイザー，その募集に応じて傘下となった加盟店のことをフランチャイジーと呼ぶ。なお，このように外部の資本を使って，多くのフランチャイズチェーンの加盟店の出店を確保することから，フランチャイズ制度を利用する小売事業は，コンビニエンスストアのような比較的店舗面積の小さな小売事業において多店舗化を目指すことに適している。

そして，フランチャイザーは，フランチャイジーに対して，チェーン店舗展開する小売事業のブランドを使用する権利を与え，商品の供給システムを利用することやPBの取扱いを認め，さらに，店舗経営や販売促進に関わるノウハウや支援を提供する。それに対し，フランチャイジーは，利益か売上額に基づくロイヤルティ（royalty）をフランチャイザーに支払う。さらに，このような契約において，フランチャイザーは小売事業ブランドを管理するために，フランチャイジーの活動を詳細に統制することが一般的である。

さて，このようなフランチャイズ制度を利用すれば，チェーン店舗展開をしようとする小売企業は，フランチャイジーを募集し，外部の企業や個人に店舗への投資をさせながら，短期間で多くのチェーン店舗展開を進めることが可能になる。しかも，フランチャイジーの行動を契約によって統制することで，あたかも直営店舗のように店舗デザイン，品揃え，販売方法などを一貫性のあるものにして，その小売事業ブランドの管理を行うことができる。そして，それによって小売事業ブランドが確立され，販売成果につながることは，新たなフランチャイジーを吸引することになり，チェーン店舗展開がますます容易になる。

フランチャイズ制度では，このような好循環を期待することになるが，それがうまく形成できない場合もある。それは，小売企業がフランチャイザーとして競争優位をもたらす非代替的な資源をフランチャイジーに提供できない場合である。例えば，フランチャイジーになっても，他からも調達できるような商品や経営ノウハウしか得られない状況では，特定のフランチャイズチェーンに加盟しても，競合店舗とは差別化できずに，販売成果も上がらないために，フランチャイジーを確保することが難しくなるだろう。

それゆえ，フランチャイズ制度でチェーン店舗展開を図るときには，競合店舗に対して差別化できるような資源をフランチャイジーに提供できるかどうかが重要になるのである。すなわち，フランチャイズ制度を利用する小売企業では，フランチャイジーが期待する資源としての商品やノウハウ，商品の供給システムなどを開発することに注力する必要がある。また，そのために，フランチャイズ制度と並行して直営店を出店して，その直営店でそのような資源開発として経営ノウハウを蓄積したり，資源開発のための情報収集を行ったりする場合もある。

演習問題

1 いくつかの小売企業の組織図を比較して，その組織構造の違いがなぜ発生しているのかを考えてみよう。

2 マーチャンダイジング権限が分権化している小売企業を 1 社取り上げて，その分権化がどのような強みをもたらしているかを考えてみよう。

第4章

仕入活動の管理

1　小売業における仕入活動

● 仕入活動のプロセス

小売企業では店舗で販売する多様な商品を仕入れる必要がある。この仕入活動は，委託販売を除けば，商品の所有権を小売企業に移転させることであるために，商品が消費者に販売できない場合には，その商品は売れ残りとなって，小売企業にとっての不利益をもたらす。しかし，そのような販売のリスクをおそれて，商品を十分に仕入れなければ，品揃えの魅力が損なわれ，消費者を店舗に吸引できないために，やはり小売業で利益を上げることができない。したがって，小売企業にとって仕入活動を適切に行うことは重要なことになる。

その仕入活動は，第**3**章で述べたように，商品部門のバイヤーが中心となって行う場合のほか，店舗において仕入を兼務する担当者からの注文を商品部門で取りまとめる場合や，商品部門と店舗の各担当者が連携して行う場合などがある。そして，仕入活動は，基本的に，図4-1のような連続するステップによって行われる一連の意思決定と考えることができる。

まず最初のステップは，品揃えにおける課題を認識することである。これは仕入担当者が店舗の品揃えについて解決すべき課題があることを感じる場合もあれば，卸売企業や製造企業などのベンダー（販売業者）から商品の提案によって課題に気が付く場合もある。

図 4-1　仕入活動プロセス

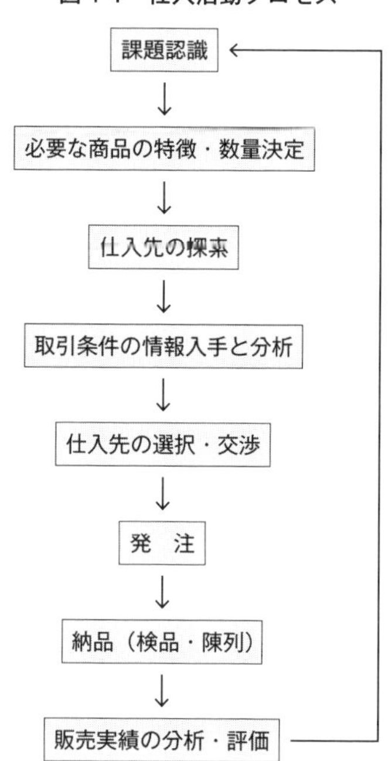

次に，その課題を解決するために，どのような商品がどれぐらい必要かという計画を立てて，その商品の仕入先を探索する。そして，ベンダーから仕入価格や納期，配送条件などの取引条件の情報を得て，比較検討して，仕入先の選択や交渉を行い，商品を発注する。最後に，その仕入れた商品が期待通りに販売されたかという販売実績についてのフィードバックを得て，その分析や評価に基づいて，次の品揃えにおける課題の認識へとつながることになる。

これらの一連のプロセスは，新規の商品の仕入かどうか，代替的な仕入先の候補が多いかどうかなどによって多様になる。例えば，商品が店舗ですでに販売されている商品であり，品揃え計画に変更がなく，その商品在庫の補充が必要であるという課題が認識されたとしよう。この場合には，商品は特定されるため，数量のみを決定し，仕入先の探索から選択・交渉までのステップも簡略化されて，ほとんど自動的に再発注が行われることになるだろう。他方で，代替的な仕入先が数多く存在する場合には，取引条件の情報を得て，比較したり，交渉したりすることで，より有利な条件での仕入が期待できる。

また，仕入活動の意思決定をどの部門で行うかによっても，プロセスの性格が異なる。例えば，仕入活動において店舗の権限が強い場合には，店舗が品揃えの課題を認識し，必要な商品の特徴や数量を決めて，それに沿う形で商品部門のバイヤーが仕入先の探索や交渉を行い，商品部門よりもたらされた候補商品のリストから店舗ごとに発注することになる。それに対して，商品部門の権限が強い場合には，これらの意思決定は商品部門主導のもとで，より単純な形で行われる。

● 仕入活動における顧客からの需要情報収集

仕入活動の各ステップにおける意思決定のために，仕入を行う担当者はさまざまな情報を収集する必要がある。例えば，課題認識や必要な商品の特徴・数量決定のステップにおいては，店舗や顧客から需要情報を収集・分析することが重要になる。すなわち，POS データを分析したり，店舗の販売員に聞き取りをしたり，店舗に来訪する顧客の行動を観察したりして，現状の品揃えにおける課題を捉え，必要な商品がないかを探るのである。

この顧客の需要には，顕在的な需要と潜在的な需要があることに留意し，両者への適切な対処が必要になる。まず，顕在的な需要とは，顧客が具体的な商品やブランドを挙げて，その店舗での取扱いを問い合わせたり，その取扱いについての要望を販売員などに伝えたりするような状況で収集される。そして，顧客の強い需要がそうした発言に結び付いていると考えられるため，顧客の声を品揃えに反映させることで，その顧客の需要を取り込み，彼らのストアロイヤルティを高めることが期待される（第**7**章**3**を参照）。

ただし，そのような顕在的な需要に対応した商品を品揃えに追加することは，必ずしも店舗の売上や利益に貢献するとは限らない。例えば，需要を表明する顧客が小売企業の狙うターゲットとは合致していない場合には，その需要に対応した商品を追加しても売上の増加は期待できず，むしろ，店舗イメージを歪めてしまう危険性もある。また，その商品がすでに競合店舗でも取り扱われている商品の場合には，顧客需要をめぐる競合店舗との競争関係に陥り，期待したほど売上は伸びず，むしろ，価格競争によって利益率が低下する場合もある。特に顧客は希望する商品を探すとき，さまざまな店舗で商品の取扱いを確認していることが多いため，競合店も同様にその商品を仕入れる可能性がある。したがって，商品に関する顕在的な需要を収集したときには，その商品を追加することが店舗の売上や利益に貢献するかどうかの分析が必要になる。

他方で，顧客が需要を表明しない潜在的な需要を捉えることも重要になる。むしろ，顧客が店舗で商品を見て，自分の需要に初めて気が付くような商品があることは，品揃えによる差別化が有効に形成され，競合店舗が追随するまでの間の高い利益率を確保できることになる。さらには，顧客がそのような発見を期待して，高いストアロイヤルティを持つことが期待される。

しかし，潜在的な需要についての情報を収集するのは容易ではない。それは潜在需要が，顧客自身も明確にイメージできていない需要であるために，顧客の普段の言動から推測するよりほかないためである。

そのような例として，母の日の夕食にすき焼きというメニューを店頭で顧客に提案し，すき焼き用の肉・野菜の取扱いを増やすということを考えてみよう。顧客は，母の日にすき焼きを食べたいという需要を表明するわけではない。小売店舗において「母の日にすき焼き」という販促活動が展開され，顧客がそれに触れることで，顧客の持っている潜在需要が表に現れるのである。すなわち，家族で買物に来る顧客がたまたま「母の日にすき焼き」という販促物を見て，母の日という機会に普段よりも贅沢な夕食をとることや夫や子どもが協力して料理の準備ができることなどを想起したときに，夕食のメニューが決まり，すき焼きの材料が売れることになる。

このとき小売企業が顧客の潜在需要を捉えることができなければ，こうした新しい試みはできない。しかも，顧客が反応しない場合もよくあり，思い付くままにさまざまな企画を乱発しても失敗して損失を大きくするだけである。

そこで重要になるのが，顧客の潜在需要をある程度の精度で捉えることであり，そのためには，仮説を立てて需要を推測すること，そして試行錯誤を通じてその仮説の検証を行うことが必要になる。そのような仮説―検証を繰り返すことで，潜在需要に関する情報の収集を動機付けるとともに，その経験の蓄積から，捉えた潜在需要をいかなる品揃えとして実現して，販売成果に結び付けるかという能力を高めることができるようになる。

● 仕入活動における仕入先からの情報収集

仕入活動においては，卸売企業や製造企業などの仕入先からも情報を収集することが必要となる。それは品揃えの課題認識や必要な商品の特徴・数量の決定といった各ステップにおいて，卸売企業や製造企業から得られる商品や業界の情報が有用だからである。とりわけ，品揃えに加えることで顧客の吸引力が増すような魅力的な新商品を探したり，既存の仕入商品を別の商品や別の仕入先に切り替えることで品揃えの改善や販売価格の引下げを狙ったりするときに，仕入先の営業活動を通じてもたらされる情報の利用価値は高い。

さらに，仕入先から競合する小売店舗に関する情報がもたらされる場合もある。仕入先とすれば，競合店舗への追随や差別化を意識させることで，競合対策としての新商品の営業活動を展開していることになるが，こうした仕入先経由の競合店舗の情報も有用である。

また，こうして得られる仕入先の業界や競合店舗に関する情報は，仕入先との交渉において，有利な条件を引き出すためにも必要である。さらに，交渉段階では，交渉相手となる仕入先から商品に関する情報がもたらされ，それらを含めたさまざまな情報は，店舗での販売活動をするために必要な情報となる。

2 商品の発注量と在庫管理

● 在庫管理の重要性

商品を発注する段階において，各商品をどれほど発注するかという意思決定が必要になる。もし発注量が需要に比べて少なかった場合，店頭では欠品が発生することになり，商品の販売機会を逸したり，来訪した顧客が不満を感じたりすることになる。つまり，店頭の在庫不足は，店舗の売上が減少し，利益に対してもマイナスの影響をもたらす。

他方で，欠品を避けようとして，多めの発注をした結果，商品の売れ残りが発生すれば，その商品を廃棄したり，価格を引き下げて販売したりすることによる損失が発生する。したがって，在庫過剰のときも，店舗の利益を押し下げる原因となる。

消費者の商品に対する需要が安定していて，日々の販売量が予測できる状況であれば，過去の販売データに基づいて発注量を決めることができる。ただし，そのような需要の確実性が高い状況はあまりなく，例えば，気温などによって消費者の商品需要が変化したり，競合店舗における商品の取扱いやその価格によって消費者の店舗選択が影響されるために，需要の予測が外れることも多い。したがって，発注においては，この需要の不確実性がどれぐらい大きいのかを考慮する必要がある。そこで在庫の過不足が起きないように発注量を適切な水準にすることが仕入活動における重要な課題となる。この発注量を決める上で，まず必要となるのは，需要量の予測である。

さらに，発注量を決めるためには，発注してから店舗に納品されるまでのリードタイムや発注頻度といったスケジュールによる影響も考えなければならない。もし納品までのリードタイムが長い場合や発注を行う頻度が少ない場合には，納品までのより長い期間にわたる需要量を予測して，発注することになる。例えば，納品が週に1回しか行われないケースでは，発注において1週間先の需要を予測することが求められる。

しかも，納品までのリードタイムの長さや発注頻度の少なさは，需要の不確実性にも影響する。というのは，需要を予測するとき，現時点から遠い未来の状況を予測するほど，その予測が外れやすいからである。例えば，商品の需要に気温が影響するとき，明日の気温のほうが1週間後の気温よりも予測しやすく，したがって，需要量も予測しやすいと言える。そして，納品までのリードタイムや発注頻度は，いつの時点の需要を予測するかということに関わるため，それらは需要の不確実性にも影響することになるのである。

● 在庫形成の投機化と延期化

納品までのリードタイムや発注頻度は，与件として動かせないものではなく，それに関わる費用を考えながら，望ましい水準を選択すべきものである。

まず，納品までのリードタイムを短くしたり，発注頻度を増やしたりするためには，小売企業の発注やベンダーの受注を迅速にしたり，その頻度を多くしなければならないため，受発注のための人件費などの費用が上昇する。さらに，物流費用に関しても，リードタイムを短くするために迅速な配送手段を利用したり，発注頻度に応じて納品頻度も上がるため，頻繁な配送を行ったりするために，費用が増加することになる。

そして，納品までのリードタイムを長くしたり，発注頻度を少なくすることを在庫形成の投機化と言う。より先行的に在庫を形成することから「投機」と呼ぶのであるが，その目的は，情報処理や物流の費用を下げることにある。す

図 4-2　在庫形成の投機化と延期化

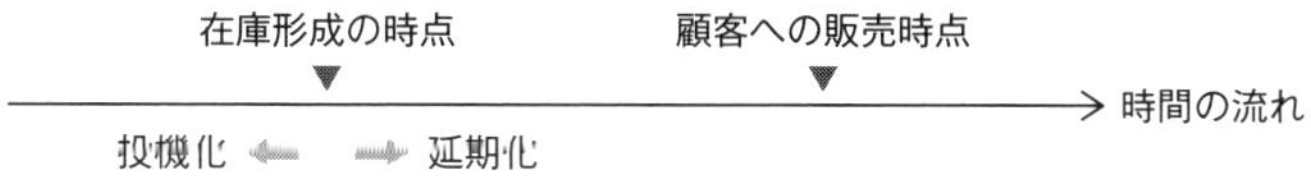

なわち，受発注や配送を迅速にする必要がなく，数量をまとめて処理できるため，計画的で大量の注文処理や配送による効率性が期待できるのである。

それとは逆に，納品までのリードタイムを短くしたり，発注頻度を増やしたりすることで，削減される費用もある。それは迅速で多頻度の受発注や物流による効果であり，店舗の在庫について売れ残りや欠品に伴う費用を減らすことになる。

需要の不確実性が高い状況では，需要量を的確に予想できないために，商品が売れ残ることで，在庫を低価格で販売したり，廃棄したりする費用がかかる。あるいは，予想以上に売れて，欠品が生じると，顧客への販売機会を逸するために，得られるはずの利益を失ったと考えることができる。そして，納品までのリードタイムを短くしたり，発注頻度を多くすることは，現時点により近い未来の状況を予測することになるため，これらの予測における不確実性を減らし，その結果として，売れ残りや欠品に伴う費用を削減することが期待されるのである。

このようにリードタイムを短くしたり，発注頻度を多くすることは，商品が販売される未来の時点により近づけることから，在庫形成の延期化と言うが，その目的は，需要の不確実性に伴う在庫リスクを減らすことにある。

したがって，商品が顧客に販売される時点に対する在庫形成の時点の位置関係で考えれば（図 4-2），投機化と延期化は，早い時点で在庫形成をするのか，それとも遅い時点で在庫形成するのかという，1 つの次元で捉えることができる。また，投機化のメリットは延期化のデメリットになり，延期化のメリットは投機化のデメリットになると考えることができる。

このことに基づけば，もし小売企業が納品までのリードタイムを長く，発注頻度を引き下げるという投機化を行えば，注文処理や物流の効率化を図ることができるが，その反面，在庫リスクによる費用が高まることになることが分かる。同様に，もし小売企業が延期化を追求すれば，注文処理や物流の費用負担は増えるが，在庫リスクは抑えられるだろう。そこで，小売企業はこれら両者の費用を合計することで，最も望ましいリードタイムと発注頻度を決めることになる。

● 延期化への傾向

近年の小売業では迅速で多頻度少量の物流システムが選択されやすい。これは在庫形成の延期化を小売企業が求めるためであるが，こうした延期化が選択されるようになったのは，次の２つの理由による。

１つには，情報通信技術が発達して，受発注情報の処理において情報システムを活用したり，物流センターを情報化したりすることで，迅速で多頻度の受発注や配送にかかる費用が引き下げられたということがある。つまり，かつては迅速で多頻度の注文処理や配送を行うためには人海戦術で多大な費用がかかるために選択されなかったが，情報システムを導入することでその費用が下げられ，延期化が費用的に可能になったのである。

もう１つには，顧客需要が以前にも増して不確実になり，在庫リスクの問題がより深刻になってきたということがある。それは顧客需要が多様化する一方で，広告などの販促活動による需要の喚起が難しくなったり，SNS を通じたクチコミで予想以上の需要が発生したりすることが多くなったために，商品の売れ残りや欠品が生じやすくなったのである。さらに顧客需要の多様化に伴い，需要の少ない商品は少々の価格引下げでは売れなくなるため，大幅な価格引下げや廃棄などの在庫を処分することにかかる費用がより多くなる。これらのことは，在庫形成の延期化によって削減できる在庫リスクに伴う費用が大きくなることであり，延期化の経済的なメリットが拡大するために延期化が選択されるようになるのである。

したがって，近年の環境変化によりこれら２つの要因が発生したために，小売企業は迅速で多頻度少量の物流システムを積極的に導入するようになったのである。このような延期型の物流システムは，クイックレスポンス・システムと呼ばれることもある。

● 延期化の課題と投機化への再調整

近年のように情報システムを活用して，在庫リスクの問題に対処しようとするならば，物流システムを延期化することが合理的な選択となる。しかし，このような延期化への傾向に関しては，小売企業は仕入活動における課題に直面する。

それは，延期化が在庫リスクの削減を通じた効果を期待するものであるために，仕入活動においては在庫リスク削減への過剰な意識が生まれやすいということである。しかも，延期化を行う際は，迅速で多頻度の発注のために情報システムが導入されるが，その情報システムを通じて，欠品や売れ残りといった在庫における課題が常に明らかにされることになる。そして，欠品のほうは迅速で多頻度の配送ですぐに補充される一方で，売れ残りは延期化を通じて削減しなければならない対象として強く意識されることになりやすい。

その結果，商品の仕入担当者が品揃えを決める際に，過去のデータにおいて売れ筋と分かる商品だけを取り扱おうとして，新しい商品については，過去のデータがないためにリスクが意識され，取扱いに対して消極的になる可能性がある。ところが，そのように新商品の取扱いに消極的になれば，店頭の品揃えは顧客にとって魅力の乏しいものになるだろう。

また，PB のように小売企業が独自の商品を開発し販売する場合においては，商品をまとめて生産することでコスト削減することが重要になる。しかも，PB は広告に費用をかけないことが多いため，店頭に十分に在庫がない状況では，その PB を顧客に認識させることは難しくなる。むしろ，アパレル商品の PB などでは，商品を大量に陳列することで，顧客にそのブランドを認識してもらうことを狙うこともある。

これらの場合では，延期型の流通システムに基づいて，在庫リスクを管理することを前提としながらも，在庫形成における投機化へと調整することが重要となることを示している。すなわち，仕入活動において積極的に新しい商品を取り扱って，店頭の品揃えの魅力を高めたり，PB の生産コストの引下げや店頭での大量陳列による販促を行ったりするために，商品の在庫リスクを意識しすぎないように，先行的で冒険的な投機化への傾向を強めることが重要になる場合がある。

3 仕入先との関係を管理する

● 仕入先との関係管理

小売企業が商品を仕入れる先は卸売企業や製造企業となるが，これらの仕入先をまとめてベンダーと言う。そして，ベンダーとの企業間関係を適切に管理することは，小売企業の仕入活動の上で特に重要なことになる。

もしこれらの企業との間で1回ごとに独立した取引をするのであれば，小売企業の仕入担当者は，取引条件に基づいて毎回，最適な仕入先を選択すればよいだろう。しかし実際には，企業間の取引は継続的・反復的に行われるため，協調的関係を管理することが重要になる。すなわち，ベンダーは継続的な関係をベースとして，小売企業にとって長期的な利益となるような提案を行うことになり，小売企業は，その提案を受容することで，持続的な競争優位を築くことができるようになる。そこで，小売企業は，ベンダーとの間で取引が安定して継続し，協力し合うような協調的関係を意図的に形成し，それを維持する努力を払うことが重要になる。

また，企業間の関係であれば，パワー関係も多様になる。もし小売企業が大規模であれば，仕入活動において交渉力を発揮できるようになるため，その交渉力を生かした仕入活動が必要になる。他方で，たとえ小売企業が大規模であっても，商品によって，製造企業や卸売企業のパワーが強い状況も考えられる。その場合には，仕入先のパワーを回避するように，仕入先を選ぶことも重要になる。すなわち，小売企業は，仕入先とのパワー関係を考慮した仕入活動を展開する一方で，そのパワー関係を管理することが求められるのである。

したがって，ベンダーとの関係を管理するとは，ベンダーとの協調的関係とパワー関係を適切な状態に維持することと考えることができる。それは仕入活動において，どの企業から何をどのように仕入れるのかという意思決定において実現される。

● 協調的関係の構築

企業間の取引関係では，協調的関係の構築が重要となる。協調的関係とは，情報の信頼性と行為の信頼性という2つの信頼性をベースとして，協力的な行為を相互に行いうる関係である。

情報の信頼性とは，取引相手からの情報に虚偽や誇張，隠蔽が含まれないことを表す。ベンダーが交渉や販促目的でもたらす多くの情報に関して，ベンダーは，交渉や販促のために不利な情報の提供は控えたり，誇張した情報を提供したりすることになりやすい。小売企業においても，交渉のために需要の大きさを低めに伝えるほうが有利な条件を確保しやすい。しかし，そのような状態では取引における情報の信頼性が損なわれ，協調的な関係を築けないことによる不利益を双方が被ることになる。具体的には，交渉や取引において疑心暗鬼に陥るために，あらゆる行為を想定した詳細な契約書を作成したり，契約を締結し管理するために能力の高い人材を割り当てたりするための取引費用がかかることになる。

また，行為の信頼性とは，交渉で決まった約束を遂行したり，相手の期待する行為を行ったりする程度のことである。例えば，交渉で決められた契約通りに履行されるかどうかは，行為の信頼性に含まれるが，この信頼性が低い場合には，契約の履行を監視するために，管理する人材を張り付けるなどの費用がかかることになる。

それゆえ，情報や行為の信頼性が高い協調的関係のもとでは，取引における交渉のプロセスや交渉後の履行の監視のための取引費用が低く抑えられるというメリットが期待される。これは小売企業にとっては仕入担当者の業務負担が軽減されることをもたらす。

さらに，協調的関係は，こうした取引費用の削減だけでなく，ベンダーからのさまざまな協力を得ることにもつながる。具体的には，ベンダーが小売企業のニーズに適合した商品や店頭での販促方法の提案（**Column**⑦）を行ったり，製造企業や競合店舗に関する情報を提供することで小売企業のマーチャンダイジング戦略の立案に協力したり，あるいは，ベンダーが受注や配送に関する情報システムへの設備投資を行い，前述のような在庫形成の延期化に伴う小売企業の在庫管理に協力することが可能になる。

こうしたベンダーからの協力が効果を上げるためには，ベンダーが小売企業のニーズについて情報を収集し，小売企業に適応した活動を展開できるように経営資源を配分することが必要になる。それに対し，情報の信頼性がない状態では，ベンダーは小売企業から情報を収集するのが難しく，また，小売企業も

Column ⑦ 製造企業による販促提案

製造企業が小売企業に対して，自社製品を小売店頭でどのように陳列・販促をするかという販促提案を行うことがある。これは製造企業のチャネル戦略として製造企業の営業担当者が行うものであり，小売企業の商品の仕入から店頭での販促活動までのマーチャンダイジング活動（MD 活動）に影響を及ぼすことから，MD 提案と呼ばれることもある。

商品の店頭での販促提案とは，食品を例にすれば，季節の行事・イベントに合わせて POP 広告や関連商品の陳列などの店頭の演出を工夫したり，試食・試飲を顧客に勧めたりすることなどが典型的である。製造企業によっては，52 週 MD 提案を戦略的に展開している企業もある。52 週というのは，1 年を通して，毎週，異なる販促提案ができるということであり，そのような提案を繰り返すことで，小売企業の信頼を得て，安定的に店頭のシェルフスペース（陳列棚スペース）を確保しつつ，自社製品の高い市場シェアの達成を目指すのである。

ただし，このような高い頻度の販促提案をするためには，製造企業の営業担当者による個人的な能力や努力では限界があるため，製造企業の営業部門や営業企画部門における組織的なサポートが必要となる。また，製造企業の小売企業への販促提案は，製造企業の行う広告やキャンペーンと呼ばれる全国的な販促活動との連携のもとで行われることもあり，その場合にも組織的な取組みが重要になる。

小売企業としては，製造企業の販促提案をうまく利用し，店頭での販促活動に取り入れることで，店舗の売上を伸ばすことを期待する。そのためには，製造企業間で販促提案を競わせて，より効果的な販促提案を引き出すことが重要になる。製造企業としても商品の仕入価格で競うよりは，販促提案で競争するほうが有利であるため，販促提案に努力を向けるほうが望ましい。

さらに，製造企業に有効な販促提案をさせるためには，販促効果に関するデータを製造企業と共有することも重要になる。すなわち，提案された販促計画の効果をデータで示し，分析させて，次の販促計画の改善につなげるという PDCA サイクルを通じた共同での学習を行うことで，販促効果をより高いものへ引き上げるのである。

自らのニーズを伝えることができないだろう。また，相手をだますつもりがなくても，行為の信頼性が低い状況では，小売企業のニーズを読み違えたり，適応した活動を展開する能力が十分でないということになる。そこで，情報と行為の信頼性を確保することで，ベンダーは小売企業のニーズに関する情報を収集して，その小売企業に適応的な活動を展開することが可能になり，小売企業とベンダーは，そのような取引や共同作業での成果をより大きくすることができるようになる。

● **協調的関係の継続性**

いったん小売企業とベンダーとが協調的関係を形成することができるようになれば，その関係は継続し，競合する企業によって取って代わられる脅威が減ると期待される。というのは，すでに扱っている商品の取引において協調的関係が構築されている状況において，もしベンダーが虚偽の情報をもたらして短期的に有利な交渉条件を得たとしても，それで不利益を被った小売企業は次回からの取引を控えるために，それまで時間をかけて構築してきた協調的関係が失われることになるからである。そのような情報の信頼性を失うことによるマイナスの影響のほうが，虚偽の情報による短期的な利益というプラスの影響よりも大きいため，協調的関係が構築されている状況では，情報の信頼性は確保され続けることになる。

また，すでに協調的関係が構築されている状況では，それまでの取引や共同作業の経験の蓄積から，ベンダーは小売企業のニーズについての知識を他のベンダーよりも多く持つことになる。そのためベンダーは小売企業のニーズにより的確に対応できることから，行為の信頼性も一層高くなることが予想される。

したがって，取引を重ねるほど，協調的関係はますます強固になり，取引関係が継続的になって，競合企業によって代替されにくくなる。すなわち，協調的関係を形成することは，取引に関する参入障壁にもなることを意味している。

ただし，これまで協調的関係のメリットを述べてきたが，参入障壁が形成されるということは，協調的関係がデメリットにもなる可能性があることを含意している。すなわち，小売企業は既存のベンダーと協調的関係を構築することで，新規のベンダーが参入しにくい状況を形成しているため，新規のベンダーによる新しい提案が入りづらい状況が作られる場合がある。他方で，既存の取引関係にあるベンダーは，参入障壁があることで競争的圧力が少なくなれば，新提案への動機付けが低下する可能性がある。

そして，そのような競争的圧力が低下することによる弊害が大きくなれば，協調的関係は，むしろ魅力的な新提案の可能性を抑制する場合もあることになる。そこで，小売企業としては，協調的関係によるデメリットが大きくならないように，次に述べるパワー関係も併せて管理することが重要になる。

● パワー関係の構築と管理

小売企業とベンダーとの間には，これまで述べてきたような協調的関係に加えて，パワー関係が存在する。このパワー関係は，「大規模企業だから強い」という単純なものではなく，各小売企業，各ベンダー，各商品で異なる強さのパワー関係があると考える。また，パワー関係とは，相手の行動を要求通りに動かすことができる関係のことであり，小売企業が特定のベンダーとのある商品取引において強いパワー関係があれば，小売企業は，その商品を価格，支払条件，納期，サービスなどの取引条件において，ベンダーに譲歩させることができる。当然のことながら，その譲歩は小売企業に利益をもたらすことになる。

このパワー関係を規定する最も主要な条件が取引依存度である。取引依存度は，売手が買手に依存する程度を表す販売依存度と，買手が売手に依存する程度を表す仕入依存度があり，販売依存度が大きいほど，また，仕入依存度が小さいほど，売手としてのベンダーに対する買手である小売企業のパワー関係は強くなる。というのは，これらの取引依存度が大きいほど，代替できる取引業者が少なく，取引をスイッチしにくくなるために，取引相手の要求を断りにくくなることでパワー関係が生まれるからである。

そして，販売依存度とは，売手の総販売額に占める特定の買手への販売額シェアで測ることができる。ある小売企業に対するベンダーの販売依存度が大きいことは，その小売企業が多くのチェーン店舗を全国的に展開することによって，その小売企業の販売額シェアが大きいこと，あるいは，ベンダーの総販売額が小さいことによってもたらされ，それは小売企業の強いパワー関係をもたらす。

他方で，仕入依存度とは，買手の総仕入額に占める特定の売手からの仕入額シェアとして測られる。小売企業に強いパワー関係をもたらすのは，その小売企業の特定のベンダーへの仕入依存度が小さいことであるが，それは当該ベンダーの扱う商品の市場シェアが低いことや，小売企業が大規模で総仕入額が大きいことによって生じる。

● 依存度管理

取引依存度によって企業間のパワー関係が規定されることから，取引依存度を戦略的に変えることで，パワー関係を操作することができる。つまり，小売企業が望むパワー関係を構築・維持するために，依存度管理が行われる。

その最も有力な依存度管理の方法は，小売企業が同じ商品カテゴリーにおいて仕入先を分散させることである。例えば，ある製造企業のナショナルブランド（NB）が圧倒的に大きな市場シェアを獲得している状況では，小売企業はこの製造企業に対する有効なパワー関係を築けない可能性がある。そこで小売企業は，そのNBと競合する別のNBを積極的に取り扱い，店頭でのシェルフスペース（陳列棚スペース）を割り当てて，特定の製造企業に対する仕入依存度を意図的に引き下げるのである。

なお，競合するNBの代わりに，後述するような低価格型PBを導入することもよく行われる。これは，特定のNBが圧倒的な市場シェアを獲得している状況では，競合するブランドそのものが少なかったり，競合ブランドの取扱いと店頭での販促を増やしても，顧客が期待通りに反応しなかったりすることがあるため，低価格のPBを開発・販売することで，その特定のNBに対する仕入依存度を引き下げるのである。

4 PBの開発と調達

● PB導入の目的

小売企業は卸売企業や製造企業から仕入れた商品を販売するが，その一方で，商品を小売企業自らが企画し開発して，販売することがある。このように小売企業が開発する商品やそのブランド（銘柄）のことをPBと言う。なお，小売企業が主体的に開発する場合もあれば，卸売企業や製造企業と共同で開発する場合のほか，これらのベンダーが提案する商品をPBとして採用する場合もある。

小売企業がすでに存在するNBを仕入れるのではなく，PBを開発し，販売するのは，PBを通じて高い利益率を確保するという目的がある。そして，利益率の確保については，次の2つの理由が考えられる。

まず1つ目に，NBを仕入れて販売する状況において利益率を高めるには，他の小売企業よりも低い価格で仕入れ，より多くの販売量を確保することが必要になるが，他の小売企業よりも低い価格で仕入れたり，より多くを販売したりすることは容易ではない。たとえその小売企業が大規模であり，仕入先に対してパワー関係を形成し，低価格販売で販売量を拡大できたとしても，競合する大規模な小売企業も同様な条件での仕入や販売を行うことが予想されるからである。

そこで小売企業は，競合する小売企業が同じ商品を取り扱えないPBを開発することになる。その上で，次のような多様な方法を用いることにより，PBの低コスト化を実現し，高い利益率を確保しようとする。すなわち，排他的な取扱いに基づいてベンダーが営業活動や広告にかける費用を節約すること，原材料や商品の機能を見直して低コストの商品を開発すること，品種のバラエティを抑制して大きなロットサイズで効率的に生産することなどである。製造企業にとってみれば，小売企業との間でPBに関する継続的な取引関係が築かれることから，効率的な生産のための機械化などの設備投資がしやすくなり，このことも生産コスト削減に貢献するだろう。

こうして低コストで生産されたPBを小売企業は低価格で販売することになるが，低価格を選好する消費者に対するPBの販売量を大きくすることができれば，一層の生産コストの削減が可能になり，その好循環を通じて，小売企業は高い利益率を確保することができる。つまり，NBでは限界となっていた低コスト化による利益率の向上が，PBの排他的な取扱いという特徴によって実現するのである。

そして，2つ目の利益率の確保は，品揃え差別化によるものである。これは高付加価値型のPBにおいて追求されることが多い。

小売企業は価格競争だけでなく，非価格競争も展開しているが，PBによる品揃え差別化は，非価格競争における1つの有効な競争手段となる。そもそも小売企業がNBを販売する限り，競合する小売企業とは差別化された品揃えを形成するのは限界がある。それはNBのベンダーとすれば，市場シェアを確保するために，より多くの小売店舗に取り扱ってもらいたいと考え，特に消費者にとって人気のあるNBになるほど，多くの小売店舗で販売されていることになるため，小売企業はNBを使って品揃えの差別化を行うことは難しいからである。しかも，新製品などの販売リスクを積極的に受容して，競合よりも早く新製品の販売を行い，それが成功したとしても，NBである限り，競合する小売企業はその商品を仕入れられるため，すぐに追随され，品揃え差別化を持続させるのは難しい。

そこで，小売企業はPBを開発することを考えるようになる。また，PBで品揃えの差別化を行うためには，競合に対して排他的な商品であることに加えて，消費者の需要に適合した商品であることが必要になるが，それは小売店舗において消費者と接し，需要情報を収集することで達成される。そして，PBを通じて品揃え差別化が形成されると，多くの消費者が品揃えの魅力から高いストアロイヤルティを持つようになり，その結果，小売企業は高い利益率を確保できるようになると期待される。

● PBのタイプと特徴

PBにはいくつかのタイプがあり，価格の安さを訴求した低価格型PBと，商品の付加価値による品揃え差別化を目指す高付加価値型PBに，大きく分けることができる。

さらに，低価格型PBの中にも，NBとほぼ同等の品質で似たようなパッケージデザインの商品をNBよりやや低い価格で販売するものもあれば，NBよりも機能を絞り込んだり，容量を大きくしたり，パッケージデザインを極端に簡略化したりして，その上でNBよりもかなり低い価格で販売するものがある。

これらの低価格型PBは，小売店舗間の価格競争において重要な役割を担うことになるが，その一方で，品質が低いというイメージが形成されると，低価格だけでなく安全・安心も求める消費者の選好を得ることができない。そこで，低価格のPBについて低品質という連想が起きないように，小売企業やPBのブランドイメージを高めるための広告や販促活動が重要になる。

そして，高付加価値型PBでは，プレミアムPBと呼ばれるような，上質の原材料や高コストの製法を使って，NBと同じ水準の価格かNBより高い価格を設定したものや，対比するNBが存在しないような独自性と高付加価値を追求するタイプのPBがある。

ただし，小売企業には，NBの製造企業のように技術開発や製品開発の部門を持っていたり，エンジニアやデザイナーを数多く雇用・育成していたりするわけではないため，高付加価値型PBを開発・生産する能力が課題となりやすい。そこで，PBのベンダーや原材料の製造企業と共同で高付加価値型PBの開発を行うことが多い。具体的には，小売企業が消費者の需要に関する情報を収集して，商品の基本コンセプトを固めるなどの商品企画を行い，PBのベンダーや原材料の製造企業との協調的関係を構築して，これらの製造企業の技術力を活用して，PB開発を進めるのである。

● PBにおける関係管理

PBの導入では，小売企業に優位なパワー関係が形成されていることが多い。それは大規模な小売企業が圧倒的な販売力に基づく高い販売依存度を確保しており，その販売依存度によるパワー関係から，製造企業が小売企業の求めるPBを低コストで生産・供給することになるからである。

しかも，小売企業がPBの販売に成功し，消費者がPBを選好するようになれば，NBの市場シェアやブランドロイヤルティが低下することを意味するため，NBのベンダーに対する小売企業の仕入依存度は低下することになり，小売企業優位のパワー関係は，PBの浸透によって，一層強化されることになる。

こうした中でNBの製造企業は，次のような問題に直面することになる。まず，小売企業にPBを供給する場合，小売企業からPB生産コストを引き下げることが求められるが，それに加えて，上記のようにNBのブランドロイヤルティも低下するために，小売企業とのパワー関係が一層不利になることが予想される。

ただし，もし製造企業がこのような問題を懸念して，小売企業からのPB供給の要請を断るならば，小売企業は，他の製造企業にPBを供給させることになるために，要請を断った製造企業のNBの市場シェアは，他社の生産するPBによって引き下げられることになる。

したがって，消費者のPBへの選好が高くなった状況では，製造企業はたとえ厳しい取引条件であってもPBを供給せざるを得なくなることが予想される。すなわち，PBの導入や普及というのは，こうした小売企業優位のパワー関係のもとで展開する現象であると理解される。

その一方で，PBの導入においては，PBのベンダーとの協調的関係の構築も重要になる。それは，小売企業がPBの生産から販売までの情報を管理することができるというメリットを生かして，小売店舗での販売情報や在庫情報を生産段階にもたらし，生産量を調節することで，在庫の過剰や過少を防ぐことが重要な課題となるからである。それがPBのコストダウンにつながるとともに，品切れによるPBの販売機会の損失を防ぐことにもなる。そして，そのためには，PBのベンダーとの協調的関係を構築して，PBの生産，在庫，販売に関する情報を共有することが重要になる。

さらに，小売企業と製造企業とが共同でPBを開発する局面においても，小売企業が考える商品の企画や消費者の需要情報を製造企業に正確に伝えることや，製造企業がPBの開発や改良の提案を行ったり，商品の技術的情報を小売企業にもたらしたりすることが重要になるが，そのような情報交換が活発に行われるように，企業間の協調的関係が必要になる。

ただし，PBに関する協調的関係の構築は，小売企業と製造企業の間の利害が対立するために，必ずしも容易ではない。小売企業とすれば，特に低価格型PBの場合には，前述のようなパワー関係に基づいてPBのベンダーに価格引下げを要求するため，調達先を切り替えることの脅威を与える傾向がある。そして，PBのベンダーとしては，取引関係がスイッチされる危険性があるため，PBだけのための生産設備や開発に投資することが躊躇されるようになる。しかも，前に述べたように，NBの市場シェアやブランドロイヤルティが低下するという問題も発生するため，小売企業に対してNBとの取引を優先させたいという希望が根底にある。

したがって，パワー関係のもとで積極的に導入されるPBであるが，そのパワー関係が企業間の協調的関係の妨げとなり，そのためにPBの生産・供給や開発における情報共有が進まないことが起こりうるのであり，それはPBの戦略的な有効性を損なう危険性がある。それゆえ小売企業は，PBの導入においては，より洗練された仕入先との関係管理に努める必要性がある。

演習問題

1 延期型の流通システムを採用している小売企業を1社取り上げて，その企業がいかに投機化に再調整しているかを調べてみよう。

2 高付加価値型のPBの事例を1つ取り上げて，そのPBがいかにして開発されたかを調べてみよう。

第5章

販売活動の管理

1　店舗レイアウト・品揃え・陳列の管理

● 店舗レイアウトの管理

小売業は，生産者や卸売業者から商品を仕入れ，それを消費者に販売している。販売活動の管理は，仕入活動と並んで重要な業務である。小売企業が仕入れた商品は，各店舗の品揃えとして店内に陳列される。一般に「売場」と呼ばれるその場所は，単なる商品の「置き場」ではない。顧客ニーズに合った商品が要所に配置されている店舗レイアウト，思わず商品を手にとってみたくなるような商品陳列と効果的演出，そしてそれらを踏まえた店舗全体の雰囲気作りが必要となる。言い換えるなら，店舗は，消費者が求める商品が充実していて，それが探しやすく，場合によっては，買物自体が楽しくなるような快適な空間でなければならない。

ここで，ショッピングセンターのように，複数の店舗がテナントとして集積している場合には，魅力的なテナントが増えるほど，施設全体の来場者は増える。どのようなテナントをどこに配置するか，また，物販以外にどのようなサービス店舗をどこに設けるかということは，ショッピングセンター全体の魅力度を高める上で重要である。同時に各テナントは，さまざまな小売マーケティング活動を行うことによって収益を上げる努力をしている。したがって，ショッピングセンターのような商業施設の場合，物販およびサービステナントの配置，公共スペースのレイアウトについてはデベロッパーが，テナント内の売場のレイアウトについては各テナントの経営者・管理者が，それぞれ担当するという重層的な管理形態を取る。

次に，店舗レイアウトのあり方について考えてみよう。店舗の売上高は，客数と客単価の積で決まるが，店舗レイアウトは，どちらかと言えば，客数よりも客単価に影響を及ぼすため，以下では，客単価を規定する買物行動要因と店舗レイアウトの関係について説明する。

まず，客単価は，店内の買回（かいまわり）距離（動線長），売場の立寄（たちより）数（あるいは立寄率），視認商品数（あるいは視認率），買上（かいあげ）個数（あるいは買上率），商品単価といった要因によって規定される。

動線長は，店内の隅々まで足を運んでもらえるように購買頻度の高い商品を売場の奥に配置したり，主要な売場を分散させたりすることによって長くなる。このようなレイアウトは，店内での想起衝動購買や純粋衝動購買（第**8**章**2**を参照）を促すことによって単価を上昇させるだろう。ただし，重要な商品の売場をやみくもに分散させるだけでは，顧客の買物生産性が低下してしまうので，例えば，食品スーパーであれば，夕食の支度のための買物というようなストーリーと買物のしやすさを意識して，レイアウトを設計することが重要である。具体的なレイアウトとしては，縦横の格子状に直線通路を配するグリッド式レイアウト，陸上競技場の楕円形トラックのように通路を配するレーストラック型レイアウト，さらには，自由形式レイアウトなどがある。

また，売場の立寄数（売場で商品の購入を検討した顧客数）や立寄率（売場前の通行者数に占める立寄顧客数の比率）は，売場での顧客の注意喚起の程度に依存する。したがって，各売場の主張や特徴が明瞭に示され，加えて，そこで積極的な販売促進活動が行われることによって顧客の売場への立寄数は増える。

さらに，視認商品数（売場で顧客が実際に視認する商品の平均品目数）や視認率（売場前の通行者が特定の商品を視認する平均確率）は，各売場における品揃えと陳列の影響を受ける。その品揃えと陳列の適切な管理に加え，商品の価格水準と価格表示の訴求度は，顧客の買上個数（購入商品点数）や買上率（来店顧客のうち，ある特定の商品を購入した顧客の比率）に影響を及ぼす。

以上，売場を中心に店舗レイアウトを説明してきたが，店舗には，このほかにも商品在庫スペース，従業員スペース，売場以外の顧客向けスペース（トイレ，休憩場所，イートインコーナー，サービステナント，駐車場など）が必要である。それらは有機的に連携することによって店舗全体の販売活動が効果的・効率的に行われるように設計されなければならない。

● 品揃えの管理

品揃えは，製品カテゴリー，製品ライン，製品アイテム，SKU（stock keeping unit）といったレベルごとに形成される。例えば，家電製品という製品カテゴリーには，デスクトップパソコン，ノートパソコン，タブレット端末という製品ラインが存在する。製品アイテムは，ある特定ブランドのパソコンを意味するが，SKU は，色や性能の違いなどの点からアイテムより小さい単位で分類され，受発注および販売管理上の最小単位を意味している。第**1**章でも述べたが，品揃え概念は，多元的な概念であり，多くの製品カテゴリーや製品ラインを持つことによって品揃えの幅は広くなり，他方で，同じ製品アイテムでも，より多くの SKU 展開を持つほど，品揃えは深いということになる。

このように，品揃えは，広さと深さという 2 つの次元を持ち，その組み合わせによって，次の 4 つの業態戦略が導かれる。まず，品揃えの広さが狭く，深さが浅い場合で，これは，商圏範囲が狭く店舗規模が小さいコンビニエンスストアのような小売業態が想定される。この種の店舗の収益は，地域に密着し高い在庫回転率によって達成される。

次に，品揃えの広さは広いが，深さが浅い場合で，これは，顧客にワンストップショッピングという利便性は提供するが，特定の製品カテゴリーの品揃えが十分ではないと顧客に認識される可能性もある。ただしコストコのように，取り扱う製品カテゴリーの種類は多様であるが，製品ラインを絞り込むことによって，在庫回転率を高め，価格面での魅力を提供することもできる。

逆に，品揃えの広さは狭いが，深さが深いのが，専門店である。例えば，家電量販店や紳士服の専門店チェーンは，取り扱う製品カテゴリーを絞り込む代わりに，製品ラインごとの SKU 展開は豊富で，商品知識を持った従業員が接客することが多い。また，このような専門店では店舗規模に比して商圏範囲は広い。

さらに，品揃えの広さが広く，深さが深い場合としては，百貨店や総合スーパーのような業態が挙げられる。つまり，これらの業態では，食料品・日用品から衣料品，一部の家電製品に至るまで，取り扱う製品カテゴリーは，バラエティに富む。また，ある1つの製品カテゴリーについても，例えば靴のように，ビジネスシューズ，カジュアルシューズ，スポーツシューズ，子供靴といった具合に，さまざまな製品ラインを取り揃えるとともに，各製品について在庫する商品のSKU展開は豊富である。これらの業態では，ワンストップショッピング機能を提供するとともに，物販以外のサービスも併せて販売することなどもあって，顧客の滞在時間は長い。その反面，回転率の悪い商品が生じてしまうという問題も発生しやすい。また，アマゾン，楽天市場，Yahoo!ショッピングなどの大手EC企業もこの類型に含まれる。

ところで，品揃えの広さ・深さとは異なる切り口として，価格品揃えという概念がある。これは，取扱商品の価格水準とその幅に関連がある。例えば，百貨店や高級ブランドショップは，比較的，高額な商品を中心に品揃えを行い，ディスカウントストアは，安価な商品を主に扱っている。また，ECや一部の家電量販店では，安価な日用品から高級ブランド品まで，取扱商品の価格帯は広い。さらに，100円ショップのような均一価格店チェーンは，100円という同一価格の商品に絞り込んだ品揃えを展開している。

以上のように，小売店の品揃えは，その広さ，深さ，価格帯という3つの重層的な関係によって顧客に認知されている。

● 陳列の管理

仕入れた商品を店内に陳列する際には，顧客にとって目的とする商品がある場合にはそれが見つけやすいことが求められる。また，売場でその商品の魅力をアピールすることによって，たとえ入店時に購入予定のない品目であっても，購入してもらえるようにすることは重要である。しかも，顧客が購入する商品が，全体としてその売場や店舗の利益につながるように配荷されている必要もある。そのための代表的な方策として，以下では棚割のためのプラノグラムと効果的な陳列のためのビジュアル・マーチャンダイジングを取り上げる。

まず，プラノグラムは，プラン（計画）とダイヤグラム（図表化）からなる造語であり，具体的には売場の陳列棚全体の収益が最大となるように，ブランド，パッケージとサイズ，色などを踏まえた商品の配置を考えるためのものである。それによって，何を，どこに，いくつ，どのように陳列するべきかについて知ることができる。また，製造企業も新製品の導入に当たり，小売業への棚割提案のためにプラノグラムを用いることがある。

実際のプラノグラム作成は，各商品の利益率，在庫回転率，売場の生産性などの分析に基づいて，コンピュータ画面上で最適な棚割を得るためのシミュレーションソフトを用いて行われる。そうしたソフトウェアの中には，棚割にとどまらず，品揃えやプロモーションなどの効果も同時に分析し，インストア・マーチャンダイジング（ISM）の視点から総合的な売場提案をするものもある。

次に，ビジュアル・マーチャンダイジングである。小売業が来店客のニーズに応えるために仕入れた商品は，店頭に陳列される。しかし，商品の陳列方法や店の雰囲気作りは，時間制約のもとで効率的な買物をする顧客の多い食品スーパーのような小売業態と，顧客が他店とも比較しながら，ゆっくり時間をかけて品定めをするような百貨店や高級ブティックなどの小売業態とではかなり異なる。

ビジュアル・マーチャンダイジングは，顧客の買物行動を念頭に置きながら，店舗や売場の統一的コンセプトに基づき視覚に訴えるツールを用いて購買意欲を掻き立てる手法である。具体的には，売場の配置，ショーウィンドウ，商品陳列とそのための什器，ディスプレー，照明，従業員のユニフォームなどのデザインに工夫がなされる。また，店内の各種販促活動，BGM（背景音楽）などとの連動も考えているため，単に商品陳列の視覚効果を狙ったビジュアル・プレゼンテーションよりも広い概念と言える。

この手法は，アメリカの百貨店や高級ブティック，ブランド専門店などで普及し，その後，日本にも導入されたが，これら以外にもスーパーマーケットなどの業態でも採用されるようになってきた。

このように，ビジュアル・マーチャンダイジングは，売場の商品構成と，場合によっては販売促進活動も含めて視覚的に訴える手法であるため，顧客にとっては商品が魅力的に映り，しかも選択しやすいという効果がもたらされる。したがって，これは顧客が店舗イメージを形成する上でも重要な要素となる。他方で，画一的な商品配列とはならないこともあり，従業員による陳列のしやすさや，在庫回転の管理などの側面も同時に考慮する必要がある。

2 価格設定とその管理

● 戦略としての価格設定方式

価格の設定と変更は，小売店の売上を左右する重要な活動である。

まず，価格戦略は，価格設定の際に考慮すべき要因によって，次の3つのタイプに分けられる。第一に，需要志向価格設定は，価格と品質のバランスに基づく消費者の納得感，値(ね)ごろ感，あるいは店舗イメージに合わせた価格設定方式である。つまり，価格設定の起点は，消費者の支払意思額（WTP：willingness to pay）に基づいており，威光価格設定を行っている高級ブランド店の商品では，価格を下げることによって，需要が減少する可能性もある。また，需要の多い時期，すなわち消費者の購買意欲が高い時期に価格を高めに設定し，逆にそうでない時期には価格を下げるなど，価格設定を適宜変化させるダイナミックプライシングという手法もある。特に近年では，AIを用いたダイナミックプライシングが，エンターテイメントやスポーツイベントのチケットだけでなく，大手小売企業の間でも進められている。

第二に，コスト志向の価格設定は，仕入原価および販売管理費をコストと考え，そこに所定のマージンを上乗せするという価格設定方式である。多品目を扱うチェーン小売業では，各商品に異なる値入率（第**6**章**2**を参照）を適用することは実質的に困難であるため，ほぼすべての商品に一律同じ比率のマージンを加えて販売価格を決めることもある。

第三に，競争志向の価格設定は，その店舗の競合関係を考慮に入れて，価格を設定するという方法である。最低価格保証制度を店内に掲げ，同一商圏内の競合店よりも高い場合には値引きをするという政策も，この戦略に含まれる。最近では，第**11**章で扱うようなEC事業者の商品販売価格の比較をスマートフォンで簡単にできることから，実店舗の顧客がEC事業者の最安値との価格差分を値引くように要求することもある。そのため，EC事業と実店舗の両方を運営するオムニチャネル戦略を展開する小売企業の中には，あらかじめ定めた競合EC事業者の価格水準まで値下げするケースもある。

次に，取扱商品全体の価格水準の設定と変更について，スーパーマーケットなどの業態でよく用いられる2つの代表的な価格設定方式について述べてみる。

まず，ハイアンドロー（high and low）方式（いわゆる特売方式）は，あらかじめ定められた計画に基づく大々的かつ頻繁な販促的価格設定，すなわち特定の商品について大きく引き下げた価格で販売（特売）を行い，安い店であるというイメージを顧客に訴求すると同時に，通常価格の定番商品も併せて購入してもらう方式である。つまり，特売商品の中にはロスリーダーと呼ばれる原価割れ商品も含まれ，そのような商品をチラシ広告に掲載することによって集客が図られるとともに，通常価格商品の売上から利益が得られる。特売商品の選定においては，製造企業の販促活動との連携も多く，特売品目は頻繁に入れ替わる。この方式は，コモディティ化した製品カテゴリーについては特売される商品を購入したり，購入したいブランドが決まっている場合でも，それが特売されるときに購入したりするというように，買物頻度の高い日本の消費者に受け入れられやすい。

これに対し，エブリデーロープライス（EDLP）方式は，ハイアンドロー方式における特売価格ほどではない程度の低価格をあらゆる商品に設定し，それを継続する方式である。アメリカの消費者のように買物頻度が低く，まとめ買いをする消費者にとって，「毎日がお買い得」というような感覚で買物ができるというメリットがある。したがって，この方式では，店舗全体の低価格イメージを消費者に植え付けることで，消費者を店舗に吸引することになる。エブリデーロープライス方式を採用する小売店では，特売品の選定や在庫管理の手間が省ける代わりに，競合店舗によるハイアンドロー方式の特売に対抗できる店舗の低価格イメージを形成しつつ利益を確保することが，重要な課題となる。そのため，競合店対策として，この方式に最低価格保証制度を組み合わせた対応をとっているスーパーマーケットもある。

● 戦術としての価格設定方式

これまで小売店の全般的かつ基本的な価格設定方式について紹介したが，実際の価格設定方式には，以下に述べるように特定の売場や商品ごとに一時的に展開される方式もある。

端数価格設定という方式は，1000円ではなく980円という具合に，あえて端数を示すことで大台に乗らない低価格イメージを演出する。また，数量割引は，リンゴを1つだと100円，3つ買うと全体で200円，あるいは，靴を2足買うと2足目は半額というように，購入数量によって割引を行う価格設定方式である。

均一価格は，ワゴン内の商品がすべて100円というような価格設定方式で，消費者が個々の価格差を気にすることなく，そこにあるすべての商品が割安であると感じさせる効果がある。

セット価格あるいは抱き合わせ販売という方式は，例えば，パソコンにプリンターとデジタルカメラがセットになった特売価格を設定する方式で，単純な商品の価格比較が即座にできず，全体として割安と感じさせる方法である。

段階価格とは，例えば，寿司屋のメニューによくある並3000円，上5000円，特上1万円のような段階を設けた価格設定である。消費者心理を踏まえると，特上1万円の設定がない場合には，3000円の並のほうが売れるのに対し，特上1万円の設定をすると，5000円の上寿司がよく売れるようになるというような話は，行動経済学のフレーミング効果として，しばしば取り上げられる例である。

これらの価格設定方式は，消費者における情報処理能力の限界や特性を利用したものである。すなわち，消費者が瞬時に価格価値を比較し，合理的に判断できるなら，こうした手法は効果を持ちえないが，実際には，価格差や合計金額について，「安さ」の印象に基づく情緒的な反応をすることから，低価格イメージを消費者に与えることが可能になるのである。

また，スーパーマーケットなどで販売されている商品に単位価格（ユニットプライス）が合わせて表示されていることがよくある。これは，一定の計量単位あたり（例えば，100gあたり，100㎖あたり）の商品価格を意味している。この情報によって消費者は，容量の異なる商品でも，実際にはどれが安いかを知ったり，メーカーが容量を減らして実質的な値上げを行ったとしても，それに気付いたりすることができる。

次に，価格戦術のもう1つの視点としては，価格の変更に関するものがある。店頭の商品には賞味期限や販売されるシーズンがある一方で，在庫には在庫維持費用がかかり，店頭在庫がいつまでも売れ残っていれば，新規商品を陳列することはできなくなる。つまり，商品には適正在庫期間があるため，廃棄コストや返品コストを考慮しながら，値引き（マークダウン）を行うことがよくある。閉店間際のスーパーマーケットの値引販売や百貨店のバーゲンセールなどがその例である。

また，顧客の少ない時間帯のタイムセールや，連休などの繁忙期の期間限定セールなど，店舗の繁閑や競争を考慮して販売促進的な価格引下げが行われることも多い。

● メーカー希望小売価格とオープン価格

家電量販店などに行くと，メーカー希望小売価格という表示を目にすることがある。これは，後にも述べるように，建値制という商慣行に基づいて製造企業から提案された小売価格である。ただし，これはあくまでも製造企業が希望する価格に過ぎず，所有権の移った商品の価格を製造企業が小売企業に守らせることは独占禁止法上できない。もし製造企業がそのような価格の遵守を強要すれば，それは違反行為として公正取引委員会より指摘を受ける可能性が高い。

店頭では，このメーカー希望小売価格と当該店が設定した販売価格が，二重価格表示として並列的に示されることが多い。この場合，消費者は，このメーカー希望小売価格を「定価」，すなわち製造企業が決めた小売価格と捉え，実際の販売価格との差異を値引額と認識する。したがって，メーカー希望小売価格は，消費者の商品選択の際に参照価格としての役割を果たす。小売企業とすれば，このような二重価格表示によって，消費者に販売価格の安さを印象付ける狙いがある。

また，このようなメーカー希望小売価格が設定されていない場合やたとえ設定されていても実際の販売価格から大きく乖離し，説得力がまったくない場合には，小売企業は「当店通常価格」なるものを示した上で，実際の販売価格を併記するという方法もよく行われる。ただし，安さを強調するために実態のない不当に高い通常価格を示したり，顧客に気付かれないような場所で一定期間高い価格で販売した上で，後に本来の販売価格を示して，割安感を演出したりすることは，法的な問題に抵触するため，注意が必要である。

次に，家電量販店では，オープン価格という表示がよく見受けられる。これは，製造企業がメーカー希望小売価格を設定せず，小売企業が自由に価格を設定していることを表したものである。オープン価格制度のもとでは，メーカー希望小売価格という参照価格をなくすことにより，消費者の関心が価格だけに集中することを防ぐことができる。また，小売企業が価格を決定し，実質的にオープン価格となっている家電のPB商品では，小売店舗間における価格競争の影響を受けにくいという効果が期待される。

なお，頻繁に新製品が発売される家電製品などでは，もしメーカー希望小売価格が付与された旧製品が在庫処分価格で販売されると，新製品が相対的にかなり割高に見えたり，ブランド力のない製造企業のものという印象を持たれたりする懸念が発生するため，製造企業がオープン価格制度を導入しようとする場合もある。また，オープン価格制度は，後述する建値制の否定を意味しており，その販売努力に応じて，製造企業から支払われるリベートを期待する小売企業にとっては，賛同し難い事情もある。

● 再販売価格維持制度

消費者に販売する際の小売価格（再販売価格）を維持することが法的に許容される場合があるが，それが，再販売価格維持制度で指定された製品である。具体的には，新聞，書籍・雑誌，レコード盤，音楽用テープ，音楽用CDといった著作物であり，これらについては，例外的に，製造企業が取引先である卸売企業や小売企業などに対して卸売価格や小売価格を提示し，これを遵守させることができる。これらは，文化や言論・表現の自由を保護する見地から，著作物の流通が価格競争によって歪められたり，コスト優位に基づく独占が発生したりしないように，例外的に再販売価格維持が許容されている。

また，こうした製品以外で，製造企業が再販売価格を維持しようとする場合がある。それは小売価格競争を抑制するものとして法的に禁止されており，一般的には「ヤミ再販」と呼ばれることもある。

なぜ製造企業が再販売価格を維持しようとするのかについては，2つの目的が考えられる。1つは，消費者に関するもので，値下げによってブランドイメージの低下を引き起こしたり，価格競争による不安定な価格変動に直面した消費者が製品の購入を躊躇したりすることを防ぐためである。そしてもう1つは，小売企業に販売を動機付けることによって，小売企業の行動を統制するためである。店舗間の価格競争が激しい製品は，低価格で販売しなければならないために利益を得にくい。また，ある小売企業が競合する小売店舗と同じ製品を取り扱っているにもかかわらず，価格競争に加わらないとすれば，商品の売上を得ることは難しい。そこで，製造企業がどの小売企業に対しても再販売価格を守らせることができれば，小売企業にとっては，競争を回避することで利益を確保できる。製造企業は，こうした小売段階の価格競争の制限を行う見返りとして，その製品を取り扱う小売企業の販売協力に対してリベートを支払う。これは建値制と呼ばれ，製造企業のチャネル戦略に適合した行動を小売企業に求めるための商慣行である。

3 販促活動の管理

● 店舗における販促活動

小売店では，さまざまな販促活動が行われている。表5-1は，その具体的な販促手段をリスト化したものである。

各手段の目的は，店舗に関する情報提供・来店促進・売上増加・ロイヤルティ形成，商品に関する情報提供・売上増加，企業イメージの向上などである。

小売店で展開される販促活動は，必ずしも小売企業や店舗が行うものとは限らず，製造企業や卸売企業が展開する場合もある。例えば，スーパーマーケットの店内で行われているアルコール飲料の試飲販売は，製造企業によるものであるし，百貨店の売場で行われる販促活動は，商品を納入している卸売業者によるものが多い。第8章で述べるように，顧客における店内購買意思決定の比率（すなわち，非計画購買比率）が高まるほど，製造企業は小売店内の消費者への情報提供を重視するようになる。そのため，製造企業は小売企業に対し，ディーラープロモーション（販売企業への販促活動）を展開し，自社製品の店頭展開と情報提供に力を入れることになる。小売企業は，製造企業によるこのような販促提案を受け入れる代わりに，販促リベートを受け取るとともに，それを見込んで特売の原資として使ったりすることもある。

販促手段のうち，特売，キャッシュバック，クーポン，プレミアムのように，値引きを意味するものは，売上増加に対し即効性がある。しかし，これらは，製造企業のブランド価値を低下させる懸念があるため，非CFB（consumer franchise building：消費者愛顧の確立）手段と呼ばれている。反対に，無料サンプル配布，デモンストレーション，社会貢献プログラムなどは，製品の長期的ブランド価値を高めるため，CFB手段とされている。

表 5-1　小売店で展開される販促手段

名　称	主な目的	概　要
値引き・特売	来店促進，売上増	即時的効果は大きい。バーゲンセールを含む
キャッシュバック	来店促進，売上増	購買金額に応じた現金の割戻し。ある程度高額な商品について製造企業が購入者にキャッシュバックを行う場合もあり，これを消費者リベートと呼ぶ
限定セール	来店促進，売上増	単なる値引きとは異なり，期間，数量，地域，媒体を限定することで特別感を顧客に訴求
クーポン	来店促進，売上増	小売企業のみならず製造企業が発行する場合も多い。クーポンと引き換えに商品価格が割り引かれる
催事・イベント	来店促進，売上増	地方物産会，タレントなどによるイベント，展示会などを開催し集客を図る
福引・スピードくじ	来店促進，売上増	購入金額に応じて「くじ」をひき，その場で賞品がもらえる形式が一般的
ギフト	来店促進，売上増	店舗や小売企業のオリジナル商品などを配布して来店を促す方法
チラシ広告	来店促進，売上増	新聞への折込広告が一般的。商圏範囲の設定に応じて広告内容を変えることも。店頭配布の場合も多い
ダイレクトメール	来店促進，売上増	ターゲットに直接訴求可能。ネット配信広告やモバイル広告にシフトしつつある
特別陳列	商品認知向上，売上増	エンド陳列や島陳列などにより商品認知向上と売上増加を狙う。製造企業協賛のケースが多い
店内ディスプレー	売場・商品情報提供	消費者に店内や商品に関する案内や情報提供を行うために設置。デジタルサイネージも含む
消費者コンテスト	店舗・商品認知向上	店舗やブランドへの関心や親近感醸成のために実施
懸　賞	店舗・商品認知向上	商品の購買と直接結び付けないオープン型と購入者のみが参加できるクローズド型がある
POP 広告	商品情報提供，売上増	購買意欲を高めるために店内の売場に掲示される
デモンストレーション	商品情報提供，売上増	食品などを実際に調理し，試食販売する
無料サンプル配布	商品情報提供	店内や店頭で製造企業からの試供品を無料で配布する
プレミアム	売上増	おまけや景品のこと。その商品とは異なる商品が付帯している場合と，商品が増量している場合がある

ポイント制度	顧客ロイヤルティ形成	ポイントカードを持つ顧客にポイントを付与し，残高に応じて値引きや特典を与える。FSP（frequent shoppers program）の一種で，顧客の囲い込みが目的
会員紹介特典	顧客ロイヤルティ形成	会員が新規入会者を紹介すると特典を与えるという販売促進手段
社会貢献プログラム	企業イメージ向上	地域や社会のために顧客に呼び掛けて行う慈善活動。企業イメージの向上につながる。複数の社会貢献メニューを提示して顧客に選択させる小売企業もある

● センサリーマーケティング

店頭における販促活動は，上述のように個別具体的な販促手段を用いる場合ばかりではない。高級百貨店に入ると一種独特の香りと華やかな照明を感じたり，「デパ地下」（百貨店の地下階にある食品フロア）に一歩足を踏み入れれば，できたて惣菜の食欲をそそる湯気に目を奪われたりすることがよくある。

消費者は，小売店に入店すると，商品や店内の外観は「視覚」で，商品の手触りは「触覚」で，試食品の味は「味覚」で，店内のBGMは「聴覚」で，売場の匂いや商品の香りは「嗅覚」で，これらの情報を半ば無意識のうちに獲得している。そうした情報は，店内の居心地や，商品への興味・購買意欲といった感情につながっていく。

このように，消費者の五感を総合的に管理することによって，その知覚，判断・行動に影響を及ぼそうとする販促活動をセンサリーマーケティング（sensory marketing）と言う。先に述べたビジュアル・マーチャンダイジングは，顧客の視覚に訴える手段であったが，店内におけるそれら以外の4つの感覚体験も含めたセンサリーマーケティングは，店舗イメージの形成にも大きな役割を果たしている。

4 店舗内サービスの管理

● 店舗内サービスの種類と内容

商品の販売に伴って，小売店舗内ではさまざまなサービスが提供されている。それらのうち商品売買に直接関係するものとしては，商品選択をサポートする販売員の接客，多様な支払手段（現金，カード，商品券，電子マネーなど）に対

Column ❽ ボンマルシェの販売革新

ブシコー夫妻（Aristide Boucicaut & Marguerite Boucicaut）は，1872年のパリにおいて，最初の百貨店と言われる「ボンマルシェ」の大規模店舗を開設した（全館が完成するのは1887年）。その百貨店の前身となったのは，夫妻が経営する女性用の衣服・布地を扱う店舗であり，そこでの経営方式であった入店自由，販売価格の明示，現金販売という特徴を大規模店舗において徹底させた上に，その薄利多売の方式を多様な高級品の品目にまで広げて適用している。

しかも，ブシコー夫妻は，ボンマルシェの大規模店舗において，今日の百貨店業態につながる革新的な販売方法を展開している。その1つは，劇場のような建物の外装や内装，陳列された商品，混雑する店内などを使って大規模な祝祭空間を創り出し，消費者にとってボンマルシェに行くことが，まるで現代のテーマパークでのわくわくする体験となるような演出を凝らしたことである。

2つ目には，いわゆる「バーゲンセール」という手法を開発し，定期的なセールの開催と広告による集客で，売れ残った商品を低価格で販売したことである。当時は，こうした売れ残りの商品を地方からの旅行客などに「最新の商品」とだまして売ることが一般的であったが，それはボンマルシェの基本方針である誠実さに反するのみならず，薄利多売のために大量に作らせた商品を販売する体制のもとでは大量の在庫を処理できなかったからである。

そして3つ目には，ブルジョア階級ではない一般的な消費者に上流のライフスタイルを提案し，来店した顧客が商品を見て，衝動買いをしたり，提案された新しいライフスタイルに共感して，商品を購入したりすることを促したことである。また，そのような提案型の販売に伴って，取扱品目を多様化させた。例えば，リゾートファッションの商品を提案して，ヴァカンスをリゾート地で過ごすという習慣を一般の人々に広めたのである。

このようなボンマルシェの販売革新は，薄利多売による低価格販売という意味でのスーパーマーケットにつながる業態革新の起点とされる一方で，後世のライフスタイル提案型の小売業・サービス業の原初的形態にもなったのである。

（参考） 鹿島（1991），佐藤（1971）。

応した決済サービス，商品の包装・配送サービス，返品への対応，購入商品の保証サービスなどがある。また，商品売買に直接的には関係しないが，買物を支援するサービス提供の場としては，サービスカウンター，トイレ，休憩コーナー，フードコートやイートインコーナーなどといった，店内の付帯施設がある。

これらのサービス水準は，業態や店舗規模，ターゲットとなる顧客層，それに競合店の状況などによって異なる。また，サービス水準は，経費の増加を伴うため，一般的には，販売する商品の価格水準とは，比例関係にある。つまり，ディスカウンターなどの業態ではこうした付帯サービスは簡素であるのに対し，時間消費型のショッピングセンターや百貨店では，高い客単価が期待できるため，その分，これらのサービス水準は高い。

このような店舗内サービスのうち，販売員による顧客サービスを通じた差別化の課題については，第**13**章で詳しく述べるが，以下では販売員の接客に関する基本的な性格について説明することにしよう。

● 販売員による接客サービス

かつての食料品小売業は，基本的に商品は対面で販売されていたが，スーパーマーケットが登場したことによってセルフサービス方式で商品が販売されるようになった。現在では，スーパーマーケットに限らず，コンビニエンスストア，ドラッグストア，ファストファッションなどでも，基本的にセルフサービス方式で販売が行われている。これに対し，百貨店や高級専門店のほか，家電量販店など，商品の説明のために接客サービスを重視している小売業態もある。

販売員による接客サービスは，マーケティングミックス論で言えば，プロモーションの中の人的販売（パーソナルセリング：personal selling）を意味しており，その基本は情報提供にある。つまり顧客によっては，ニーズはあっても，具体的な購入商品のイメージが湧かないという場合もあり，接客サービスの中でニーズの明確化とそれを満たす商品の説明・提案を行うことが必要となる。その場合でも，説得的に購買を促すというよりは，顧客の声によく耳を傾け買物満足度が最大化するようにサポートする姿勢が求められる。ここで，百貨店や専門店における接客プロセスは，次のようなステップを経るものと考えられる。

(1) 待機・観察

店内の販売員は，常に売場に目を配り，待機する。状況に応じて売場前を通過する買物客に声を掛けることも必要である。また，売場に入ろうとしている買物客がいても，その対人距離，つまり個人空間（パーソナルスペース）の取り方が重要である。

Column ❾ セルフサービス方式

セルフサービスの起源は，1916 年にクラレンス・サンダースがテネシー州メンフィスにオープンしたピグリーウィグリーという食品雑貨店とされている。また，わが国では，1953 年，東京・青山にオープンした紀ノ国屋が，セルフサービス方式を採用した最初のスーパーマーケットと言われている。

セルフサービス方式が小売ビジネスとして成立するためには，顧客がセルフセレクションできるような商品のパッケージ化，販売員に代わる店頭での情報提供（品質や価格など），買物カゴ，ショッピングカート，それにレジスターなどの設備が必要である。最近では，対面販売をモットーとする百貨店の地階の食料品売場でも，一部セルフサービス方式を取り入れているケースが多い。

セルフサービス店では，販売員と言葉を交わすことなく，自由に商品を手にし，効率的に買物ができるというメリットが消費者にもある。店舗側からすると，セルフサービス方式は，安価な商品を薄利で大量に販売するのに向いている反面，混雑時のレジ待ち時間の解消や万引き対策などの課題も多い。

また，ガソリンスタンドでもセルフサービスによる給油方式が一般化したが，アメリカに比べるとその導入はかなり遅れた。これは消防法の規制によるものであったが，1998 年の改正で規制が緩和されたことによって「顧客に自ら給油等をさせる給油取扱所」（セルフ式ガソリンスタンド）の普及が進んできた。

小売業に限らず，飲食店，ホテル，銀行，鉄道・航空会社など多くのサービス業において，顧客との接点を機械（電子端末など）やロボットに置き換えることで，セルフサービス化が進展している。

(2) 迎え入れ

売場に足を踏み入れた顧客には，挨拶の後，頃合いを見計らってアイコンタクトをし，アプローチを開始する。接客に当たり，まず顧客の関心や目的となる商品を観察や問いかけによって把握する。

(3) 商品説明・提案・クロージング

顧客に商品の提案をするためには，顧客ニーズ，すなわち，商品に求める機能・用途，すでに所有している製品，理想とする価格帯などの情報を尋ねる必要がある。そうした条件を踏まえて，顧客は購入商品を決定するため，販売員には，それに応えられるだけの専門的な知識が求められる。また，第 **8** 章で述べるセールステクニックの有効性について理解しておくとよい。さらに，販売の最終局面であるクロージングの場面では，その商品選択が売手として見ても妥当であるという販売員のコメントが，顧客の背中を押すこともある。

(4) 会　計

購入が決まると，会計のステップに進むが，その際，ラッピング，決済手段，ポイントカードの有無，返品や保証制度などに関する確認や説明が必要となる。商品はゆっくりと選んでもらった場合でも，この段階の作業は，迅速，正確，丁寧に行われなければならない。

(5) 見 送 り

会計が済み売場を離れる顧客には，見送りの段階で謝意を伝達するとともに，再来店を呼びかけることも重要である。

接客サービスを重視する小売企業では，接客プロセスをこれらのステップに分解した上で販売員の行動を分析することで，各ステップにおける接客の課題を発見し，それを改善することが求められる。また，そのような改善を販売員で共有することができれば，販売員の人材育成にも寄与することになる。

演習問題

1 小売業やサービス業でダイナミックプライシングを採用している企業を探して，価格変化の傾向を分析してみよう。

2 店頭の販促活動を重視している小売企業を1社取り上げて，どのような販促手段が用いられているのか，また，それらがどのような効果を上げているのかを考えてみよう。

第6章

小売経営における計数管理

1 売上に関する計数と管理

● 計数管理の重要性

企業経営を行う上で重要なことは，企業目標を具体的な数値で表現し，それを全社的に達成していくことである。そのための方策としてよく使われるのが，PDCAサイクルである。これは，plan（計画立案），do（実行），check（効果検証），act（改善）を繰り返すことによって業務の効果と効率を上げていくための枠組みである。

小売業であれば，企業全体の売上高，業界内ないしは業態内シェア，利益率，生産性などに関する具体的数値が経営成果目標として設定されるかもしれない。こうした重要目標達成指標は，KGI（key goal indicator）と呼ばれ，企業戦略の方向性を指し示すものとして用いられることが多い。

また，これに類似し，しばしばKGIと混同して用いられるものに，KPI（key performance indicator），すなわち重要業績評価指標がある。あえてKGIとの違いを述べるなら，KPIは，企業全体の成果目標を実現するためにブレークダウンされた重要業績評価指標である。小売企業全体の成果は，各店舗や各売場レベルの業務成果の合計と考えることができ，各レベルにおいて具体的なKPI（例えば，来店客数，客単価，売場別販売額，生産性）を設定し，業務を推進することによって，企業全体のKGIの達成が目指される。

このように小売企業の経営状況の把握・改善には，そのために活用できる各種指標について理解し，それらの計数を管理していくことが求められる。本章では，小売経営に関連する基礎的な計数の説明と簡単な分析，さらにはそれらの管理について解説を行う。

● 店舗における売上高の管理

小売店舗全体の成果指標として，売上高，来店客数，顧客満足度などが考えられる。ただし，顧客満足度は，顧客の評価をアンケートなどの方法であえて尋ねなければならず，計数管理の対象とはなりにくい。

そこで，最も基本的なKPIとして，まず売上高を取り上げ，これについて少し掘り下げてみよう。例えば，1日あたりの小売店舗の売上高は，次の数式で表現できる。

売上高（円）= 来店客数（人）× 客単価（円）

また，来店客数と客単価は，それぞれ以下のような数式で表すことができる。

来店客数（人）= 当該店の利用者数（人）
× 来店頻度（1日あたりの平均来店確率）
客単価（円）= 平均購買商品単価（円）× 平均購買点数（個）

したがって，小売店舗が売上高を増やすためには，当該店舗の利用者数と来店頻度を高め，購買商品単価と購買点数を増やす必要がある。新聞の折込チラシを例に考えるなら，その配布範囲を拡大すれば，一時的に来店客数は増えると同時に，より高額な商品を魅力的な値引率で多く掲載すれば，客単価も上昇するかもしれない。このほかにも，品揃え，店内の販促活動，ポイントカード，営業時間，駐車場の利用しやすさなどについて，上述の項目のどこに作用するのかを見極めることによって店舗の売上高を向上させる方策が見えてくる。

● デシル分析

店舗の売上を顧客層別に吟味する手法として，デシル分析やRFM分析がある。体積の単位のデシリットル（dℓ）が1ℓの10分の1であるように，デシルとは10分の1を意味する。デシル分析は，表計算ソフトのExcelなどを用い，ある店舗の顧客全体を購買金額の大きさ順に並べてそれを10等分することで，有用な情報を引き出そうとする分析手法である。作表に当たっては，一定期間の購買金額が大きい順に顧客を上から下へ並べ，その右側に購買金額を記入する。次に，顧客全体を10等分する。つまり，その店舗の顧客が1カ月に6000人いたとすれば，600人ずつのグループ（例えば，購買金額の大きい順にデシル1〜デシル10）を作る。その上で，各グループの総購買金額，構成比，累積購買金額，1人あたり購買金額を計算する。

この結果を踏まえるなら，デシル1は，1人あたりの購買金額の最も高い優良顧客層であり，デシル10は，購買金額が最も低い層であることが分かる。これらの情報を踏まえ，もし会員情報などの個人に「ひも付け」（関連付け）された属性データを合わせて分析することができれば，各デシルの特徴が分かり，どのデシルをターゲットに，いかなる販売促進を行うべきかといったことに関してアイデアが浮かんでくるはずである。

ただし，デシル分析は容易に行うことができる簡便な手法である一方で，分類するための情報が単に購買金額だけという限界もある。顧客がその店にとって優良かどうか，また今後も大きな売上をもたらしてくれるかどうかを判断するには，もう少し別の情報を加味して顧客の類型化を行う必要がある。

● RFM分析

デシル分析が購買金額だけを使って顧客を分類したのに対し，RFM分析は最終購買日（recency），購買頻度（frequency），累積購買金額（monetary）という3つの指標を用いて顧客を類型化する。つまり，品目にもよるが，最終購買日の近い顧客は再来店の可能性が高く，購買頻度の高い顧客は再購買の可能性も高い。また，累積購買金額の高い顧客ほど次回の購買金額も高いことが期待される。反対に，最終購買日からかなりの時間が経っている顧客は離反している可能性が高く，購買頻度の低い顧客は，その店に対するロイヤルティは低いかもしれない。また，累積購買金額が低い顧客は，ロイヤルティが低く，かつ特定の品目（チラシ広告の特売品目など）しか購買しない顧客層であると推測される。

RFM分析は，これまで主に通信販売企業でよく用いられてきた。なぜなら，上述の3つの指標について，それぞれ一定水準以上を満たす優良顧客層から優

Column ⑩　小売業におけるビッグデータとAIの活用

ID-POSデータ（個人が識別された購買履歴データ）は，優良顧客の識別，購買予測に基づく販売促進，ブランド間の競合関係の把握などの目的のために，小売企業のみならず製造企業にとっても重要な情報源となっている。最近ではこれに加え，携帯電話から得られるGPSやbeaconによる位置情報，店舗内のスマートカメラからの画像認識情報，SNS上のクチコミ情報といったデータをAIで処理することによって，需要予測，顧客に提供すべき販促情報の選別，店内の防犯，レジ混雑予測，客動線の分析，欠品の検知などの試みがなされている。このように新たな方法で得られるビッグデータの活用によって，小売経営におけるAIの活用範囲は広がっており，その有効性も確かめられつつある。

ただし，AIへの入力データの種類と範囲を考えたり，AIの判断に基づいてその後の戦略を立案したりするのは，経営者自身である。また，AIによる機械学習の限界を指摘する専門家も多く，その可能性に傾倒しすぎるのは危険であろう。例えば，4人で行う麻雀ゲームで，各プレーヤーがそれぞれAIの助けを借りたとしても全員が勝利するわけではないことは自明である。

つまり，商圏内の限られた顧客を奪い合う状況下でAIを活用しても，自ずと限界があるので，それを活用すべき領域についての判断が求められる。また，ビッグデータを収集するには，長い時間と相応の投資が求められ，しかも，それをAIで分析するための有能なアナリストも必要となってくる。さらに言えば，AIは経営者にとってブラックボックスとなっていることが多く，その有用性にばかり着目するのではなく，個人情報の管理やプライバシー保護の問題に抵触していないかといった倫理上の配慮も重要となる。

先順位を付けてダイレクトメールを送るなどの対応をすることによって，通信費用を効果的に使うことができるからである。郵便からEメールやネット配信へと通信販売企業の情報伝達手段が代わったとしても，RFM分析の有用性は，基本的に変わらないと考えられる。

2　利益に関する計数と管理

● 値入と粗利益

売上高と同程度に小売経営者の関心が高いのは，利益に関する計数であろう。そこでまず，値入（ねいれ）と粗（あら）利益の関係から見ていくことにしよう。仕入れた商品の原価に自社の取り分を上乗せしたものが販売価格となるが，この予定取り分のことを一般に値入高と呼んでいる。したがって，これらには次のような関係がある。

販売価格（円）＝仕入原価＋値入高

$$値入率（\%）=\frac{値入高}{仕入原価}\times 100$$

また，値入高によく似た概念として粗利益というものがある。粗利益は，売上高と売上原価との差額を意味し，売上原価は，基本的に，ある一定期間内に実際に販売された商品の仕入原価の合計額を指す。値入の後に売価変更やロスが起こることがあるため，値入高より粗利益のほうが小さくなるのが一般的である。つまり，それらには以下のような関係がある。

粗利益（売上総利益：円）＝売上高－売上原価＝値入高－ロス高

ロス高（円）＝値引ロス高＋廃棄ロス高＋不明ロス高

売上原価（円）＝期首原価在庫＋期中仕入原価－期末原価在庫

$$粗利益率（\%）=\frac{粗利益}{売上高}\times 100$$

なお，本業の儲けを示す営業利益は，次のような計算式で求められる。

営業利益（円）＝粗利益－営業費用（販売費および一般管理費）

上記における「販売費および一般管理費」は，企業の損益計算書に計上される費目で，そのうち，販売費は，販売に関する活動に伴う費用であり，一般管理費は，企業全体の管理・運営に関する費用である。それらについて，小売経営上，特に重要な費目としては，人件費，広告宣伝費，地代家賃，減価償却費，貸倒損失，光熱費などがある。

$$営業利益率（\%）=\frac{営業利益}{売上高}\times 100$$

また，営業利益に以下のような項目を加減していくことで，最終的な当期純利益が計算される。

図 6-1　売上高・費用・利益の構造

<table>
<tr><td rowspan="6">売上高</td><td colspan="5">売上原価</td></tr>
<tr><td rowspan="5">売上総利益
（粗利益）</td><td colspan="4">販売費および一般管理費</td></tr>
<tr><td rowspan="4">営業利益</td><td colspan="3">営業外損益</td></tr>
<tr><td rowspan="3">経常利益</td><td colspan="2">特別損益</td></tr>
<tr><td rowspan="2">税引前
当期純利益</td><td>法人税など</td></tr>
<tr><td>当期純利益</td></tr>
</table>

経常利益（円）＝ 営業利益 ＋ 営業外収益 － 営業外費用
税引前当期純利益（円）＝ 経常利益 ＋ 特別利益 － 特別損失
当期純利益（円）＝ 税引前当期純利益
　　　　　　　　　－（法人税＋法人住民税＋法人事業税など）

後述するように，投資家にとって重要な自己資本利益率（ROE）や総資産利益率（ROA）という指標は，この当期純利益をもとに算出される。それらを含めて，利益に関する以上のような計数は，小売企業の経営状態を考えるための基礎知識として重要である。

以上をまとめると，図 6-1 のような損益計算書上の構造となる。

● 損益分岐点分析

損益分岐点（break-even point）は，売上高と費用が一致し，利益が 0 となるような売上高（ないしは販売数量）を意味する。つまり，そのポイントを上回る売上を達成すれば黒字に，下回れば赤字となるため，損益分岐点を把握することは，企業経営において必須の行為と言える。

損益分岐点は，企業全体のみならず店舗レベルでも算出することは可能であり，その場合，損益分岐点売上高は，各店舗の最低限の売上目標となるはずである。

まず，損益分岐点分析を行う上で知っておくべきことは，変動費と固定費の概念である。一般に，小売業における変動費とは，販売数量の変動に比例して増減する経費を意味し，仕入原価や手数料を指す。また，固定費は，販売数量

図 6-2　損益分岐点

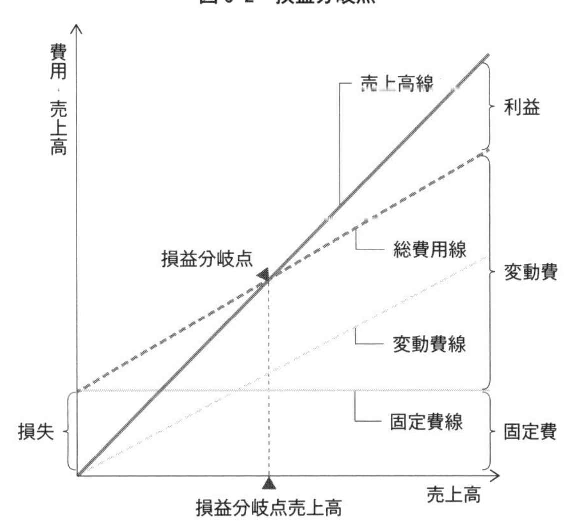

にかかわらず掛かる費用を指し，具体的には人件費，賃借料，地代，固定資産税，施設・設備の減価償却費，販促費，光熱水費などが，これに該当する。

その上で，損益分岐点売上高は，次のような計算式で示される。

$$損益分岐点売上高（円）= \frac{固定費（円）}{100\% - 変動費比率（\%）} \times 100$$

$$= \frac{固定費（円）}{粗利益率（\%）} \times 100$$

なお，「売上 − 変動費」は限界利益を，「100 % − 変動費比率（%）」は限界利益率（%）をそれぞれ意味するが，小売業の場合，変動費は，ほぼ売上原価であるため，限界利益率は粗利益率に等しいと考えられる。

したがって，固定費 100 万円，変動費比率（売上原価率）60 %だとすると，損益分岐点計算は次のようになる。

$$損益分岐点売上高（円）= \frac{100万円（固定費）}{1 - 0.6} = 250万円$$

なお，このことを応用すると，損益分岐点を超え目標利益 50 万円を得るために必要な売上高は，次のように計算できる。

$$必要売上高（円）= \frac{100万円（固定費）+ 50万円（目標利益）}{1 - 0.6}$$
$$= 375万円$$

このように損益分岐点分析は，利益を確保するための販売額を知る上でも役立つ。しかしながら，企業が持つ経営資源，すなわち，商品在庫，従業員，売場面積に対してどの程度の投入を行うべきかについて，具体的な示唆を得ることはできない。

● 自己資本利益率（ROE）と総資産利益率（ROA）

小売業の中には，株式会社組織の形態を取るものも多い。そうした企業は，株主が出資した資金を使って，どの程度の利益を上げることができたかが常に問われる。以下に示すROE（自己資本利益率）は，PL（損益計算書）およびBS（貸借対照表）に掲載される数値から算出され，企業の経営成果を以下に示すような側面から捉えるための指標である。

$$自己資本利益率（ROE）= \frac{当期純利益}{自己資本}$$
$$= \frac{当期純利益}{売上高} \times \frac{売上高}{総資産} \times \frac{総資産}{自己資本}$$

したがって，この式は，次のような関係を意味している。

$$自己資本利益率 = 売上高利益率 \times 総資産回転率 \times 財務レバレッジ$$

ここで，売上高利益率は，当該事業年度における企業の収益性を示し，総資産回転率は，資産の利用効率性を示している。また，財務レバレッジは，自己資本比率の逆数であり，その値が高いほど，自己資本は同じであっても銀行借入などを活用して多くの資金が事業に投下されることで，より大きな事業が展開できていることを意味する。しかし，その反面，負債の増加によって金利負担などによる収益性の悪化や資金繰りの問題などが生じるため，リスク要因にもなる。

ROEは自己資本によってどれだけ利益を生み出したかを示しているが，第**10**章でも説明するROAは，総資産（自己資本＋負債）を使って，どれだけ利益を生み出したかを示す指標である。

$$
\begin{aligned}
\text{総資産利益率（ROA）} &= \frac{\text{当期純利益}}{\text{総資産}} \\
&= \frac{\text{当期純利益}}{\text{売上高}} \times \frac{\text{売上高}}{\text{総資産}} \\
&= \text{売上高利益率} \times \text{総資産回転率}
\end{aligned}
$$

このように，ROAが表しているのは，事業に使われる資金の出どころが自己資本か他人資本かを問わず，企業が資産をどれだけ効率的に運用できているかということである。

以上では，売上や利益に関する基本的な計数と分析方法について述べてきた。しかしながら，売上や利益は，商品在庫・従業員・売場スペースという経営資源の効果的な管理があって実現するものである。以下の2つの節では，これらの資源の活用に関する計数について説明する。

3 商品力に関する計数と管理

● ABC分析

ABC分析は，一定期間における売上高に基づいて商品を分類する方法である。Excelなどを使って表示すると分かりやすいが，売上高の一番大きい順に商品名を上から下へ並べ，その右側に売上高，構成比率（売上全体に占める割合），その累積売上高比率を併記していく。その上で，全商品を何らかの基準でA，B，Cの3グループに分類する。例えば，累積売上高比率70％未満のグループをAグループ，70～90％までをBグループ，90％超をCグループとすると，売上高で見た商品の重要性はAが最も高く，Cが最も低いことが分かる。この種の作業をするとしばしば言われるのが，売上上位20％の商品数で総売上高の80％が説明できるというパレートの法則である。POSデータの情報をもとにこの種の表を作ることによって，その店舗において重要な商品とそうでない商品が容易に判別でき，品揃え計画に生かすことができる。つまり，ABC 分析は，コンビニエンスストアなどの小規模店において，売れ筋商品を中心とした品揃え計画の策定に用いることができる。

ただし，データのもととなる売上高は，その対象期間によっては，商品の季節性を加味していないかもしれない。したがって，季節や月ごとにデータを分析すれば，タイムリーな品揃え計画に資することもできる。また，粗利益率なども加味し，売上・利益ベースで ABC を考えるなら，品揃え計画も異なってくるかもしれない。

さらに，アマゾンなどの EC では仮想の商品在庫量が実店舗よりも格段に多いため，ロングテール理論が指摘するように，一般の売れ筋商品群よりもあまり売れないニッチ商品群の売上高のほうが大きくなる可能性もある。この場合は，パレートの法則はあてはまらないことになるが，いずれにしても ABC 分析は，売上データをもとに，その店舗にとって好ましい品揃え戦略を比較的簡便な方法で考えることができる便利なツールと言える。

● PI 値

PI 値とは，purchase index の略で，直訳すると購買指数ということになる。通常，PI 値には，次のように，いくつかのバリエーションがある。例えば，以下は買物客 1000 人あたりの購買数量を表す数量 PI 値である。

$$\text{数量 PI 値} = \frac{\text{当該商品の購買数量}}{\text{客数（レシート発行枚数）}} \times 1000$$

したがって，ある日の当該商品の販売数量は，上記の PI 値にその日の予想買物客数を掛け，それを 1000 で割れば求めることができる。また，ある日の当該商品における買物客 1000 人あたりの購買金額は，以下の計算で求めることができる。

$$\text{金額 PI 値} = \frac{\text{当該商品の購買金額}}{\text{客数（レシート発行枚数）}} \times 1000$$

PI 値には，SKU という最小の単位から，製品，部門，店舗へと集計水準を変えることで，さまざまな分析を容易に行うことができるというメリットがある。つまり，商品の販売予測ができるだけでなく，商品力，部門力，店舗力の評価も可能となる。

● 在庫回転率

コンビニエンスストアがその典型であるように，仕入れた商品を在庫するスペースは，店内の陳列スペースのほか，ごく限られた場所に限定されている。また，在庫を多く持ちすぎることは，売れ残りのリスクを負うことにもつながる。そのため，効率的な店舗運営のためには，少ない在庫量で，仕入れた商品を売り切っていくことが重要である。もちろん，そのためには，店舗からの頻繁な商品の発注と物流センターから店舗への高頻度の配送が前提となる。

さて，いま述べたような効率的な販売が行われているかどうかを判断するための指標として，在庫回転率がある。これは，一定期間に在庫量に対する売上が何倍あったかという数値で，具体的には次のように計算される。

$$\text{在庫回転率（回）} = \frac{\text{一定期間の売上金額（円）}}{\text{平均売価在庫（円）}}$$

$$\text{平均売価在庫（円）} = \frac{\text{期首売価在庫（円）} + \text{期末売価在庫（円）}}{2}$$

在庫回転率は，単品別や商品カテゴリー別，さらには店舗レベルでも算出は可能であり，それは言うまでもなく高いほうがよい。

● 交差比率

いま述べた在庫回転率では，その商品（あるいは，商品カテゴリーや店舗）の収益が相対的に高いのかどうかは分からない。その点を明らかにするのが，交差比率と呼ばれる次のような指標である。

$$\text{交差比率（\%）} = \text{粗利益率（\%）} \times \text{在庫回転率（回）}$$

つまり，交差比率は，粗利益率に在庫回転率を掛けたものであり，例えば，この数値を商品別に算出すれば，どれが儲かる商品であるかが容易に把握できる。

ただし，交差比率を算出した結果，それらが儲かる商品部門ないしはカテゴリーであったとしても，店舗全体に対する利益貢献度が大きいかどうかは売上高のシェアを加味しないと分からない。そこで，店舗全体に対する利益貢献度は，次のように部門別売上構成比率を乗じたものとして計算される。

$$利益貢献度（\%）= \frac{交差比率（\%）\times 部門別売上構成比（\%）}{100}$$

つまり，交差比率の全部門合計値（%）＝利益貢献度の全部門合計値（%）となる。

したがって，この計数を部門や商品カテゴリーごとに比較すれば，利益の面で真に店舗に貢献するのはどの売場ないしは商品カテゴリーかが把握できる。

4　生産性指標とその管理

● 2種類の生産性指標

生産性は，経営資源の投入に対する産出（経営成果）の割合として計算され，経営の効率性を表す指標である。投入としては，労働と資本がともに大きな要素である。小売企業経営で言えば，投入労働量に対する指標は，従業者による労働生産性が，資本として大きなウェイトを占める店舗（すなわち売場面積）に対する指標は，売場効率（あるいはスペース生産性）が，それぞれ代表的な指標である。生産性の高さは，経営資源の効率的な利用を意味しており，企業の存続基盤となる。また，これらの値を自社ないしは他社の店舗との間で比較したり，時系列的変化を見たりすることによって，経営上の課題を発見することができる。以下では，これら2つの生産性の指標と管理について解説する。

● 労働生産性

労働という投入に対する産出が労働生産性であるが，産出を何で捉えるかによって，物的労働生産性と付加価値労働生産性とに分かれる。ここで，小売業の物的労働生産性における産出としては，売上高が用いられるのに対し，付加価値労働生産性のそれとしては，粗利益（売上高－売上原価）が用いられることが多い。また，投入については，いずれの生産性についても，従業者数（パート従業員の場合は，8時間労働に換算した人数）や総労働時間が用いられる。特に総労働時間が分母に用いられる場合，それは人時生産性と呼ばれ，より詳細

Column ⑪ 消費税の変遷とその計算

小売経営の計数管理において忘れてはならないのが消費税の計算である。消費税の税率は，1989年の導入時の3％から，1997年の5％（うち地方消費税1％），2014年の8％（うち地方消費税1.7％），そして2019年10月1日からは10％（うち地方消費税2.2％）となった。なお，2019年の改定では，軽減税率適用品目が設けられ，酒類・外食を除く飲食料品と週2回以上発行される新聞（定期購読契約に基づくもの）については8％（うち地方消費税1.76％）が適用されることとなった。

消費税を受け取った事業者は，原則として受け取った消費税から経費に課された消費税を差し引き，その差額を納付する。つまり，税務署に納める消費税 = 預かった消費税（課税売上高 × 消費税率）− 支払った消費税（課税売上高とひも付く消費税の支払高）となる

そして，課税売上高が5000万円以下の中小事業者で届出を行った事業者に対しては，事務負担の軽減を目的とした簡易課税制度がある。そこでは，簡易化された仕入控除税額の計算が認められ，小売業の「みなし仕入率」は80％となっている。つまり，税務署に納める消費税 = 預かった消費税（課税売上高 × 消費税率）− 預かった消費税 × みなし仕入率となるため，課税売上高さえ把握しておけば，納付すべき消費税額が簡単に計算できる。ただし，小売業のみなし仕入率は80％と他の業種よりも比較的有利ではあるとはいえ，先に述べた本来の計算方法による納税金額とは異なってくるため，節税の視点から有利なほうを選択する業者もある。

このように，小売企業が納めるべき消費税の計算は，その企業の売上規模や事業開始時期などの条件によって異なるため，意外に複雑である。小売企業は，それぞれで会計ソフト・会計システムを活用していると思われるが，そこで働く者としては，国税庁や各地方自治体のホームページの情報を参照するなどして，消費税計算の基本についてあらかじめよく理解しておくべきであろう。

な生産性指標として経営状態の分析に役立つ。以上をまとめると，各生産性指標は，次の通りとなる。

$$\text{物的労働生産性} = \frac{\text{売上高}}{\text{従業者数}}$$

$$\text{付加価値労働生産性} = \frac{\text{粗利益}}{\text{従業者数}}$$

$$\text{人時生産性} = \frac{\text{売上高（または粗利益）}}{\text{総労働時間（従業者数} \times \text{労働時間）}}$$

労働生産性は，人手不足や働き方改革が叫ばれる今日において，ますます重要性が高まってきている指標である。その値を高めるためには，次のような方策が考えられる。

まず，生産性の式の分子の売上高や粗利益を増やすための経営努力をするだけではなく，分母にある労働力を削減することである。例えば，本来，小売店が行う一部の機能をほかに代替する方法として，セルフサービス化（つまり，消費者への流通機能の代替）がある。また，店内業務の標準化も労働力の削減につながる。これらの方策には，近年のAI化やロボット化のような情報通信技術の革新も貢献する。さらに，過剰サービスがあるのであれば，それを見直すことも必要かもしれない。

なお，労働生産性向上のための省力化やサービス削減も，行きすぎると顧客満足度が低下して売上高も減少することで，かえって生産性が下がってしまうこともあるので，注意が必要である。

● 売場効率

売場効率は，一定期間における売場面積あたり売上高（あるいは粗利益）で計算される。売場効率を把握する目的には次のようなものがある。第一に，適正売場面積の判断に役立つということである。売場面積あたり売上高は，店舗全体としての売場面積の適否を判定し，固定資産の有効利用についての示唆を与える。なお，これは低いときばかりが問題なのではなく，高すぎる場合には売場面積拡張の検討が必要なのかもしれない。

第二に，テナントとして入居している小売店舗にとっては，その賃料（面積あたりの単価）が高いか安いかを，売場面積あたりの粗利益を用いて判断することができる。

第三に，この指標は，店舗全体のみならず商品カテゴリーごとに計算することもできるため，仕入担当者（バイヤー）にとっても重要な指標となる。つまり，それは商品カテゴリーにどれだけの売場面積を与えるべきなのかに関する客観的な情報となるからである。

なお，売場効率の分母（投入）は売場面積であるため，労働生産性の人件費のように分母を簡単に減らすことは困難である。したがって，分子である売上高（粗利益）を増やすことが肝要である。そのためには，売場面積あたりの顧客数を増やす，関連商品の販売を増やすなどして客単価を上げる，ECの売上を増やすといった対策が求められる。

演習問題

1 株式上場をしている小売企業を1社取り上げ，過去数年間の損益計算書を分析して，その企業に関する業績の好不調の原因を考えてみよう。

2 さまざまな小売業態を代表する小売企業の損益計算書を比較・分析して，小売業態の違いが経営指標にどのように表れるかを考えてみよう。

第7章

消費者の店舗選択行動

1 店舗選択と買物行動

● 買物行動への視点

小売企業の関心事である消費者の店舗選択行動は，買物という日常的な活動の中で行われる。その買物行動は，店舗の選択に続いて店内での商品の選択を伴う。したがって，店舗選択は，一連の意思決定という大きな枠組みの中で捉える必要がある。ここではまず，買物行動の捉え方について，店舗選択を買物行動のプロセスの中に位置付けることなど，いくつかの視点を紹介する。

第一に，買物という行為をどのような時間間隔で捉えるかによって，その意味は異なる。例えば，それをある1回の買物行為として捉えたり，あるいは，商品の購入前から購入後に至るまでの意思決定プロセス全体として捉えたり，さらには，日常の買物習慣として，ある特定の店舗が継続的に選択される現象（例えば，累積的な買物行動の結果としてのストアロイヤルティ）に着目したりすることもできる。

第二に，買物行動は，その行動の地理的空間の捉え方で異なる。一般に，消費者の店舗選択の範囲は，地理的に移動可能な範囲に限定され，それは店舗の側から見ると商圏と呼ばれる。徒歩を想定した店舗であれば商圏の範囲は狭く，自動車が来店の手段となるような大型商業施設では当然，商圏の範囲は広いものとなる。さらに通信販売では，基本的に商圏の範囲は全国にまで広がる。したがって，消費者の買物場所という視点からすれば，個別店舗，主要買物地区(商店街など)，都市といった重層的なレベルで，消費者は店舗の探索と決定を行っている。

第三に，買物行動は，その一般的な動機と，その時々の買物目的や具体的購入品目によって異なる。例えば，日常的な食品についての買物の動機は，家庭内の役割を果たすことかもしれないし，高齢者などによる近隣の商店街への買物は，軽度な運動や商店主との触れ合いがその動機となっているかもしれない。また，買物目的について言うなら，それは，ある1つの商品を購入することであったり，あるいは，夕食の献立を考えながら複数の商品を購入することであったり，さらには，街に繰り出して映画を見たり食事をしたりする中で，レジャーとしての買物が1つの目的となる場合もある。そのため，同じ商品を購入する場合でも，買物目的の違いによって選択される店舗や地域が異なることが容易に予想される。

第四の視点は，買物行動によって選択される店舗と商品は，小売企業のマーケティング活動，店頭に並ぶ製品を製造する企業のマーケティング活動，消費者のデモグラフィック要因，消費者の心理的・社会的要因，その他の状況要因によって左右されるということである。

したがって，小売企業としては，消費者の買物行動をよく分析し適切な販売活動を行うことによって，店舗や商品を消費者に選択してもらうことができる。

● 買物費用

買物を1回の行為として見たとき，消費者が買物という行為に費やす費用を買物費用と呼ぶ。消費者が買物課題を解決するために情報探索を始め，店舗で商品を購入してから，保管し，消費・使用するまでにかかる費用を消費者費用と言うが，買物費用はそのような消費者費用の主要な一部となる。

次に，この買物費用には，主に次の3つが含まれる。第一に金銭である。これは買物場所への往復に要した交通費や駐車料金などの費用のことである。第二は時間である。これは買物に費やす総時間のことで，具体的には買物場所までの往復時間と店内での買物時間からなる。第三に精神的・肉体的エネルギーがある。顧客は買物の中で何らかの心理的負荷としての精神的費用を支払っている。例えば，雨の日の買物が面倒に感じたり，店内混雑時に不快な思いをしたりすることが，それに該当する。また，重たい商品を購入して持ち運ぶには相応の肉体的負荷，すなわち労力を払わなければならない。

ただし，これらの費用は，買物自体の楽しさによって軽減されることがある。後述するように，買物は，消費者にとって必要な商品をできるだけ安く，短時間で効率的に購入するための作業という意味とは別に，買物そのものを楽しむという活動でもある。例えば，人によっては，百貨店やショッピングセンターでの買物は，日常生活における息抜きや楽しみとしての価値を持つ。こうした価値を期待して買物をしている人は，そうでない人に比べて，買物という行為にかかる費用の精神的負担感がはるかに軽減されている。休日のショッピングセンターはたとえ平日より混雑していて余分な神経を使うとしても，買物好きの消費者にとっては，楽しさが得られる時間となる。

買物にどれだけの費用を支払うかは，消費者が買物から得られる価値をどれほど期待しているかに依存する。この価値は，まず購入しようとする商品の重要性の影響を受ける。例えば，高価な商品を購入するときには，消費者は買物に時間や労力という費用をかけやすい。また，購入しようとする商品について店舗間で価格や品質にばらつきが大きいときにも，消費者は選択の失敗を回避するために，商品の探索や比較のための費用をかけるであろう。

また，消費者がいる場所から店舗までの距離が短いほど，言い換えれば，消費者の生活圏に店舗が密集しているほど，買物場所を往復する時間や労力が少なくなるので，買物費用は低くなる。逆に，近隣に店舗がない地域に住む消費者は，店舗が密集している都会に住む消費者に比べて，高い買物費用を支出せざるを得なくなる。このように買物場所に移動するための買物費用が高くなると，一般に買物に出かける頻度は少なくなる。しかし，生活必需品については，店舗を訪問する機会が限られるほど，商品入手の重要性が強く意識されるため，高い買物費用をかけても消費者は買物に出向くとともに，まとめ買いによって1回あたりの買物費用を節約しようと努める。

● 購入品目による違い

上記のことから，買物行動は，購入する商品のタイプによって大きく異なると考えられる。かつてコープランド（M. T. Copeland）は，消費者の購買習慣の違いから商品には3つのタイプがあると主張した。

まず最寄品は，購買頻度が高く，価格もそれほど高くなく，近隣の店で習慣的に購入される商品を意味する。例えば，飲食料品，乾電池，タバコ，洗剤，雑誌などがこれに該当し，消費者は，商品の価格よりも，買物にかける時間や労力といった費用を重視するため，比較的近隣の店舗を選択する。

次に買回品とは，購入に当たって価格，品質，デザインやファッション性などを，店舗間で比較してから購入するような商品である。したがって消費者は，この場合，店舗間を移動したりネット上の店舗を検索・比較したりするための時間や労力を惜しまない。またウィンドウショッピングのように，商品を購入しない場合でも買物時間そのものを楽しく消費するというのも，このタイプの商品の買物行動にはよく見られる。

さらに専門品は，特殊な用途や特定のブランドのように価格以外の特別な魅力がある商品で，消費者は，その魅力ある商品を購入するためには，それを販売する店舗に高い費用を払ってでも来店し購入する。また，専門品は，本来，消費者にとって関与度の高いものであるため，店舗や販売員から提供される情報から楽しみを得たりすることも多い。

以上のように，購入する商品のタイプの違いは，買物にかける費用や，選択される店舗のタイプに影響する。言い換えるなら，小売企業は，その業種・業態に合った，商品の品揃えとサービス提供を行う必要がある。

● 買物の動機と価値

われわれは，1日24時間のうち，仕事や睡眠と同様に買物という活動に一定の時間を割いている。NHK放送文化研究所『2015年 国民生活時間調査報告書』によれば，全国の成人男性は平日の平均14分を，女性は36分を，それぞれ買物に充てている。ただ，必要最低限の時間しか買物に費やさない人もいれば，買物が好きで多くの時間を割く人もおり，個人差は大きい。

そうした日常の買物時間の差異に大きく影響していると考えられるのが，買物という活動そのものに対する動機付けである。選択される店舗，来店頻度，来店時間帯，滞在時間，その場所での時間の過ごし方などは，買物動機の違いによって異なってくる。買物に対する一般的な動機には，以下に示すようなものがある。なお，これらの動機は，消費者が買物においてどのような価値を期待するのかに対応している。

(1) 経済的価値追求

人々が平穏な日常生活を送るためには，衣食住を中心にさまざまな商品やサービスを購入して，それを消費する必要がある。これは商品やサービスによる価値を得るための活動であり，消費者は，伝統的な経済学が経済人と呼称したように，概して経済的合理性に基づき，少ない費用で大きな価値が得られるように商品やサービスを購入している。このような功利的買物動機に基づく消費者は，特売，値切り，ポイント付与などへの関心が高く，選択の最適化を重視すると考えられる。

(2) 役割遂行

消費者にとって，日常の活動の多くは，社会で暮らす中で長時間かけて学習されたものである。そのため，人々は，置かれた立場によって，社会的に期待された行動を取る傾向がある。例えば，食料品の買物は，主婦が家族という集団内で習慣的に果たしている役割であると期待されてきた。今日では，主婦に限らず家庭内の誰かが，買物の役割を遂行しているはずである。

(3) 社会的交流

買物施設は人々との出会いの場を提供している。買物客によっては，そこで友人や知人と出会ったり，店員と会話をしたりすることを望んでいる。共通の関心を持つ他の顧客や店員と交流する機会は，格好のコミュニケーションの場であり，時として自分が所属を望む準拠集団と一緒になりたいという社会的帰属願望も満たしてくれる。

(4) 情報収集と着想

製品は日常生活において消費者の態度やライフスタイルを反映するシンボルとしての役割を持っている。そのため，消費者は，最新のファッションや新製品のトレンドに関する情報を収集し，自分を表現するための着想やアイデアを得ようと買物に出かけることがある。なお，買物時の情報収集には将来の買物を経済的に行うための功利的な側面があり，これに関しては，経済的価値追求動機との関連性が強い。

(5) 快楽追求

消費者は，経済的価値，すなわち消費の期待効用ではなく，買物それ自体の価値に動機付けられることもある。例えば，日常のストレスや憂うつ感を解消するために，店内の心地よいBGMを聞きながら商品を眺め，時には触ってみることで感覚的刺激を得ながらウィンドウショッピングを楽しむ者もいる。つまり，買物は単に商品購買の機会にとどまらず，気晴らしの機会やリラクゼーション，あるいは冒険心・好奇心の充足といったレクリエーションの機会を与えてくれる。このときの買物時間は，費用ではなく，むしろ快楽という価値として消費者に認識される。

(6) その他

運動の機会の少ない都会人や健康を求める中高年にとって，買物は適度な運動の機会を与えてくれるため，運動が買物の一般的動機になっている場合や，そもそも買物に対する動機付けが弱かったり，関心が低かったりする消費者も存在している。

このように買物動機をもたらすものは，買物の功利的な価値から快楽的な価値までさまざまであり，人によって，あるいは，同じ人でも状況によって異なると考えられる。しかも，それは買物の意思決定プロセス全体に影響を及ぼすため，選択される店舗にも何らかの違いを生じさせているはずである。

2 買物における意思決定プロセス

● 意思決定プロセスの全体像

本章の冒頭で述べたように，買物は店舗選択と店内での商品選択という２つの意思決定として行われる。さらに買物後の行動まで含めると，そのプロセスは一般に図 7-1 のように描かれる。

まず，買物行動は，店舗と商品の選択のための意思決定プロセスと，購買決定および購買後の使用や廃棄に関わる意思決定プロセスとに大別される。ここで，前者について詳しく見てみると，それは，ニーズの発生とそれに連動した買物問題の認識から始まる。言い換えるなら，買物とは，そうした買物問題解決のための意思決定プロセスと見なすことができる。

次に，消費者は買物問題を解決するために，店舗や商品に関する情報を探索する。情報の探索と収集は，過去の買物経験，購買リスクの程度，時間的制約などにより簡素化・単純化されることもあるが，そのプロセスを経ることによって店舗や商品に対する認知，それらに対する好意的ないしは否定的な態度，その態度の確からしさを意味する確信，ある特定の店舗および商品への購買意

図 7-1　買物行動の意思決定プロセス

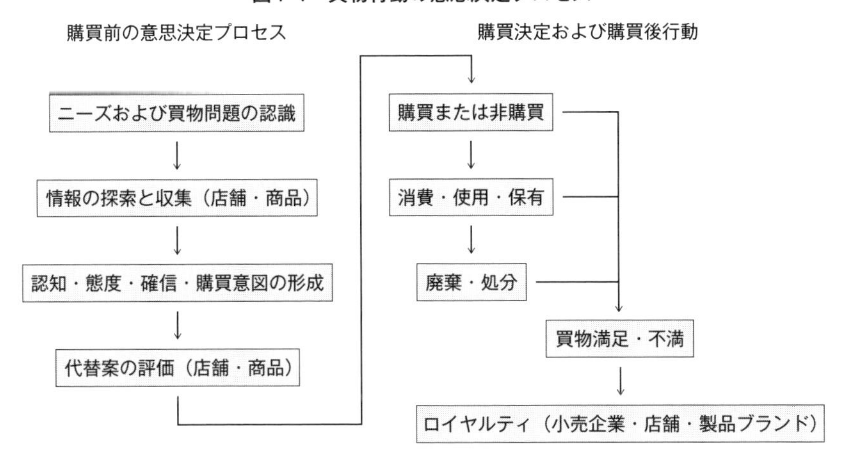

図といった心理状態が，順次形成されていく。つまり，このプロセスの中で店舗や商品に関する代替案の評価・選別がなされる。最近では，スマートフォンが普及したことで，小売店の店頭にいながら，他のユーザーの商品評価や他店の価格情報を確認することができる。したがって，売手と買手との間に存在する情報の非対称性は低減し，代替的な商品や店舗の比較が以前に比べ容易になってきている。

以上のような一連の意思決定によって，店舗選択と商品の購買に関する意思決定がなされる。その結果が購買であれば，続いて，購入商品の消費・使用・保有が行われ，さらに，廃棄や処分という段階に至って一連の意思決定プロセスは完結する。ただし，消費者は，購買後の使用・保有・廃棄（処分）をあらかじめ想定して，購買意思決定を行うこともある。例えば，新車の購入に際して，転売時のリセールバリューが相対的に高い車を選択する者も多い。また，消費者は，購買後の消費者評価として満足ないしは不満を心に抱くが，そのことは，次なる買物問題の発生とその解決（選ばれる店舗や商品）の仕方や，当該店舗や製品ブランドに対する顧客のロイヤルティに大きな影響を持つ。

なお，買物満足や顧客満足がどのような心理プロセスを経て形成されるのかに関しては，期待—不一致モデルが有名である。これは，評価対象（製品や店舗）に対する事前期待と事後評価の乖離度（不一致）から，満足度が認識されるという考え方に基づいている。つまり，事前期待を事後評価が上回るほど，

Column ⑫ カスタマージャーニー

カスタマージャーニーとは，顧客の購買意思決定プロセスを旅にたとえたもので，企業は，各意思決定段階における顧客やメディアなどとのタッチポイントを明確にし，そこでの顧客の経験や体験をカスタマージャーニーマップに描いたりしながら，有効なマーケティング活動を模索しようとする。

購買意思決定プロセスとしては，伝統的な「AIDMA」（注意：attention→関心：interest→欲求：desire→記憶：memory→行動：action）などがあるが，コトラー（P. Kotler）らは『コトラーのマーケティング4.0――スマートフォン時代の究極法則』の中で，「5A理論」（認知：aware→訴求：appeal→調査：ask→行動：act→奨励：advocate）を提唱している。

とりわけインターネット時代においては，当該製品について顧客を認知から購買へと促すだけではなく，SNSなどで推奨してもらうことが重要であり，コトラーの5A理論は，電通が提唱した「AISAS」モデル（注意：attention→関心：interest→検索：search→購買：action→情報共有：share）との共通点が多い。

カスタマージャーニーの考え方は，製造企業のみならず小売企業にとっても応用可能である。つまり，それは，来店動機の発生段階から来店後の店舗内での情報探索・商品選択・決済，それに退店までの意思決定プロセスにおける顧客経験とマーケティング対応を段階ごとに可視化し，顧客ロイヤルティ確立のためのフレームワークとして示すといった方法である。

なお，購入商品や業種・業態によって，その意思決定プロセスや企業・メディアとのタッチポイントのありようは異なるかもしれない。したがって，小売企業は，自社や自店に最もふさわしいカスタマージャーニーマップを描いて顧客管理を行う必要がある。

満足度は大きく感じられるということになる。

ただし，大きな満足度を顧客から得るために意図して事前期待を上げないという売手の戦略は現実的ではない。なぜなら，そもそも事前期待が低ければ，消費者は評価対象の製品や店舗に関心を示さないからである。

他方で，購入後の事後評価が難しい対象，例えば製品知識の乏しい消費者にとってのワインなどについては，消費後にもその品質の高さを正しく評価できるわけではないので，事前期待が高いほど満足度は高まると考えられる。

● 店舗選択のための意思決定方略

消費者は，複数の利用可能な店舗のうち，いずれを選択するのかについてさまざまな意思決定方法を取りうる。例えばギフト商品の購入では，予算制約内での品揃えの豊富さが選択基準となったり，あるいは，小売企業のイメージが重視され，その店の包装紙でラッピングされることが基準となったりする場合もある。入手可能な選択肢の中から利用店舗を絞り込んでいくための意思決定方略が，商品選択の場合と同様とするなら，そこには次のような方略があると考えられる。

(1) 加　算　型

店舗には消費者が着目する店舗属性（立地，品揃え，価格水準，店舗の格式・ブランドなど）があるが，それらの属性についてそれぞれ評価を行い，その合計点が最も高い店舗を選ぶという方法。これに類似したものとして，各属性における評価を一対比較し，その結果（つまり格差）を合計して選ぶ加算差型という方法も加算型に含まれる。

(2) 分　離　型

各店舗属性に十分条件としての水準を設定し，それを満たす店舗があれば，他の属性の水準いかんにかかわらずそれを選ぶという方法。ただし，必ずしも1店舗に絞り込めるとは限らないため，その場合は，次の段階で別の方法を適用することになる。

(3) 連　結　型

各店舗属性に必要条件としての水準を設定し，それに満たない店舗は選ばないという方法。分離型と同様に他の方法と併用される可能性が高い。

(4) 辞書編纂型

重視する店舗属性から順にその水準の高さを比較することで，選択する店舗を絞り込んでいく方法。これは，使用頻度の高い意味内容から用語の説明がなされるという辞書の編纂方式になぞらえたもの。

(5) 感情依存型

個別の店舗属性に対する評価は行わず，過去の経験や企業イメージなどを頼りに，感情の趣くまま最も好ましい店舗を選ぶという方法。

また，消費者が購入商品の候補を絞り込んでいく際のステップを表すブランド・カテゴライゼーション・モデルを，店舗選択のための意思決定方略と見なすこともできる。それによれば，ある買物問題を抱えた消費者は，選択代替案としての購入店舗を図7-2のように整理していく。

まず当該エリアに存在する店舗（入手可能集合）のうち，消費者はその一部

図 7-2　ブランド・カテゴライゼーション・モデル

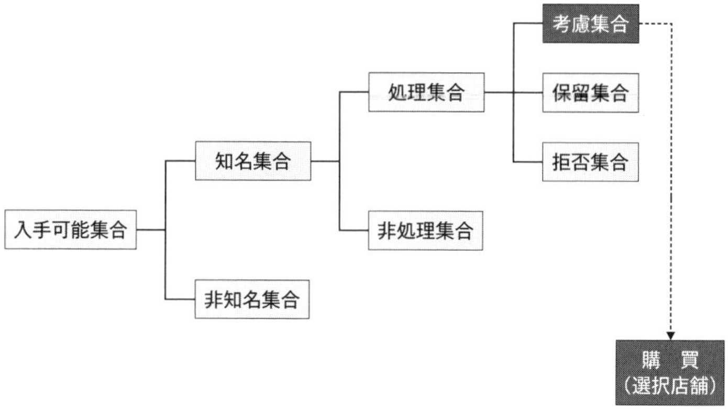

（出所）　Brisoux and Laroche（1980）を加筆修正。

の存在を知っているに過ぎず（知名集合），仮に知っていたとしてもその商品の選択の際には意識に上らないかもしれない（非処理集合）。逆に，その商品の取扱いを知っている場合でも，来店を望まない店舗（拒否集合）や明確な判断が下せない店舗（保留集合）もある。そうした選別を経て，残された店舗は，来店を具体的に検討する店舗群（考慮集合）であり，それらの中から商品を購入する店舗が最終的に選ばれる。特に，住宅，自動車，大型家電などの高額商品の販売に当たっては，消費者との接点においてどの段階に問題があるのか，当該企業が自己分析をする上で，このモデルの有用性は高い。

ただし，今日では，インターネットの検索サイトやマップ上の検索機能で考慮集合としての店舗を簡単に抽出できるようになっていることを，小売企業は留意しておくべきである。

● 店舗選択の規定要因

ここでは，店舗選択はもとより，買物における意思決定プロセス全体に影響を及ぼす要因について述べる。この意思決定プロセスは，取引相手となる企業（生産者および小売企業）のマーケティング活動に影響を受けるだけでなく，そもそも消費者自身の個人的要因と彼らを取り巻く社会的要因によっても規定されている。

(1) 個人的要因

消費者の性別，年齢，既婚・未婚，職業，学歴，所得水準，住まいの形態（持ち家・借家，一戸建て・集合住宅）などのデモグラフィック要因は，買物場所や購入商品に差異を生じさせることが多い。そのため，小売企業のターゲットを選定する上で，最も基本的な考慮要因となっている。

そのほかにも，消費者の日常生活における活動・関心・意見の違いを表すライフスタイル，前述のような動機付け，製品カテゴリーや買物に対する関与や購買リスク，買物状況によって変化する手持ちの金銭や時間などの買物リソースなどが，個人的要因として挙げられる。

(2) 社会的要因

社会的要因とは，個人を取り巻く人々や社会全体によって，買物行動が影響を受けることと関連がある。例えば，家族，自身が所属する（あるいは意識する）準拠集団，社会階層といった要因は，利用する店舗や購入商品に何らかの影響を持つ。また，社会の中で学習される価値観，行動様式，宗教などを総称する文化要因も，買物行動の規定要因となりうる。

さらに，消費者間のコミュニケーション要因は，消費者の利用店舗や購入商品に影響力を持つ。例えば，不特定多数の人々がSNS上に投稿した商品の写真や利用経験コメントは，企業が提供する広告などの情報と相まって，大きなインパクトを買物行動に与えている。また，そうしたことを前提としてSNSを販促活動に活用する企業も多い。

(3) マーケティング要因

小売企業は，製造企業と同様に市場細分化を行い，それぞれの業態や店舗ごとにターゲットの設定やポジショニングを行っている。各小売店のポジショニングは，取扱商品の質と量，サービスの質，価格政策，店舗の外観・内装など，顧客の知覚と行動に影響を与える要因を総合的に反映したものである。また，後に細かく述べるが，各小売店の個別的意思決定領域として，立地，品揃え，品質，陳列，価格，プロモーション（広告・販促活動），雰囲気，付帯施設，営業時間，接客，その他のサービスなどの小売ミックス要因が，店舗選択に及ぼす効果は大きい。

さらに，商品の製造企業も同様に製品，価格，チャネル，プロモーションに代表されるマーケティングミックスの意思決定を行っており，それらは直接的ないしは間接的に消費者の店舗選択に影響している。

3 選ばれ続ける店舗

● 店舗選択行動の経時的変化

ある製品を初めて購入する際，製品自体はもちろん，それを販売する複数の店舗を入念に比較することがあるが，消費者が何を購入するかも漠然としており，多種多様な代替案を広範に情報探索して行う意思決定は，包括的問題解決行動（extensive problem solving）と呼ばれている。これに対し，同じ製品の購入を２回・３回と繰り返していくうちに，探索する店舗数やチェックする商品数は，一般に減少していく。これは学習効果が働くためであり，このように限られた範囲での代替案と情報の探索が行われるような意思決定パターンを，消費者行動論では限定的問題解決行動（limited problem solving）と呼ぶ。したがって，消費者は購買経験を重ねるうちに，店舗選択に関して包括的問題解決行動から限定的問題解決行動に移行する傾向がある。

限定的問題解決行動の場合，消費者は購買経験を通じて商品や店舗に関する評価基準をすでに持ち，さらにそれらに対する認知・態度・確信もほぼ確立しているため，最小限の情報があれば購入判断ができる状況にある。したがって店舗選択においても，一度来店して満足感が得られているのであれば，次回以降の買物においては考慮すべき店舗属性とその情報探索は軽減されるはずである。

しかし，さらに購買経験を重ね，日常的に同じ製品を同じ店舗で繰り返し購入するようになると，定型的問題解決行動（routine problem solving）という意思決定パターンになる。この場合，消費者は日常反復的かつ習慣的に同一店舗で同一製品を繰り返し購買する。この段階では，消費者は，製品と店舗に関する知識と評価基準をすでに十分に持っており，さらなる情報の探索や代替案の評価を行うことなく，前回と同じ購買を行うことになる。例えばこれは，日常的に使っているスーパーマーケットで，いつもと同じブランドの牛乳と食パンを繰り返し購買しているようなケースに該当する。

ただし，時と場合によっては，このパターンに変化が起きることもある。例えば，特売チラシや店頭での特別な価格キャンペーンなどの刺激によって，当該製品を普段とは異なるタイミングや別の店舗で購入することがある。また，上述のような意思決定を繰り返していると，その状況に飽きが生じ，新たな気分で意思決定をやり直したり，バラエティシーキング行動の一環として普段とは異なる製品を購入したりすることもある。このようなケースでは，改めて限定的問題解決行動が採用されることになるため，これまでとは異なる店舗が選択される可能性が高い。

● ストアロイヤルティ

以上のような意思決定パターンの変化を踏まえるなら，顧客に選ばれ続ける店舗というのは，いかなる状況を意味し，また，それを実現するためには，どのような点に留意する必要があるのであろうか。小売企業は一般的に顧客満足を重視するが，近隣に新たな店舗ができれば，現状の利用店舗に不満がなくても容易にそちらの店で買物をするようになる消費者も多い。したがって，小売企業は，顧客満足の一歩先にあるもの，すなわち，顧客のロイヤルティの獲得を目指す必要がある。ロイヤルティとは，対象に忠誠を示すことであり，その対象が製品である場合をブランドロイヤルティ（brand loyalty），店舗の場合をストアロイヤルティ（store loyalty）と，それぞれ呼んでいる。

より具体的に言うなら，ロイヤルティとは，その対象を選好し，反復的にそれを選択することを意味する。つまり，ロイヤルティ概念は，選好に関わる態度的側面と，反復的選択行動に関わる行動的側面の二面性を持っている。ただし，態度と行動が必ずしも一貫性を持つとは限らず，好んでいるわけではないが反復的に選択している「見せかけのロイヤルティ」や，反対に，好意的態度は持っているものの選択行動には結び付いていない「潜在的ロイヤルティ」という状態もある。そのため小売企業は，店舗に対する好意的態度と利用行動が一貫した「真のロイヤルティ」に顧客を導くことが重要である。

このように，買物のつど，認識される買物満足は，時々の買物状況に依存し，変動する可能性が高いのに対し，ストアロイヤルティは，より長期的な視点から成果を捉えた概念であり，ある程度，時間的に安定した消費者行動に基づいている。ただし，買物満足やストアロイヤルティは，消費者にとって絶対的な水準として認識されるものではなく，あくまで店舗間で相対的なものであることも押さえておく必要がある。

● **ブランドロイヤルティとストアロイヤルティ**

小売企業は自社店舗に継続的に来店してくれることを願うが，製造企業は自社製品を購入してくれるのであれば，納入先の小売店なら基本的にどこでも構わないはずである。このことを踏まえて，以下では，ブランドロイヤルティとストアロイヤルティの関連性について考えてみよう。

ある特定の製品ブランドを購入しようと小売店を訪れた際に，それが品切れしているということがある。そのような場合に，消費者の取りうる対応としては，次の4つのパターンがある。

① 何も買わないで帰り，その商品の購入を諦める。この場合，この消費者は，製品ブランドにも店舗にもロイヤルティをそれほど感じていない。

② 別の店舗で当該製品ブランドを購入する。この場合，消費者は，製品ブランドへのロイヤルティは高いが，その小売店へのロイヤルティは低い。

③ 同じ店舗で異なる製品ブランドを購入する。この場合，消費者は，製品ブランドへのロイヤルティは低いが，その小売店へのロイヤルティは高い。

④ 当該製品ブランドが入荷するまで，その店での購入を延期する。この場合，消費者は，製品ブランドおよび小売店に対するロイヤルティがともに高い。

以上を小売企業の視点から見ると，顧客が③ないしは④のパターンを取ってくれることを期待する。また，自社の他店やネット上の在庫情報を顧客に提示できれば，②のパターンを取った場合でも，自社の別店舗で購入してくれるという期待が高まる。また，小売企業のストアブランドであるPBの存在感を増すことができれば，いずれの場合でも顧客を引き留めることができると同時に，競合他店との競合上，あるいは製造企業とのパワー関係の上で，当該小売企業が優位に立つことにつながると考えられる。

● **ブランドロイヤルティと店舗間競争**

前述の①～④のパターンにおいて，ブランドロイヤルティは高いが，ストアロイヤルティが低い状況（パターン②）を考えてみよう。このようなケースは日常的に多く見られるが，消費者は，その特定のブランドを選好していても，そのブランドをどの店舗で購入するかが定まっていないことになる。すると小売企業は，何とか自社店舗で購入してもらおうと他社よりも低い価格を提示し

Column ⑬ 製品差別化が刺激する小売価格競争

Albion（1983）は，製造企業が広告による製品差別化を行うと，小売市場における製品需要の価格弾力性が高くなり，小売企業はその製品についての価格競争をより積極的に行う傾向があることを主張した。すなわち，製造企業の広告による製品差別化は，その製品の価格弾力性を引き下げて，ブランド間の価格競争は抑えられるが，小売市場での店舗間の価格競争はむしろ刺激されるということになる。

製造企業が広告を行うと，その製品の需要が増加し，その製品を取り扱おうとする小売店舗数も増えるため，小売市場において，その製品に関する小売店舗の売手集中度が下がったり，取扱店舗の立地による差別化が弱まったり，価格に関する情報の不完全性が緩和されたりすることで，小売市場での価格競争が激しくなるのである。

この仮説は，製造企業が開放的な流通チャネルで製品を販売することが前提となっている。つまり，製造企業が広告による製品差別化を行う一方で，取扱いを希望するすべての小売企業に製品を供給する場合には，小売市場ではその製品についての価格競争が激しくなるという理解になる。実際に，食品や日用品で製造企業が広告を積極的に行う製品ほど，小売店舗ではチラシ広告での低価格を訴求する対象として選びやすいと言える。

ただし，製造企業は，このような小売市場での価格競争を放置することは多くない。むしろ，広告を通じて製品差別化を行う場合，同時にチャネルによる製品差別化を目指すことが多いため，選択的な流通チャネルを採用して，ブランド管理や販売促進に協力的な店舗に取扱いを制限することが行われる。この場合には，チャネル戦略によって小売市場の価格競争は抑制されることになる。

ようと考える。例えば，ブランドロイヤルティが高い商品は，消費者によく知られ，強く選好されている商品であるために，ロスリーダーとしてチラシ広告の特売品に選ばれやすい。このような背景から，店舗間の価格競争が進むことになる。ただ，ストアロイヤルティも高いパターン④であれば，店舗を差別化できているため，当該企業の値引きは起きにくい。

ブランドロイヤルティが高いということは，ブランドによる製品差別化ができていることを意味するため，製造企業間・ブランド間での価格競争は抑えられるはずである。にもかかわらず，小売店舗間ではむしろ価格競争が発生しやすい傾向にあるのは，製品差別化が進むほど，小売企業にとって価格競争の道具として，その製品ブランドを用いたいという誘因が高まるからと言える。

このような状況が進めば，第**5**章で説明したようにブランドイメージが低下するという問題を引き起こすため，製造企業は小売店舗間の価格競争を抑制するために，建値制などの商慣行への対応を小売企業に求める。例えば，製造企業としては，メーカー希望小売価格を提示して小売店舗間の価格競争をコントロールしようとするだけでなく，小売企業の販売努力に応じたリベート（割戻金）や販売促進費を提供することによって小売企業の協力を引き出そうとする。ただし，競合店が密集するエリアなどでは，仕入力のある小売企業は，製造企業の意図に反して，そのリベートを原資とした値引きを行うなど，店頭の商品価格水準は，製造企業と小売企業の微妙なパワーバランスの上で成り立っている。

演習問題

1 ある生活環境の変化が買物行動の変化にどのような影響を与えたのかを，同じ商品カテゴリーの買物費用を比較して考えてみよう。

2 小売企業を１社取り上げて，その企業がどのような広告・販促活動を通じて，消費者の買物行動をどのように変化させようとしているのかを調べてみよう。

第8章

消費者の店舗内購買行動

1　店内における購買意思決定プロセス

● 入店後の購買意思決定プロセス

1日の小売店の販売額は，来店客数と平均客単価の積で決まる。来店客数は，商圏内のターゲットとなる顧客層を集客するための小売マーケティング活動の有効性に左右される。他方で，平均客単価は，入店後の顧客の購買意思決定に関わる問題であり，店舗内での購買を促進するための小売マーケティング活動の影響を受ける。顧客は，入店後，以下に述べるような意思決定プロセスを経ることで，それぞれの買物目的を達成するが，小売マーケティング活動は，そのプロセスに影響を及ぼすことによって購買を促進させようと努める活動である。

(1)　購買意図の形成

これは，買物目的の遂行に際しての重要な意思決定のステップである。消費者があらかじめ何を購入するかを決め，場合によっては，買物メモを持参するなどして，その商品を購入する行動は，計画購買と呼ばれる。しかし，過去のいくつかの調査によれば，食品スーパーや大型量販店などセルフサービス方式を採用する業態で購入される商品の60～80％の商品は，入店後に購買意図が形成されている。このような購買は非計画購買と呼ばれる。

また，事前に特定の製品ブランドに対する購買意図が形成されている計画購買の場合であっても，入店後に当該商品を手に取り，他の商品と見比べ，価格や付帯サービスなどの取引条件を確認してから購入することも多い。購買意図がどのように形成されるかという視点で見ると，購買行動は次の４つのパターンに類型化することができる。

① 特定的計画購買――ブランドレベルでの購買意図があり，実際にそれが購入される場合。

② 一般的計画購買――ブランドレベルまでではないにしても製品クラスレベルでの購買意図があり，その製品クラス内のブランドが購入される場合。ただし，この場合，具体的な購入ブランドの購買意図は，入店後に形成される。

③ 代替的購買――入店前に意図されていた製品クラスないしはブランドは購買されず，関連製品ないしは別のブランドによって代替される場合。この場合も，購入ブランドの購買意図の形成は，入店後となる。

④ 非計画購買――入店前にはまったく意図していなかった製品が購買される場合。問題の認知から実際の購買までの全プロセスは，入店後の店舗内で行われる。

(2) 買回りと店内情報の収集

入店後の顧客は，その買物の目的に従って，さまざまな売場に立ち寄り，そこで，価格や品質などの情報を得ながら商品を吟味・選択し購入する。このような買回行動のプロセスに関して，顧客が店内を回遊した距離を表す動線長，買物に要した時間を表す滞留時間，立ち寄った売場の数と割合（立寄率），立ち寄った売場での購買の有無を踏まえた買上点数と割合（買上率）といった指標は，小売店の客単価に直接影響を及ぼすものとして重要である。

(3) 購　　買

ある１回の買物行動は客単価に結実し，それは顧客から見れば購買金額となる。購買金額はレシートを見れば分かるように，各購買品目の単価と購買数量の積を購買品目全体で合計し，消費税を加えたものとして記録される。小売業にとって，商品単価（すなわち商品の販売価格）は，高いほうが利幅も増え好ましいが，他方でそれは，購買品目数や購買数量とトレードオフの関係にある可能性が高い。したがって，スーパーマーケットなどのセルフサービス型の小売店は，購買品目数と購買数量を増やすために，店内でさまざまな販促活動を展開する。その結果，関連商品の購買（クロスセリング）や想起衝動購買などの非計画購買が促進される。また，専門店などでは，当初の購入予定品目よりも高級なものに顧客を誘導するアップセリングによって，客単価を高める戦術が取られることもある。

(4) 付帯サービスの選択

購買意思決定は，商品の選択だけでは終わらないことも多い。例えば，家電量販店でテレビを購入すれば，設置サービスや保証期間の延長の有無について，また，百貨店で贈答品を購入すれば，ギフト包装や配送の有無について，それぞれ付帯サービスの選択が求められる。

(5) 決　済

わが国では現金による支払いが主流と言われてきたが，ECやポイント制度の普及などもあり，カード払いや電子マネーの支払いも一般化してきた。アメリカなどでは，これらに加え，小切手やデビットカードによる支払いも普及している。小売店における決済手段の多様性は，支払い時の利便性向上という意味で顧客へのサービスと言える。わが国でも海外からのインバウンド旅行者の増加や消費税率の改正を踏まえて，電子マネーやクレジット決済に対応する店舗が増えている。また，電子決済の普及は，小売店にとって，販売機会の増大だけでなく，事務の効率化や購買履歴データの収集と活用といった利点もある。

● 顧客情報の収集と分析

いま述べた来店客の意思決定プロセスを正しく理解することは，店内の販売戦術を考える上できわめて重要である。一般に小売企業は，次のような方法で来店客の情報を入手し，経営上の意思決定に役立てている。

(1) 行動観察

店の前を歩く人々のうち，どの程度の人が足を止め，入店してくれるか（入店率）という情報は，通行量調査によって得ることができる。その際，通行者および入店者の性別やおおよその年代層を調べておくと，その店の客層も把握できる。

次に，入店した顧客が，その後いかなる売場に立ち寄りながらレジに進んだかは，店内マップに動線の形で示すことができる。近年では，店内カメラやセンサーによって客動線をコンピュータのモニター上に示したり，そうした情報

Column ⑭ 『なぜこの店で買ってしまうのか――ショッピングの科学』

パコ・アンダーヒル（Paco Underhill）は，ニューヨークにあるマーケティング・コンサルタント会社エンバイロセルの創業者・CEO である。同氏は，ウォルマートやマクドナルドなどのクライアントを持っており，店舗内の顧客の行動をつぶさに観察し，そこから導き出された店作りのノウハウを提供してきた。具体的な顧客観察の方法は，「追跡者」（トラッカー）と呼ばれる調査員が店内で顧客を尾行して，その視線，手に取った商品，その場での滞在時間，レジでの待ち時間などといったあらゆる行為を記録し，そこから売場や店舗が抱える問題点と改善策を指摘するというものであった。

1999 年にアメリカで刊行され，彼を一躍有名にした著書『なぜこの店で買ってしまうのか――ショッピングの科学』は，そうした顧客の行為を詳細かつリアリティをもって描き出し，海外で 160 万部以上，国内でも 20 万部を超えるベストセラーとなったと言われている。この著書が小売企業の社内研修用テキストとして広く使われたり，アンダーヒルがたびたび来日しては講演会を行ったりするなど，わが国の小売企業にも少なからず影響を与えた。最近も同氏は，オムニチャネル時代の店舗のあり方として，店頭とネットにおける品揃えと価格の違いをできる限りなくすこと，もしくは異なるのであればその理由を明示すること，店頭のほうが価値の高い買物ができると感じられる仕組み・仕掛けを作ること，五感に訴えること，体感・体験を促すプロモーション施策を行うこと，などの重要性を指摘している。

（参考）「『なぜこの店で買ってしまうのか』の著者が語る，オムニチャネル時代の店舗のあり方」『販促会議』2014 年 5 月号。

をレジ待ち行列の管理システムに生かしたりする例もある。

さらに，トラッキングという文化人類学におけるフィールドワーク手法を用いて，顧客に気付かれずに行動観察を行い，知見を得るという方法もある。これに関しては，小売コンサルタントとして有名なパコ・アンダーヒルの著作がさまざまな知見を紹介している（**Column** ⑭）。

(2) 質問紙調査

これは，一般にアンケート調査と呼ばれるものである。例えば新車を購入すると，製造企業から調査票が送られてきて，購入先であるディーラーに関し，営業担当者の接客，試乗体験，取引条件などの満足度を尋ねられることがある。こうして回収されたデータを営業所や担当者別に集計することで，顧客の来店から契約に至るプロセスのどの段階に，どのような問題や成約の秘訣があるのかを知ることができる。また，各段階の評価と購買満足との統計的関係について分析することもできるため，単に営業所や担当者の評価にとどまらないメリットがある。

ほかにも，店内に置かれたアンケート用紙に回答を記入し，回収ボックスや郵便ポストに投函してもらう方法もある。最近では，QRコードにアクセスしてもらい，簡単なアンケートに答えるとクーポンがもらえるという方法で，顧客の声を収集している小売店や飲食店も多い。つまり，インターネット上でのアンケートも質問紙調査の範疇に入る。

(3) 深層面接とグループインタビュー

行動観察やアンケート調査ではなかなか探れない顧客の「本音」や心理を明らかにするために行われるのが，深層面接やグループインタビューなどの定性調査である。本来，フロイトらの心理学者によって提唱された深層面接法は，本人も自覚していないために直接的な質問では得ることのできない潜在意識下の動機や欲求を，面接によって探り出すための精神分析手法である。これにヒントを得て，今日の市場調査では，訓練を受けた調査者が一対一で被験者と対話をしながら，先入観を持たせることなく，商品やサービスに対する不満や欲求などを掘り下げていく方法が活用されている。

一方，グループインタビューは，例えば，ターゲットとする顧客を集め，当該店舗全体や販売前の新商品などの優れた点や問題点をモデレータのリードのもとで，自由に語り合ってもらうという形式を取る。その目的は深層面接と同様で，売手が想定していなかった顧客の心理を把握することにある。

(4) 実　験

小売店の各売場では，売上の増加を目指して，日々さまざまな工夫がなされている。それらは，新商品の導入や商品の配置換えであったり，特売や各種の販促活動であったりする。こうした工夫は，このようにすれば売れるのではないかという仮説に基づいている。したがって，実際にそれを実践し，その効果を確認し，さらに次なる施策のアイデアにつなげるというプロセスは，実験に基づく仮説—検証を踏まえたものと言え，第**6**章で述べたPDCAサイクルに即したものである。

(5) 行動データ

消費者が商品を購入する際，小売店舗ではレジ入力を行うが，その多くで蓄積されるデータがPOSデータであり，代表的な行動データと言える。POSデータは，顧客の買物ごとの購買履歴データ，すなわち，いかなる商品が，いつ，いくつ，いくらで，何と一緒に買われたのかという購買実績の情報であり，店舗・製品ごとの需要予測や販促計画の立案などに生かすことができる。

さらに，それを顧客の会員カード情報とひも付けたものとして，ID-POS というデータがある。これを利用すると，1 回の買物だけでなく，ある期間における特定の顧客の購買履歴が分析可能となり，適切なタイミングでの商品提案など，より精緻な販促活動につなげることができる（第 **12** 章 **4** を参照）。

2 購買計画性と購買意図の形成

● 来店目的と購買計画性

小売店で消費者がある商品を購入した場合，その購買意図が入店前に形成されていたとすれば，来店目的は，その商品の購買であり，計画購買と見なすことができる。つまり，計画購買の場合，入店前から購買すべきブランドは顧客の心の中ですでに決まっている。そのため，ナショナルブランド（NB）の製造企業は，このような指名買いを期待して広告や各種の販促活動を展開する。別の見方をすれば，ブランドロイヤルティの強い製品は，指名買いされる傾向がある。

これに対し，入店後に買いたい商品が見つかり，それを購入することもある。これは，前述の非計画購買であり，その商品に対する購買意図は，入店後に形成されたことになる。つまり，非計画購買では，店内や売場の情報と自身が持つ記憶や感情との相互作用を踏まえて商品の購買意図が形成される。

購買意図の多くが店内で形成されるようになると，指名買いを促進するために行われるテレビなどのマス媒体を用いた製造企業の広告の効果は低減する。また，小売企業の販売する PB が選択される可能性も高まる。そのため，製造企業は店内での情報提供が必要になるとともに，その分，小売企業のパワーが相対的に強まることとなる。

● 店内における購買意図の形成とその規定要因

スーパーマーケットにおける非計画購買の程度を日米で比較すると，若干ではあるが日本の消費者のほうが高い。これは日米の買物頻度の違いによるものと考えられる。つまり，1週間あたりの買物回数が日本に比べて少ないアメリカでは，より長い期間の食品在庫を家庭内に持つ必要があるため，買物メモを持参するなど計画的な購買が求められる。

これに対して，日本では，刺身などの生鮮品を食することや，住宅規模の関係でアメリカよりも冷蔵庫が小さいこと，さらには店舗密度が高く，近隣に店があるなどの理由もあって，1週間あたりの買物頻度が多い。そのため，日本の消費者は，入店後に鮮度のよい魚を見つけたり，その日の特売品を購入したりすることで，品質が高い商品を手頃な値段で買うという合理的な選択をしていると考えられる。つまり，両国の消費者とも，それぞれの買物環境に合った形で購買意図を形成し，合理的な買物行動を取っていると推測できる。

次に，小売サービス水準と購買意図の関係について考えてみよう。消費者は日常の買物において常に高い小売サービス水準を望むとは限らない。例えば，ある消費者はフルサービスを求めて近隣の鮮魚店などの専門食料品店で買物をするが，別の消費者はそのようなフルサービスを求めず，たとえ自家用車などでの移動コストをかけても，相対的に低価格で買物ができるセルフサービス方式のスーパーマーケットを好むかもしれない。大量の商品を取り揃えた大型スーパーマーケットでワンストップショッピングを行うことは，来店店舗および購買品目の事前決定や天候の心配という面倒から消費者を解放し，時間的・心理的コストの軽減をもたらす。そのため，ワンストップショピングは，購入商品の購買意思決定作業を買物施設内へと延期させる側面を有し，非計画購買の可能性を高める。

なお，非計画購買には，一般に言われる衝動買い（純粋衝動購買）のほかにも，店頭の刺激で購買の必要性を思い出す想起衝動購買，店頭の販促物や店員からの推奨で思わず買ってしまう提案受容型衝動購買，価格などの条件が合えば購入するという意図が事前にあったとする計画的衝動購買といった，複数のタイプが存在する。いずれにしても，入店後の消費者は，店内の情報にさらされることで，特定商品への購買意図を形成したり，事前の購買意図をより確かなものとしたりしている。

非計画購買がいかなる状況で起きるのか，その規定要因としてまず挙げられるのが，買物時間である。つまり，店内への滞留時間が長いほど非計画購買品目数は増える。また，買物金額が増えると，それに比例して非計画購買品目も増える。したがって，前述したワンストップショッピングでは，この傾向が強まる。

なお，非計画購買の比率は，最寄品を大量に扱う総合スーパーで高く，専門店では相対的に低い。また，非計画購買比率の規定要因も，買物時間を除けば小売業態によって異なる。さらに，最寄品か買回品かという商品構成や，売場で提供される店内情報の違いによって，購買意図形成への影響は異なってくる。例えば，最寄品に比べ買回品は，購買意図の形成に時間を要したり，専門品は販売員からの情報に購買意図が影響されやすかったりする。

● 非計画購買の促進とその意義

ここでは，購買意図の形成を店内で行ってもらうこと，つまり非計画購買を促進するための方策について，いくつかの具体例を示す。

まず，規定要因としての買物時間への対応であるが，小売店の売場は，少しでも多くの売場に立ち寄ってもらい，長く滞留してもらうための仕組みを設けている。例えば，百貨店や高層のショッピングセンターでは，顧客の回遊を促すようにエスカレーターが変則的に設置されていたり，コンビニエンスストアでは，多くの顧客が購入する商品（飲料など）が一番奥に陳列されていたりしている。

次に，顧客の立寄率および買上率を向上させるための仕掛け作りである。床から 100 cm前後の「ゴールデンライン」における売れ筋商品の陳列，大量陳列による割安感の演出，人目を引くディスプレーの設置といった方法は，スーパーマーケットやドラッグストアなどではごく一般的である。

このほかにも，非計画購買を誘発する方策として，満足保証や返金保証による購買リスクの低減，期間や数量の限定による在庫の希少性アピールなどの方策は，無店舗販売などの業態でもよく見られるものである。

3 店内顧客への情報提供

● 店内情報提供の仕組み

店舗は，単に商品を並べているだけではなく，消費者の情報収集行動に対応してさまざまな工夫を行っている。例えば，商品を魅力的に見せるような陳列，顧客に受け入れてもらえるような価格の設定と表示，思わず買ってしまうような販売員の説明と接客などが，それに当たる。以下では，消費者への店内情報提供の仕組みについて，その具体例と消費者心理への効果について説明する。

(1) 店内表示・案内

百貨店やショッピングセンターでは，入口にフロアガイドが置かれ，売場案内，エスカレーター，トイレなどの店内表示もなされている。顧客に店内くまなく立ち寄ってもらうためには，売場の配置はもちろん，これらの表示によるガイダンスが重要である。また，海外からの顧客が多い商業施設では，多言語による表示・案内も求められる。

(2) 商品陳列・ディスプレー

小売店が提供すべき販売スペースは，購入意欲をかき立てるような商品を顧客が選別する場であり，単なる商品の置き場ではない。そうした魅力ある売場を作るためには，顧客のニーズに合った商品が的確に陳列されているだけでなく，ディスプレーなどを用いて商品内容を情報として効果的に顧客に伝える必要がある。

(3) 照明や音楽などによる五感への訴求

第**5**章でセンサリーマーケティングとして説明したように，小売店内には，店舗の雰囲気を作り出すさまざまな仕組みがある。例えば，高級感を醸し出す照明（視覚）とBGM（聴覚）を備えたラグジュアリーブランド・ショップには，座り心地のよい椅子（触覚）が商談のために用意されていたりする。また，デパ地下（百貨店の地下売場）には，おいしそうな香り（嗅覚）と試食（味覚）で，顧客を引き付ける手作りパンの店や惣菜店も多い。顧客から見えるように調理場が設けられたテナントショップは，おいしさを視覚で訴えるだけでなく，食材と製造工程を開示することによって消費者に安心感やエンターテイメント性を与えている。

(4) 価 格 情 報

価格は，商品価値の提案であり，顧客は，それを情報として知覚する。価格の設定と表示が消費者心理に及ぼす影響については次のようなことが明らかになっている。

第一は，商品価格に対する消費者の知識についてである。店内の表示価格は，各商品に対する売手の価値提案である。その価格が顧客の期待する商品価値に比べて高かったり，競合店の価格を上回ったりするのであれば，その商品が購入される可能性は低い。しかしながら，これまでの学術調査によれば，消費者は，よく利用するスーパーマーケットであっても，販売されている商品の価格を正確に記憶しているわけではない。品質が変動する生鮮食品や購買頻度が低い商品については，価格を記憶しておくメリットはそもそも少ないが，頻繁に購入される加工食品や日用雑貨品であっても，特売価格の記憶が若干高い程度である。このことは，店頭での価格表示や陳列の仕方によっては，顧客は安いと感じてしまうことを意味している。例えば，陳列棚の両サイドに山積みされた商品に特売価格が大々的に表示されると，その演出によって顧客は安いという判断をしがちである。

第二は，品質のシグナルとしての価格の役割についてである。例えば，特にワイン通でもない限り，ワインの質を的確に評価するのは難しい。すると，値段が高いワインだからおいしいという具合に，価格から品質を連想することがある。逆に，値段があまりにも安いと品質が悪いと推測してしまうこともある。このように，価格が品質の判断材料になるという傾向を価格のシグナリング効果と言う。

第三は，価格を判断する際の参照価格の役割である。参照価格には，通常価格，競合店の価格，過去の購入価格などがあり，消費者は提示された価格をそれと比較することによって，割安かどうかの判断を行うことが多い。

また，参照価格は，どのような価格帯の商品と一緒に当該製品を陳列すべきかということにも関係してくることがある。例えば，ミートローフというハムともソーセージとも判断がつきにくい商品を初めて販売した食肉店が，発売当初，割安なソーセージと並べて販売したところ売れ行きが悪く，その後，割高なハムの隣に置いたところ割安感が出て，売上が増えたという。つまり，消費者は新製品の価格を判断する際に，何らかの類似製品の価格（参照価格）と比較する傾向があるということである。

第四は，ユニットプライス表示（単位価格表示）についてである。これは，100 g あたり，ないしは 100 ㎖あたりといった，単位あたりの価格を意味し，この情報によって顧客は重量や容量の異なる商品の相対的価格水準を知ることができる。ユニットプライス表示は消費者にとって有用な情報であることには違いないが，多くの消費者が実際にその情報を有効に活用して買物をしているかには疑問が残る。

そこで，顧客がユニットプライス情報を利用しやすい形で提示することも，効率的な買物を行う消費者の助けとなる。例えば，あるアメリカの研究では，製品カテゴリーごとにユニットプライスの一覧表を売場に提示すると，そうでない場合に比べて，最低価格で販売されていたPBの購入に顧客が誘導されたという結果が示されている。ちなみに小売企業にとってPBは，NBよりも粗利益率が大きく旨味のある商品であるため，この誘導には意味がある。

第五に，店舗全体の価格戦略として，全商品の品揃え価格水準をいかに設定し，地域の消費者にいかなる店舗価格イメージを持ってもらうかという問題もある。消費者は日々の買物の中で，店舗全体から見ればごく限られた数の商品しか購買していない。チラシ広告で低価格が訴求されている商品も，全体から見ればごくわずかである。つまり，このように限られた商品の価格情報の収集，すなわち価格サンプリングによって，消費者の店舗価格イメージは形成される。

したがって，その店のトラフィックビルダー（集客を促す要因）となっている購買頻度の高い商品について，競合店よりも安い価格設定を行ったり，それをチラシ広告で訴求したりすることによって，他の商品の価格が必ずしも安いわけではなかったとしても，その店の価格が全体として安く感じられる可能性は高くなる。つまり，チラシ広告に掲載される目玉商品（ロスリーダー）は，単に顧客を誘導するだけでなく，安い店という店舗価格イメージにも貢献する可能性が高い。

(5) 店頭販促

プロモーションとしての店頭販促の本質は，コミュニケーションであり，POP広告などの各種販売促進ツール（第**5**章表5-1を参照）に加え，次項で述べるような販売員による人的な情報伝達活動も含んでいる。

以上の(1)～(5)は，店内情報として消費者に知覚される。これらは，さらに，コトラー（P. Kotler）がアトモスフェリックス（atmospherics）という概念で説明した，店舗全体の雰囲気を形成する。

● 販売員による説得的コミュニケーション

小売店の売場で提供される情報は，必ずしもPOP広告や表示だけではない。

百貨店や専門店では，販売員による直接的な情報提供も，顧客の購買意欲を高める上で大きな役割を演じている。顧客が販売員により受ける影響は，対人コミュニケーションによる効果と位置付けることができ，それには言語によるものと非言語によるものとがある。前者はいわゆるセールストークによる説得であり，後者は個人空間によるものである。

まず，前者について言えば，以下に述べるようなセールステクニックの有効性が，社会心理学などの研究成果によって裏付けられている。

(1) 迎合作戦

顧客の承諾を得ようとして意図的に相手に好意を示したり，何でも同意したりする方法。ただし，顧客の意見にすべて同意するのではなく，部分的には販売員としてのアイデアを一部織り交ぜたほうが説得力を増すという場合もある。

(2) フット・イン・ザ・ドア・テクニック

初めに小さい要求をのませた上で，本来の要求を提示して説得しようとする方法。例えば，試食や無料体験という小さい提案をし，その後に，販売しようと考えている商品やサービスの購入や契約を促すというものが，この方法に当たる。

(3) ドア・イン・ザ・フェイス・テクニック

初めに明らかに拒否されるような大きな要求を提示した後に，より小さい本来の要求を示し承諾を得ようとする方法。すでに売手と買手の間に何らかの人間関係が存在する場合に，この方法が有効であるとされる。例えば，常連顧客と親しくしている販売員が高額な新製品を提案し断られた後に，何も買わずに帰るのは申し訳ないと思う顧客の心理に付け込んで，何か手頃な別の商品を提案し，購入してもらうというような戦術である。

(4) イーブン・ア・ペニー・テクニック

これは，フット・イン・ザ・ドア・テクニックに類似しているが，例えば，募金などにおいて「たった1ペニーでも，役に立つから」と持ち掛けて，後は相手の判断に任せるという方法。実際には，社会的規範から見て1ペニー以上の募金がなされることを期待し，後の判断は相手に任せるという戦術である。

(5) ローボール・テクニック

ある商品について架空の破格条件を一度提示し，相手をその気にさせておいてから，言葉巧みに本来の条件にすりかえてしまう方法。例えば，中古車店で架空の在庫で相手の興味を引き，タッチの差で売れてしまったと言ってから，別の車を勧めるというような戦術である。もちろん，経営倫理上問題である。

(6) ダブルバインド・テクニック

例えば，店内のフレッシュジュースのデモンストレーション販売で，販売員が「このオレンジジュースはいかがでしょうか」と顧客に勧めるのではなく，「このオレンジジュースとリンゴジュースのどちらがお好みですか」と試飲を勧めることによって，その顧客は，いつの間にか，買うかどうかの選択ではなく，買うということが前提で，どちらの商品にするかという拘束がかけられた状態となる。このような効果を狙ったものが，ダブルバインド・テクニックである。

(7) バンドワゴン効果とスノッブ効果

リクルートスーツを買いにきた学生が，「この店の売れ筋は何か」と尋ねる場合のように，世の中の多くの人々の行動に同調したいという欲求を持つ顧客は多い。このような効果がバンドワゴン効果である。他方で，高級ブランド品のように，他者が持っていないブランド品を身に着けることで他者との差別化を図りたいという欲望は，スノッブ効果と呼ばれる。商品内容と顧客の性格を把握した販売員が，これらの効果を駆使したセールストークを展開することがよくある。

以上のようなコミュニケーション・テクニックは，小売店の販売員がよく使うものであるが，店舗へのロイヤルティや信頼性を考え，その販売が真の顧客満足につながるかどうかという視点を持つことも，販売員には求められる。

一方，非言語によるコミュニケーションとしての個人空間なる概念も，社会心理学分野で研究が行われてきた。個人空間とは，人と人とが互いに接近し合っても不快感や圧迫感を抱かない距離，すなわち許容範囲を意味している。

これを買物行動の場面に適応すると，販売員との距離が買物客に与える影響として捉えることができる。例えば，百貨店や専門店で商品を見ているとき，店員が近づいてくると急に購買意欲が低下してしまうことがよくある。逆に，買う気がある顧客にとって，いつまでも販売員が気付いてくれないと購買意欲が削がれることもある。このように，販売員と顧客の適正な距離は，顧客の購買意欲や情報収集意欲の程度，店の雰囲気，顧客特性などの要因によって決まってくる。

社会心理学の分野では，この個人空間の形（距離）を接近実験と呼ばれる方法で測定する。この実験では，目標の人物に被験者が接近していき，被験者がそれ以上近づくと不快感を抱く位置で立ち止まってもらう。そのときの両者間の距離が個人空間の限界となる。こうしたことを踏まえ，販売員が顧客との距離をどう取るべきかについて，現場レベルでの調査やそれを生かした接客研修は有効であろう。

4 顧客価値を高める売場作り

● 経済的価値の提供

第**7**章で述べたように，顧客は買物を行う中で，金銭・時間・労力や精神的エネルギーといった買物費用を支払う。効率的買物を望む顧客は，買物から得られる価値が一定とすれば，これらの費用を最小化しようと努める。他方で，ディスカウントストアに行ったり，商品価格を家電量販店間で比較したり，スーパーマーケットで特売品を購入したりするのは，いずれも買物費用に対する経済的価値を高めようとする行動である。

また，買物時間と労力を減らすために，最寄りのコンビニエンスストアで買物を済ます人もいる。そこで弁当やインスタント食品を購入することで，日常生活における家事労働を低減させているのである。買物時間の節約という点で言えば，近年のECは，注文から配達までの時間短縮が進むにつれて，その利用者を増やしている。

さらに，総合スーパーやショッピングセンターは，車で来店する顧客をターゲットに，1回あたりの購入量を増やすことで買物時間や労力の節約を図るという，ワンストップショッピング機能を提供している。

買物が，単に「面倒な」日課であり，ニーズを満たす最適な商品を最小のコストで入手するための「仕事」であるという顧客は，買物費用に対する経済的価値が高い店舗を選択するはずである。

● 快楽的価値の提供

世の中には買物をレジャーと考え，特に何も買わなくてもウィンドウショッピングを好む人々も多い。百貨店では，快適な商業空間を提供するために，高級感漂う店内装飾，心地よいBGMと香り，丁寧かつ親切な接客，定期的な催事やイベントが用意されている。また，飲食店はもとより，映画館，公共施設などの付帯施設が充実しているショッピングセンターも多い。これらの商業施設では，時間消費の場として買物を楽しんでもらうためのさまざまな工夫がなされている。

こうした商業施設では，相対的に長い時間の消費と，物品以外にもサービス購入による支出増が見込まれる。加えて，経済的価値を訴求する商業施設に比べ，物品購入時の消費者の価格敏感性は低い。つまり，スーパーマーケットではわずかな価格差にも敏感な消費者が，観光地の土産物店や休日に訪れた大型ショッピングセンターでの飲食店では，それほど細かく価格の吟味をしないのが通例である。言い換えれば，楽しみを得るという時間消費の対価を消費者が支払っているとも考えられる。

ただ，経済的価値の提供を基本としつつも，売場の中に快楽的価値を訴求している小売企業も多い。子ども連れの来店客を歓迎し遊園地の雰囲気を醸し出すアメリカのシチューレオナルド（Stew Leonard's）というスーパーマーケットや，圧縮陳列の売場で冒険心を刺激するディスカウントストアのドン・キホーテなどが，その例である。業態が多様化する原点は，経済的価値と快楽的価値に対する顧客ニーズの充足パターンの変化にあると言えよう。

演習問題

1. ある小売店舗の売場を調べ，その店舗が販売促進のために実施して効果をあげている情報提供の仕組みをいくつか挙げて，それぞれが消費者行動へのどのような効果を期待しているのかを考えてみよう。
2. あるECサイトを１つ取り上げて，そのECサイトには，消費者の非計画購買を促す仕組みとして，どのようなものがあるかを調べてみよう。

Column ⑮ 消費者行動の負の側面

「お客様は神様」という言葉があるが，実際にはそうとばかり言ってはいられない現実もある。Solomon（2013）によれば，消費者の活動が人や社会の双方に害を与えることもあるという。そこでは，消費者テロリズム，消費依存，消費者による犯罪などが，消費者行動の負の側面として指摘されている。

わが国の状況で考えるなら，消費者による店内商品への異物混入や不適切動画のSNS上への投稿は，当該小売店の集客にダメージを与えるという意味で，消費者テロリズムに該当する。その一方で，自己破産に陥るまでクレジットカードなどで物品を購入してしまう買物依存症も存在する。

また，小売店にとって深刻なのが，万引きの問題である。警視庁によれば，2017年の万引き件数は約10万8千件で，これは全刑法犯認知件数の11.8％で増加傾向にある。2016年6月に全国万引犯罪防止機構が発表した『第11回 全国小売業万引被害実態調査分析報告書』によれば，調査に協力した小売企業305社の年間の万引き被害額（確保した人数ベース）は，全体で約2億円，1社平均で65万7599円であった。平均金額の多い業態としては，百貨店の219万1887円，ドラッグストアの167万6781円，時計・めがね店の73万8400円などとなった。上述のように，これらの数字は，あくまでも確保した人数ベースのものであるため，実際の被害金額はこれを大きく上回るはずである。営業利益率が数％の小売企業にとっては，万引き防止対策費用の負担も加わり，このことは経営上の重要な課題となっている。

さらに，悪質クレーマーの問題が，飲食店などのサービス業だけではなく，小売業にも波及している。小売店サイドに非があったのであれば，誠心誠意謝罪しそれを償うのは当然であるが，それに付け込んで常識以上の過剰な損害賠償（例えば迷惑料や度を超えた謝罪・待遇）を要求してくるのが，悪質クレーマーである。一般の顧客がクレーマー化する場合もあるが，中には店側に落ち度がないにもかかわらずクレームを付けてくる犯罪まがいのケースもある。これらは，不退去罪（刑法第130条），脅迫罪（同222条），強要罪（同223条），威力業務妨害罪（同233条），恐喝罪（同249条）などに該当する犯罪行為と見なすこともできるため，日頃から企業として法律相談を受け，事態が発生した場合には適切に対応できるような社員教育が必要である。

第9章

立地選択と出店戦略

1 店舗立地の選択

● 立地の重要性

小売企業にとって，店舗をどの場所に設けるかという店舗立地の問題は重要であり，小売企業がチェーン店舗を展開したり，小売業に新規参入した企業が新規店舗を構えたりするときには，店舗の立地を慎重に検討しなければならない。また，既存の店舗においては，店舗の立地を移動させることは難しいが，現状の立地に合わせた店舗の戦略を策定し実行するためには，その立地の特性を考える必要がある。

小売企業にとって立地がなぜ重要かと言えば，立地が店舗の売上と費用の両方に大きな影響を与えるからである。まず立地がよければ，来店する顧客の数が多くなるために店舗の売上が期待できる。さらに，顧客の往来や分布だけでなく，同種・異種の商品を扱う他店舗が周囲にどの程度あるかということも，店舗の売上に影響するだろう。他方で，人が多く集まる場所であれば，その場所の賃借料も高くなるため，店舗の費用が問題となる。したがって，小売企業が店舗の立地を適切に選ぶことができれば，売上を高め，費用を抑えることで，利益をより多く見込めることになる。

さて，小売企業が出店場所を選ぶというのは，出店する広域の地域を選ぶということと，その地域におけるある地点を選ぶということの，2つが含まれる。

通常，よい立地かどうかというのは，後者の視点で議論される。ただし，小売企業が成長戦略を取るときなどには，前者の視点も重要になる。

● 多様な立地タイプ

店舗立地の特徴は個々に違っており，多様な点で評価されるが，その特徴を集約して，都市中心地とか，郊外というように，いくつかのタイプに分けて説明されることがある。

その1つである都市の中心地について言えば，都市にも大都市，地方都市，大都市の衛星都市などのいくつかの種類があり，中心地も一般に，都心，繁華街，旧市街地，ターミナル駅前，商店街などと呼ばれる多様なタイプが存在する。あるいは郊外にも，郊外の住宅地や幹線道路沿いのロードサイドなどがあり，また都市中心地や郊外のほかに，地方として位置付けられる立地もある。

これらの多様なタイプは，どのような年齢層の消費者がどれぐらいいるのか，そこにどのような店舗がどれぐらい集積しているのか，どのような交通手段が利用されるのか，その場所に出店余地はあるのか，出店に要する費用はどれぐらいか，などの違いをもたらす。これらの違いは，小売企業が立地を選ぶ重要なポイントとなる。

また，同じ立地タイプにまとめられるとしても，その地域の顧客の年齢層や交通機関の状態によって，その特徴や成長性は異なる。例えば，人口の高齢化による影響が顕著に表れるタイプもあれば，その影響がまだ少ないタイプもある。さらに，ある立地のタイプに属していれば，立地の適切さが同じように評価されるわけでもない。例えば，道路に面しているかどうか，建物の1階か2階が，ショッピングセンターの中で見通しのよい場所かどうかなど，さまざまな条件によって，立地の良し悪しは変わってくる。

● 商品類型と立地選択

小売企業が出店先としてある地点を選ぶということに関しては，商品の特徴から望ましい立地のパターンを考えることがよく行われる。つまり，販売する商品の種類から適切な立地を想定するのである。

例えば，第**7**章で述べた代表的な商品類型としての最寄品・買回品・専門品に対応させる形で，店舗の立地を考えることができる。まず最寄品とは，消費者ができるだけ少ない努力で入手しようとする商品のことであり，それに対して買回品と専門品は，消費者が入手における努力を惜しまない商品のことである。そして，商品間での比較に関する努力をするのが買回品であり，需要の少ない特殊な商品や特定のブランドを選好するために，遠方まで出かける努力を惜しまない商品が専門品となる。

最寄品を取り扱う店舗は，消費者が購買にかける努力を抑えようとするため，基本的に，消費者の居住する地域の近隣における立地が望まれる。また最寄品の場合には，多数の種類の商品を１つの店でまとめて購買することが多いが，それも購買にかける努力の節約につながっている。すなわち，たくさんの店舗を回って食料品などの多様な商品を買い揃えるよりも，１カ所でまとめて買えるほうが少ない労力で入手できる。そこで，店舗までの移動する距離が近いことに加えて，多様な種類の商品をまとめて購入できることも重要になる。したがって，最寄品の場合には，消費者にとって近隣の店舗，あるいは比較的近隣の郊外に立地する大規模な店舗が選好されやすい。

他方で，買回品の場合には，消費者が購買の努力をあまり惜しまず，特に商品の比較を重視する傾向にあるため，同じ種類の商品を扱う店舗が数多く集まるような都市の中心地や，郊外の大規模なショッピングセンター内に立地することになりやすい。たとえ消費者の居住地から離れていても，消費者は好みの商品を探索するために店舗まで移動する努力を払うことになる。

また，専門品の場合には，買回品と同様に，消費者が遠くの店舗まで出かけることを厭わないが，その目的は購買する商品の比較のためではなく，需要が限られる特殊な商品や決まったブランドを入手するためである。そのような商品を扱う店舗は数が限られるために，最寄品のように多くの消費者の近隣に立地することはあまりなく，都市の中心や郊外のショッピングセンター内のように，多くの消費者が集まる立地が選択される。ただし，買回品と比較すれば，同じ種類の商品を扱う店舗が集積するような立地である必要性は少ないと言える。

2 立地の吸引力

● 小売吸引力

小売企業が立地を選ぶとき，その地点にある店舗に顧客がどの程度来てくれるかをまず考えるだろう。ある店舗に来る可能性が高い顧客の居住する空間的な範囲のことを商圏と言うが，この商圏がどれほどの広さで，そこに何人の顧客がいて，総額でどのぐらい支出するのかを推測することが重要になる。

その基礎となった古典的な考え方が，ライリーの法則と呼ばれる都市の顧客吸引力に関する仮説である。これは，ある2つの都市の間で顧客を取り合っている状況を考えると，各都市の顧客吸引力は，それぞれの人口に比例し，それぞれの都市までの距離の2乗に反比例するというものである。すなわち，2つの都市a, bがそれぞれ吸引する小売販売額をB_a, B_b, それぞれの人口をP_a, P_b, それぞれの都市までの距離をD_a, D_b, とすると，次のような関係があるというのである。

$$\frac{B_a}{B_b}=\left(\frac{P_a}{P_b}\right)\left(\frac{D_b}{D_a}\right)^2$$

この式では，都市の人口集積に顧客吸引力があると考えるが，これは，ある都市に人口が集中しているとすれば，そこには小売店舗や教育・金融・娯楽などの多様なサービスの施設が集まっている可能性が高いということを想定している。そして，小売商業の顧客吸引力（小売吸引力）について言えば，人口集積は商業集積の代理変数と考えることができる。

また，この式で重要なのは，空間的な距離が顧客吸引力に対して負の影響を与えるということである。すなわち，顧客は，店舗までの移動距離が短いほど，その店舗に出かける可能性が高くなるということになる。

そして，ライリーの法則を発展させたのが，ハフモデルである。これは，店舗jの売場面積をS_j, 地区iから店舗jまでの距離（時間的距離）をT_{ij}とすると，地区iに住む消費者が店舗jを選択する確率P_{ij}は，次のように表されるというものである。ここでλは調査によって推定されるパラメーター，nは店舗数である。

$$P_{ij}=\frac{\dfrac{S_j}{T_{ij}^{\lambda}}}{\displaystyle\sum_{j=1}^{n}\frac{S_j}{T_{ij}^{\lambda}}}$$

すなわち，ハフモデルでは，店舗の売場面積が大きいほど，また，顧客の移動距離が短いほど，小売吸引力が大きくなることが想定されている。

● **買物費用と移動距離**

ライリーの法則やハフモデルは，顧客の店舗までの移動距離が小売吸引力に負の影響があるという考え方で共通している。このように距離が来店に対する抵抗要因となることは，第**7**章で説明した買物費用という概念を使えば，次のように理解される。

消費者がある商品を購入するとき，商品の価格で示される経済的な負担のほかに，店舗で購入して持ち帰ったり，配送してもらったりすることについての買物費用を負担する。この場合の費用とは，すでに述べたように，交通費や配送料のような経済的な負担だけではなく，消費者の時間や身体的・心理的な疲労を含んだ費用である。

そして，消費者は，買物における商品代金と買物費用を合計した総費用を推測して，それが最も低くなるように，どこで何を買うかを決めると考えることができる。したがって，いくら商品の価格が安い店があっても，買物費用があまりに高くなるようであれば，その店舗を利用しないことになる。

店舗まで移動する費用というのは，この買物費用の中でも大きな比重を占める。それゆえ，ライリーの法則やハフモデルで距離が主たる抵抗要因となっていたのである。つまり，店舗までの距離が長くなるほど，交通費や時間，身体的・心理的な負担が大きくなることで買物費用が高くなるため，その店舗を選択しなくなるのである。

ただし，このように理解すると，実際には，いくつかの付加的な要因が加わることを推測できる。例えば，同じ空間的な距離であっても，消費者が利用する交通手段の種類や利用可能性によって，その身体的・心理的な抵抗感は変わることが予想される。これは，自動車を利用しない高齢者が多く住む地域では，その居住地に近接する立地の店舗が望まれる一方で，自動車を利用するファミリー層は，ロードサイドの立地の店舗を選好するというような，消費者層による立地選好の違いをもたらす。

また，自動車を利用する場合でも，距離に関わる空間的な移動費用だけでなく，道路が渋滞する，駐車場待ちが発生する，駐車場に入りにくい，幹線道路に面していないといった要因も，心理的な抵抗感などを大きくするため，店舗選択にネガティブな影響を与えるだろう。

さらに言えば，消費者の居住地からの距離が基本になるとしても，消費者は勤め先への往復の途上で商品を購入したり，観光などの別の目的があって出かけている際に商品を購入したりすることもあるため，そのような場合には，商品のニーズを感じた場所からの距離が重要となる。この場合も，その地点から移動する距離が短いほど，店舗に多くの消費者を吸引できると考えられる。

● 大規模な店舗や商業集積の吸引力

ハフモデルでは，店舗面積が顧客の吸引力をもたらすとしていたが，これはどのように考えればよいのだろうか。これは上述の買物費用の概念を使えば，その中の移動費用と同じように考えることができる。

まず，上述のように，買物費用の中では店舗までの移動費用が大きな比重を占めると言えるが，もう1つの重要な要素として，消費者が店舗間を移動したり，各店舗内で商品の探索や購買をしたりする費用がある。そして，その買物費用の負担を軽減するために，消費者は大規模な店舗や商業集積を利用することにメリットを感じるのである。ただし，このことは，次のように最寄品と買回品・専門品とで異なる。

最寄品は，前に述べたように，消費者が購買にかける努力を特に節約しようとする商品であるために，近隣に立地する店舗を選択しやすい。ただし，最寄品は，購買頻度の高い商品でもあるため，一度の買物において多数の種類の商品を購買することになり，そのような多数の種類の商品を購買する努力も節約することを考える。そこで，点在するたくさんの店舗を回って多様な商品を買い揃えるよりも，同じ場所でまとめて買えるような大規模な店舗が近所にあれば，そういう店舗を選択する。あるいは，商店街のように小規模な店舗が集積している場所が近隣にあれば，それを利用することで，店舗間をめぐる買物費用を節約できることになる。したがって，最寄品の場合には，多数の種類の商品を買い揃えるために，大規模な店舗や最寄品を扱う商業集積を利用することが動機付けられ，こうした店舗の吸引力がもたらされるのである。

他方で，買回品は，消費者が商品の比較を重視する商品であるために，消費者は，同じ商品カテゴリーのさまざまなブランドを扱うテナントが集まっている大規模な百貨店やショッピングセンターを利用したり，さまざまなブランドの店舗が数多く集まるような都市の中心地にある商業集積に出かけたりする。さまざまな場所に点在する店舗を商品の探索や比較のために訪ね回るよりも，そのような大規模な店舗や商業集積の中で商品の探索や比較を行うほうが，店舗間を移動する費用を大きく節約することになるからである。したがって，買回品の場合には，多数のブランドを比較するために，大規模な店舗や買回品を扱う商業集積が選好され，これらの吸引力が形成されるのである。

また，専門品の中でも社会的に商品の需要が少ない専門品については，買回品と同様に商品間・ブランド間の比較が重要になるために，大規模な店舗や商業集積の吸引力への期待が生まれやすい。他方で，ブランド選好が確立されている専門品では，買回品のようにブランド間の比較を行うことは少ないとしても，ブランド内での商品間の比較を行うために大規模な店舗が好まれる。

3 立地選択と小売企業の利潤

● 最適な立地選択

小売企業は利潤の最大化を目指して，小売店舗の最適な立地を選択しなければならない。小売店舗においてターゲットとなる顧客層とその顧客層に合致した品揃えが戦略として先に決まっているとすれば，この最適な立地とは，顧客層と品揃えに最も適合した立地ということになる。

そして，利潤の最大化は，ある立地に店舗を設けたときに，そこで期待される売上と費用の差が最も大きくなることによって達成されることになる。それゆえ，最適な立地が選ばれている場合には，その立地における売上と費用の差が最大になるはずである。

例えば，ある都市の中心から離れるほど，図 9-1 のように店舗の売場面積あたりの売上と費用が低下すると仮定しよう。なお，売上を示す曲線 A の形状

図 9-1　利潤最大化の立地選択

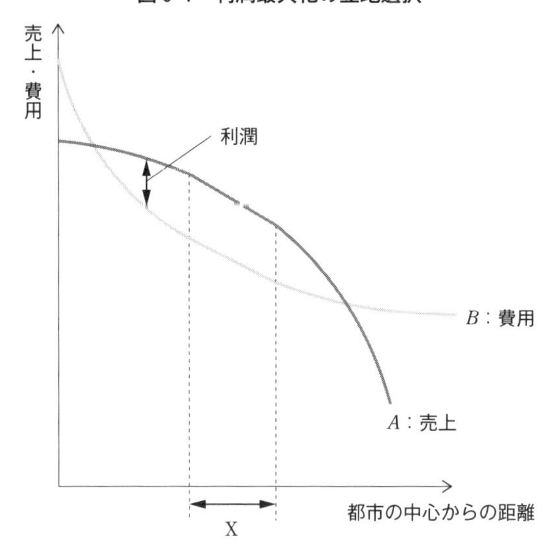

は，店舗規模・顧客層・取り扱っている商品によって異なり，費用を示す曲線 B の形状は，都市の中心からの等距離における地価の平均的な水準の変化を表しており，いずれも説明のために単純化したものである。分かりやすく言えば，ある小売企業が同一のタイプの店舗をどこに立地させるかを決める上で，都市の中心からの距離に対応して，予想される売上と費用がどのように低下するかを示している。

この図 9-1 において，曲線 A と曲線 B の差が最大となるのが X の範囲であるとすれば，小売企業は，都市の中心から，この X の範囲内に当たる同心円状の地域に出店するのが望ましいということになる（図 9-2 の灰色部分）。ただし実際には，道路の状況など周囲の多様な要因によって店舗の売上と費用は変化するため，単純な同心円にはならず，より複雑な形状を示すはずである。

なお，図 9-1 で，都市の中心に近いあたりは曲線 B が曲線 A を上回っているため，ここに出店すれば赤字になる。しかし，それでも小売企業は出店することがある。それは，都市の中心に出店することで，小売企業のイメージや認知度を高めたり，若い顧客層の情報を収集したりすることを狙う場合であり，そのときにはその店舗単独で収益を考えるのではなく，小売企業のチェーン店舗全体での収益を考えることになる。

図 9-2　出店最適領域の概念図

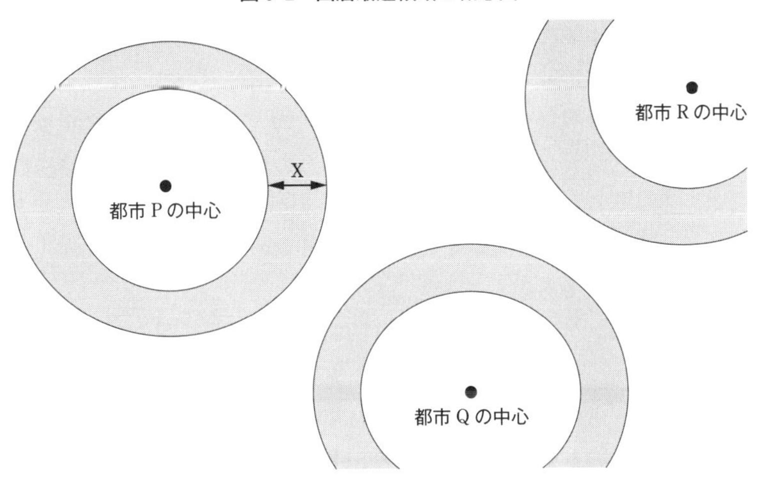

また，図 9-1 にあるように利潤を最大化する地域が机上で導き出されたとしても，実際はそのような理想的な領域に，希望する売場面積を有する場所が確保できるとは限らない。ある空間にすでに店舗があれば，他の企業はその土地を利用できないという意味で，空間の利用は排他的な性格を持つ。しかも，そうした空きスペースが常に豊富に市場に出ているわけでもなく，また，小売企業側の需要に応じて面積を自由に変えることもできないため，小売企業としては，空間の利用可能性が制約された状態において，出店する場所の探索をしたり，出店費用の適否を検討したりするという難しさがある。

さらに，大規模な店舗や商業集積は，それら自体に顧客吸引力があり，その吸引力が地価を高める場合もあるため，それらの出店によって，図 9-1 の曲線 A と曲線 B の形状を変える可能性がある。場合によっては，大規模な店舗や商業集積が新たに建てられることで，都市の中心が移動することもある。

他方で，店舗の出店は，店舗への固定的な資本への投資を含むために，立地の状況が変わっても，柔軟に場所を変更することは難しい。そこで，小売企業は，利用可能な立地についての売上と費用の変化を予測して判断することが必要になる。それは，他の小売企業の出店可能性を含めて，立地としての魅力度や費用を長期的に予測しなければならないということを意味する。

● 地価・地代・賃借料の問題

図9-1において，どこに立地するかによって変動する費用としては，店舗の地価や地代・賃借料が最も主要なものである。出店において，土地を購入する場合にはその土地の取得費がかかり，土地や建物内の店舗スペースを賃借するときには地代や賃借料が必要となるが，これらの費用は，都市の中心に近づくほど高くなる。それは，都市の中心に近づくほど，その場所へのさまざまな業種のオフィスや店舗のニーズが全般的に高まるために，高い地価・地代・賃借料が設定されるからである。

また，ショッピングセンターなどの計画的な商業集積施設の開発・管理企業（デベロッパー）は，単に店舗スペースを小売企業に借すだけでなく，そのショッピングセンター全体の広告・販促活動を積極的に行うことで，ショッピングセンターの顧客吸引力を高めようとする。そうすることで，ショッピングセンター内の店舗スペースの賃借料を高く設定できるからであるが，その効果に応じた費用を回収するために，ショッピングセンターの賃借料を，店舗の面積あたりで決まる賃借料のみにせず，店舗の売上に連動した歩合制の賃借料を加える形で設定することもある。この制度のもとでは，デベロッパーが広告・販促活動に投資するように動機付けられる。

さらに，そうしたショッピングセンターの内部において，大規模な店舗を出店する専門店チェーンや有名なブランドの店舗に対し，賃借料を他の店舗よりも低く設定することがある。それは，これらの店舗自体に顧客の吸引力があるため，ショッピングセンターに出店させることで，その集客力を高め，ショッピングセンター内の他の店舗の売上を引き上げる効果が期待されるからである。

● 立地による売上への影響

小売企業にとって，店舗の立地は，品揃え，顧客サービスなどと並んで，重要な差別化手段となる。消費者は商品価格の安さだけではなく，店舗に関わる多様な要因も考慮して利用する店舗を決めているが，店舗の立地の利便性は重要な一要因となる。

立地の利便性は，より多くの顧客を買物費用の低さで引き付けることに加えて，消費者が少々の価格差よりも立地の利便性を重視することになれば，立地の有利さによって厳しい価格競争を回避することができる。したがって，小売企業は適切な立地を選ぶことによって，売上や利益率を高めることができる。

しかも，店舗というのは他店舗と同じ場所には出店できないため，ある地域で最もよい場所を先に占有しさえすれば，競合する店舗は同一の場所に出店できない。これは立地における競争優位を形成できれば，その優位性が持続することを意味する。

その上で，都市の中心に近い場所ほど，消費者全体にとっての立地の平均的な利便性は高くなるため，図9-1のように店舗の売上も高くなると予想される。都市の中心に近い場所は，昼間のある一時点で捉えたときに，そこにいる人が多いという特徴がある。それは，都市の中心に，人が集まる公共施設やオフィス，さらには交通機関のターミナルなどがあり，これらの利用者が集まれば，小売店舗を含めてさまざまな業種の施設も集まり，それらがさらに都市の中心にやってくる人の数を増やすことになる。

このように多くの人が集まれば，最寄品を販売する店舗では，前述のように，手間をかけずに商品を入手したいというニーズがあるために，その人数の増加に応じて販売可能性は高くなるだろう。また，買回品・専門品では，希望する商品を探索する上で多くの店舗が集まっていることから，ますます多くの人を吸引するとともに，彼らの探索の結果，商品が選択され購買されることも増えることになる。

なお，都市の中心に近づくほど，同種の商品を扱う店舗も増えることから，店舗間の競争は激しくなることが予想される。したがって，図9-1で期待される売上というのは，この店舗間の競争が行われていることが前提となる売上である。つまり，近隣の同種の商品を扱う店舗と競争的に市場を分け合った売上となっている。ただし，そのように競合店によって市場を削り取られたとしても，都市の中心に近づくほど売上が大きくなるというのは，決して不自然なことではない。もし競争によって中心から離れた場所よりも売上が少なくなるのであれば，そのような場所に小売企業は出店しなくなり，過当競争は回避されるからである。

4 小売店舗開発と出店戦略

● 店舗開発プロセス

小売企業が店舗の立地を選び，そこで新規店舗を作ることを，店舗開発と呼ぶが，この店舗開発は，不動産に関する専門知識が要求され，店舗での販売活動とは大きく異なる職能である。それゆえ，多くの店舗を開発する小売企業では，店舗開発のための専門の部門や子会社を設けて，そのノウハウやスキルを蓄積することが多い。

店舗開発のプロセスは次のように展開される。まず，小売企業が新規出店を計画するとき，用地探索が行われる。その際に，出店しようとする地域において適切な立地で希望する面積の場所を確保することが課題となるため，不動産に関する情報収集を行うことが重要になる。

出店の候補となる用地が見つかれば，その評価を行うことになるが，店舗開発は小売企業にとって重要な投資の意思決定であるため，出店の適否を慎重に判断することが求められる。具体的には，どのような交通手段が利用可能で，商圏はどのように広がっているのか，その商圏内にどのような顧客層がどのくらいいるのかといった商圏調査をはじめ，競合する店舗の立地状況や，その地域における公的な規制など，さまざまな視点からの検討が必要になる。

このような評価の結果，出店の意思決定がなされると，店舗の設計や出店に関わる行政手続きなどが行われる。ショッピングセンターのような計画的な商業集積では，そのショッピングセンターに入る小売店舗（テナント店舗）の選定，ゾーニング（区画配分），契約条件の交渉を行う。このときに，キーテナントと呼ばれる主要な大規模店舗の誘致が行われることも多い。

なお，通常は，小売企業がすでに確定された店舗コンセプトを持ち，用地がその店舗コンセプトに適合するかどうかを評価するが，先に出店の機会を与えられる場合には，その立地で想定される顧客層や利用可能な面積の広さなどから，店舗コンセプトや品揃えを修正して出店するケースもある。例えば，従来よりも大規模な面積のテナントを出店する機会がショッピングセンターのデベロッパーからもたらされたとき，取り扱う品揃えを広げた新しい店舗フォーマットでの出店を考えるというようなことが起こりうる。これは立地の利用可能性が制約されていることを前提とした出店行動であるが，それが新たな小売業態への試みになる場合もある。

● 多店舗化におけるドミナント戦略

小売企業が多数のチェーン店舗を展開するとき，個々の店舗の立地問題に加えて，多数の店舗をどのように配置するかという課題が発生する。その1つの選択肢として，ドミナント戦略がある。これはある地域において小売企業が同じチェーン店舗を多数出店させる戦略である。

ドミナント戦略によって，地域における同一チェーン店舗の密度が高くなれば，同質的なチェーン店舗間の競争が発生し，重なった商圏の顧客を奪い合うカニバリゼーションが発生する。その一方で，同一チェーン店舗では同じような品揃えとなるため，近隣の同一チェーン店舗との商業集積の効果が期待しにくい。すなわち，一般の商業集積では，多数の種類の商品を一度の買物でまとめて購入できることやさまざまなブランドを比較できることが期待されるが，同一チェーンの似た品揃えでは，複数の店舗を回るメリットが生まれないと予想される。

にもかかわらず，多くの小売企業がドミナント戦略を採用するのは，次のようなメリットが期待されるからである。まず，多数のチェーン店舗に商品を配送するための物流費用の節約がある。すなわち，地域でのチェーン店舗の密度を高め，小売企業の物流センターから各店舗を巡回して商品を配送することで，それにかかる物流費用を引き下げることができる。特に，商品の多頻度少量の配送体制を取っている場合には，この物流費用の節約が重視される。

また，コンビニエンスストアのように弁当や惣菜などを多く扱う場合には，それらの商品の生産拠点から迅速かつ効率的に配送することも重要になる。その場合には，ある地域に生産拠点を構築すれば，その生産拠点の近隣の地域に出店することを考え，生産拠点から遠く離れた地域への出店は避けるようになる。というのは，遠く離れた店舗が配送ルートに含まれていると，迅速かつ効率的な配送が難しくなり，遠く離れた少数の店舗のために生産拠点を設けると，物流効率だけでなく生産効率も悪くなってしまうからである。

ドミナント戦略を取る2つ目の理由としては，チェーン店舗経営の効率化がある。例えば，多数のチェーン店舗を展開している小売企業では，各店舗の経

Column ⑯　立地と人材問題

人口の減少と偏在，それに中高生の就職率の低下による若年労働者の減少などによって，多くの産業で人手不足が発生している。また，そのしわ寄せが一部の労働者にかかることによって，長時間労働，サービス残業，それに過酷な業務を強いる「ブラック企業」の問題も顕在化してきた。人手不足は小売業にとっても例外ではなく，大手コンビニエンスストア・チェーンでさえ，アルバイトを募集しても人が集まらず閉店したり，オーナーの過重労働問題から24時間営業の是非が問われたりする事態も発生している。また，いたるところでアルバイト人員の獲得競争が起きている。

コンビニエンスストアは，ドミナント戦略という特定地域への集中出店戦略によって，市場を面で捉え，物流の効率化というメリットを享受してきた。しかし，このことは，地域の働き手が減少する状況下で，人手不足の深刻さを顕在化させることとなった。オーナーはアルバイト人員の獲得とつなぎ止めに苦労する一方で，チェーン本部も24時間営業の見直し，セルフレジや顔認証レジの導入による省力化などの対策を急いでいる。

また，すでに進んでいる対策として，外国人労働者を雇用する企業も多い。『毎日新聞』（2018年9月15日付）によれば，大手コンビニエンスストア4社で働く外国人アルバイトは，約5万5000人であり，全体の6.8％を占めている。ただし，外国人が国内で働ける在留資格に制限があることもあり，コンビニエンスストア各社が加盟する一般社団法人日本フランチャイズチェーン協会は，留学生の労働時間を拡大することや，外国人労働者の新しい在留資格「特定技能」の対象にコンビニエンスストアを追加することなどの要望を，政府に対して行っている。

営やマーチャンダイジングの指導のために店舗を巡回する指導員としてのスーパーバイザーを配置していることがあるが，ドミナント戦略のもとでは，スーパーバイザーによる巡回指導を効率的に行うことができる。すなわち，地域におけるチェーン店舗の密度を高めることで，店舗の指導において，各地域の需要情報を収集して指導に反映させたり，訪問頻度を高めて指導の実効性を高めたりすることができるのである。

また，効率的な店舗管理のために，1人の店長に複数の店舗を管理させる場合があるが，その際にも，複数の店舗が近隣にあるほうが望ましい。顧客需要や販売員の雇用環境に関して，その地域の状況を把握していることが有利に作用すると考えられるからである。さらには，人材や商品を店舗間で融通し合うことも，店舗が近隣にあるほど容易になるだろう。

そして，ドミナント戦略を取る3つ目の理由として，小売企業のブランド戦略が考えられる。これはある地域に集中して出店することにより，その地域の顧客が店舗を目にする機会を増やし，顧客の持つ当該小売企業のブランドイメージにポジティブな影響を与えることを目指すものである。店舗の建物や看板が小売企業の広告の役割を果たすことで，これらを見る機会が増えるほど，その企業ブランドの認知度が高くなり，利用する上での信頼感や安心感が形成されることが期待されているのである。

● 小売企業の広域化戦略

小売企業にとっての出店問題には，ある地域の内部において，どこにどれほどの密度で出店するかという問題だけでなく，その出店地域をどこまで広げるかという問題もある。それは小売企業が成長戦略を取り，出店する地理的範囲を広げる広域化を目指す場合や，地域性を重視する戦略のもとで，出店する地域を絞り込む場合に議論される。

また，前述のドミナント戦略を取っている場合には，集中して出店する地域ができる反面，出店の空白地域が生まれることになりやすい。その場合でも，小売企業が広域化を目指すときには，物流センターや生産拠点を構築すると同時に，多数のチェーン店舗を展開することで，空白地域を埋めていくようになる。

さらに，小売企業では，M&A（合併・買収）や業務提携によるグループ化を通じて，広域化を達成する場合もある。例えば，ある地域での店舗が少ないとき，その地域ですでに多くの店舗を構える小売企業に対してM&Aやグループ化を行い，その地域のシェアを確保するのである。

● 広域化を志向する小売企業

小売業では，店舗の商圏内にいる顧客の需要に適応することが重要になり，その顧客の需要は地域性を帯びたものになる傾向が強い。そして，需要の地域性は，小売店舗での取扱商品の違いに，特に反映されることになる。とりわけ食料品は，嗜好や食生活の習慣における地域差の影響が大きいため，品揃えを地域の需要に合わせ，地域性のある商品の取扱いが求められる。

小売業における地域性が重視されるこのような状況では，小売企業の広域化は抑制される。というのは，地域ごとに商品や販促方法が異なる場合には，規模の経済性が生まれにくく，むしろ地域的な需要への適応が不十分となり，顧客の満足度が下がる危険性が高くなるからである。

ところが，近年では，小売企業において積極的な出店のほか，M&A，グループ化などによる広域化を目指す傾向が顕著になってきている。その理由の1つには，物流効率化と店頭の在庫管理のための物流システムや情報システムへの投資が行われていることから，規模の経済性が一層重要になり，広域化によって，企業レベルでの販売規模の拡大が戦略的に求められるようになったということが考えられる。もう1つには，PB戦略が重視されるようになったことから，広域化でPBの販売量を増やして，低コスト化や海外生産化によってPBの価格競争力を高めることが必要になってきたことがある。また広域化を行うことで，PBのブランドイメージを高めたり，PBの全国的な広告が可能になったりするという効果も期待される。

演習問題

1 最近，出店したコンビニエンスストアを1店舗取り上げて，その店舗の立地条件を評価してみよう。

2 地方から全国へというように広域に店舗展開するようになった小売企業を1社取り上げて，その企業がどのように広域化を展開しているのか，また，なぜ広域化戦略を取るのかを考えてみよう。

第10章

小売企業戦略

1 小売企業における戦略

● 戦略の重要性

これまでに説明してきた諸活動を通じて小売企業が競争優位を確立するためには，それぞれの活動が統合されて，企業の成果を高めるように，各活動の方針や目標を適切に定め，全体的で長期的な計画を立てて，その計画を実行していくことが重要になる。そのような計画のことを一般に戦略と言う。

ただし，ミンツバーグ（H. Mintzberg）らが指摘するように，戦略という用語を使うとき，一般的に計画（プラン）とパターンという2つの意味を使い分けている。例えば，ある小売企業が今後の環境変化を想定して戦略を見直すとき，それは計画としての戦略を立案していることになる。他方で，ある小売企業の成長をもたらした戦略を議論するときには，その企業が過去に立てた計画についてではなく，その企業が取ってきた行動のパターンを検討することになる。

こうして無意識のうちに戦略という用語を2つの意味で使っているが，なぜそうなるのかには理由がある。企業は，事業を始める際に戦略をよく練って作成するはずであるが，こうして作られた戦略は，「意図された戦略」と呼ばれ，この「意図された戦略」は，計画としての戦略の中心的な構成要素となる（図10-1）。しかし，この「意図された戦略」には，さまざまな事情から実行に移

図 10-1　意図された戦略と実現された戦略

意図された戦略　→　実現された戦略

実現されない戦略　　創発的戦略

（出所）　Mintzberg, Ahlstrand, and Lampel（1998）より。

されなかった「実現されない戦略」がある。他方で，当初の計画にはなかった戦略を追加的に実行することになったり，当初の計画を大幅に修正したりすることもよくあるが，こうした時間の経過に伴って出現する戦略を「創発的戦略」と呼ぶなら，「実現された戦略」というのは，この「創発的戦略」によって変容を遂げたものになる。そして，こうして「実現された戦略」を捉えるときには，パターンとしての戦略を見ていることになる。

さて本章では，戦略的計画をいかに立てるべきかという課題を考えるため，計画としての戦略を主に説明することになる。それは，「意図された戦略」の立て方が中心になるが，「創発的戦略」のことを考えなくてよいという意味ではない。むしろ，「創発的戦略」をいかに適切に生起させ，それを当初の「意図された戦略」に組み入れるかを考えたり，そのようなことを事前に想定しながら計画を考えたりすることも，戦略的計画として重要になる。特に小売業では，顧客の選好の変化や競合との競争によって，市場環境が時間の経過とともに変化することに加えて，本部から離れた店舗において市場環境に関する情報を収集して，その変化に対応することが求められるため，創発的戦略を取り入れることが重要になるのである。

ただし，このことは戦略について，興味ある論点を提起することになる。上記のように，優れた戦略は，環境変化に合わせて戦略を柔軟に修正することによってもたらされるが，他方で，初期に立てた「意図された戦略」が優れたものであれば，将来の環境変化を予測して，周到に練られたものとなり，このような戦略の修正は最小限にとどめることができるという理屈も成り立つ。また，組織への浸透や下位の戦略への展開を考えるなら，戦略の一貫性を守ることは重要になる。

したがって，よい戦略を策定するには，戦略の一貫性と柔軟性のバランスを考えて，事前における情報の収集と分析を慎重に行いながら，事後的な修正を適切に取り入れることが必要になる。

● ミッションと戦略

企業は何らかのミッションを持っていて，そのミッションに基づいて戦略を策定することがよくある。このミッションとは，企業の核となる価値観・信条や目標のことであり，ミッションステートメントの形で決まった文章になっている場合もある。戦略というのは，こうしたミッションを達成する手段や計画ということになるため，ミッションが定められた企業では，ミッションが戦略の上位に位置付けられる。そしてミッションは，戦略そのものを判断する基準となったり，戦略で記述されていない対応を取るかどうか，創発的戦略を実行に移すかどうかの判断基準となったりする。したがって，ミッションは戦略よりも長期的に維持され，そこから外れた目標は排除されるため，創発的戦略によってミッションが修正されることも少ない。

また，ミッションは組織に浸透することが重要である。特に小売業では，さまざまな顧客との間での多様な状況における問題解決が求められるが，そのすべてを予測して，担当者が対応すべき行動を戦略的計画から導いたり，逐一，本部に問い合わせたりすることは困難であるため，想定外の問題に対しては，企業のミッションを基準として，現場の管理者や担当者が臨機応変に意思決定することが必要になるからである。

● 競争優位の追求

さまざまな企業の戦略において，最も基本的に共通することは，戦略の成果（パフォーマンス）を，達成した利潤で測るということである。つまり，企業によってミッションが多様であるとしても，企業が利潤を獲得し，存続や成長を遂げて，持続的にミッションを果たすことが前提になっていると理解される。それと同時に，戦略において追求されるべき競争優位の確立というのは，この利潤の確保と結び付けられることになる。

例えば，ある企業が顧客の満足を最大限に得ることをミッションとしている場合でも，その企業は他の企業と競争をする中でそうした目標の達成を目指すことになるため，競争優位を確立して利潤を上げなければ企業として存続できず，そのミッションを果たすことができなくなる。ただし，利潤を上げる方法は多様にあるとしても，その中でミッションに適合しない行動は排除するということになる。

そして，企業の利潤には短期的な利潤と長期的な利潤がある。戦略を考える上では，短期的な利潤が長期的な利潤よりも重要性が低いということではなく，戦略を捉える視点が異なるだけで，いずれの指標も重要になる。

まず，ある市場環境において，顧客，競争相手，仕入先の状況などを十分に分析し，顧客に受容され，競争相手に勝てる行動計画を立てて，それが有効であれば，短期的な利潤が競合よりも高くなると期待される。したがって，短期的な利潤を増やすような戦略的計画を立てることが重要になる。

しかし，こうした行動計画が有効であれば，競争相手など他の企業が模倣するはずである。もし模倣されて，競争相手も同様のことをすれば，顧客は競争相手を選ぶ可能性が生まれ，企業間の競争の結果，売上や利益率は低下することになる。そこで，戦略的に長期的な利潤を目指すためには，この競争相手による模倣を防ぐことが，まず重要になる。したがって，戦略を考えるとき，持続的な競争優位に関して，模倣困難な企業の能力に注目するのである。

● 高い利益率の確保

小売企業が利益率を上げるには，さまざまなアプローチがある。このことは，第**6**章で述べた総資産利益率（ROA）を，次のように分解して考えることができる。

$$\text{（総資産利益率）} = \text{（売上高利益率）} \times \text{（総資産回転率）}$$

$$\frac{\text{当期純利益}}{\text{総資産}} = \frac{\text{当期純利益}}{\text{売上高}} \times \frac{\text{売上高}}{\text{総資産}}$$

ここで，純利益は，粗利益（売上と売上原価の差額）から経費を引いたものであり，総資産は，商品在庫資産と商品在庫以外の資産からなると考えることができる。

すると，総資産利益率を引き上げるためには，まず，売上高利益率を高めるように純利益を大きくすることが考えられる。具体的には，粗利益を増やすための販売価格の引上げや値引販売を減らすこと，経費を減らすために，情報化で人件費を削減したり，販促費用を引き下げたり，廃棄商品による損失を減らしたりすることなどがある。

次に，総資産回転率を引き上げるには，売上の増加と資産の節約が考えられるが，売上の増加については，来店客数を増やすために新規顧客を増やすことや顧客の来店頻度を増加させること，客単価を上げるために顧客の購入品目数を増やすことや高単価の商品を販売することなどが考えられる。また資産を節約するには，商品在庫の節約のために，品揃えを売れ筋に絞り込むことや，品目あたりの在庫量を減らすことが，非商品資産の節約のためには，店舗のスペースの有効利用や物流センターの集約化によって施設の効率化を図ることが，それぞれ考えられる。

ただし，これらの取組みの中には互いに対立するものがあるため，これらを一斉に行うことはできない。例えば，客単価を上げるために高価格の商品を増やすことは，経費を減らすために人件費を削減することとは両立しない。高価格の商品を顧客に提案するためには，顧客への情報提供や顧客サービスを行うことが必要になるが，こうしたことは人件費をむしろ増加させるからである。

そこで戦略が必要になる。すなわち戦略とは，これらの取組みの上位にあって，どのような取組みをいかに組み合わせて利益率を高めるかを示す，全体的な計画や方針になる。

● 模倣困難性と持続的競争優位

小売業には，ある企業が競争優位をもたらす要因を有していたとしても，製造業に比べると比較的，競合企業が追随しやすいという特徴がある。製造業では技術開発で競争優位が形成されることが多いが，その技術が特許権で守られたり，その技術に競合が追い付くのに時間や費用がかかったりする。それに対し，小売業での販売方法などの革新は，競合企業が観察できることが多いため，模倣されやすいと言える。また，仕入局面での物流体制のようなバックヤードの革新については，その構築に共同で取り組んだ卸売企業や製造企業から，それらと取引する他の小売企業に広まる可能性がある。さらに，新たな魅力ある商品の取扱いを通じて競争優位を構築しても，競合企業も同様の商品を仕入れることで追随が可能である。

ただし，小売業ではいつも競争優位がこのように解消され，持続しないというわけではない。競争優位をもたらす従業員の活動が，多様な行為が複雑に絡み合っている行為の集合であるならば，たとえ観察できたとしても，それを模倣するのは難しいからである。販売活動で言えば，顧客満足をもたらす販売員の顧客への複雑な対応は，その一部を習得しても同じ顧客満足を得るのは難しい。

また，こうした多様で複雑な行為が，企業における長期的な人材育成と経験の蓄積によって可能になっている場合には，熟達した人材を育てることに時間がかかることから，すぐに模倣して効果をあげることは難しい。他方で，短期的に習得されたことであっても，人材育成の方法が企業文化や管理・報酬の体系に裏付けられている場合には，その方法自体が因果関係の曖昧さを含む多様で複雑な要因によって支えられているため，やはり模倣が困難になる。

特にチェーン店舗展開をしている小売企業では，優れた販売技術をすべての店舗の販売員に広く行き渡らせることが重要になる。そのための人材育成や知識共有の仕組みを取り入れないと企業レベルでの模倣や追随はできないが，それは容易なことではない。

このように経験の蓄積を通じて習得した知識，企業文化，企業の諸制度が複雑に関わっている知識に基づいて競争優位がもたらされるとき，こうした組織全体の能力のことを組織能力と言うが，小売企業がそのような組織能力を保持している場合には，競合企業が模倣しにくいために，それによる競争優位は持続する。つまり，この持続的競争優位によって，高い利益率が長期的に維持される。

2 戦略の策定

● 市場と資源の分析

企業が戦略を策定するときには，まず市場と資源の分析が重要になる。この分析においては，有効な戦略を立てるためにSWOTなどの分析枠組みを使って，現在の状況を多面的かつ包括的に捉えることが重要になる。

SWOTは，強み（strengths），弱み（weaknesses），機会（opportunities），脅威（threats）という4つの視点で状況を捉えるための枠組みで，強みと弱みは，企業の内部資源を分析する視角であり，機会と脅威は，外部環境を捉える視角となる。

企業が戦略を実行する上で有利に作用する資源について，どのような資源を競合よりもどれほど多く保有しているのかを考えるのが，強みという視点であり，逆に，戦略を選択したり実行したりする上で制約になるような資源の不足が，どのような局面で発生しているのかを捉えるのが，弱みという視点である。

そして，小売業で言えば，商品の販売と仕入の両方の市場に関して，事業の成長や高収益を期待できる条件がないかを捉えるのが，機会という視点であり，それらを妨げるような競争的圧力や取引相手からの影響の強さを捉えるのが，脅威という視点になる。

● 5つの競争要因

機会と脅威のうち，特に脅威を多面的かつ包括的に捉えるときには，ポーター（M. E. Porter）が提示した5つの競争要因（five forces）という枠組みが有用になる。小売企業の場合，これは，競合企業，仕入先のパワー，顧客のパワー，代替の脅威，参入の脅威という5つの要因について，市場環境を分析することとなる。

競合企業という要因は，現在，競合している小売企業からの競争的脅威を意味し，価格競争や差別化競争における課題が抽出される。また，商品の仕入市場と販売市場の条件，あるいは小売企業による仕入先や販売先（標的顧客）の選択によって，取引相手の価格交渉力の強さが決まったり，商品の仕入や販売の可能性が変わったりするため，仕入先や顧客のパワーとして，その影響の強さを考慮に入れる必要がある。

そして代替の脅威に関しては，消費者が小売店舗を利用せず，別の事業サービスを利用する可能性が考えられる。例えば，食料品の小売業は，飲食店の利用に代替され，衣料品や耐久消費財の小売業は，レンタル事業やシェア事業に代替される可能性がある。なお，こうした分析は事業単位で考えるため，まだECが浸透していない状況下では，店舗小売事業の視点から，顧客が店舗を利用せずにECを利用することをこの局面で捉えるが，実際にEC事業が成長して，直接の競合関係が発生した状況では，ECを代替の脅威ではなく，競合企業として検討することになる。

最後に，参入の脅威については，他産業の企業が小売業に参入する可能性の高さやその影響の大きさが，まず検討される。例えば，製造企業が自社ブラン

Column ⑰ SCP アプローチと RBV アプローチ

経済学における伝統的な産業組織論では，市場構造（structure），市場行動（conduct），市場成果（performance）の 3 つの分析次元の因果関係，すなわち市場構造が市場行動に影響を与えて，最終的に市場成果を規定するという枠組みで，市場経済の問題を捉えて説明する。この産業組織論の考え方を戦略論に適用したのが，戦略論の SCP アプローチである（SCP とは，3 つの分析次元の頭文字である）。

SCP アプローチに基づく典型的な戦略概念として，差別化戦略，コストリーダーシップ戦略，集中戦略という基本戦略がある。これらの戦略は，市場行動としての特徴が捉えられ，その産業における市場集中度，製品差別化，参入障壁の高さなどの市場構造によって，その可能性や実効性がもたらされると考える。また，こうした戦略によって得られる競争優位性は，高い利益率という市場成果と結び付くことになる。

こうした SCP アプローチを小売業に適用することで，ある小売企業が顧客サービスや品揃えを他の小売店舗と差別化して，顧客に高付加価値をもたらすことを重視する差別化戦略を取るべきか，あるいは，顧客サービスを切り詰め，低価格の商品を調達するコストリーダーシップ戦略を取るべきかといった，戦略の選択問題を捉えることができる。また，その戦略の選択においては，市場を分析することで，競争優位が得られるポジションを見つけることが基本になる。この章で説明した SWOT 分析や 5 つの競争要因分析なども，SCP アプローチに基礎付けられた分析手法である。

他方で，戦略論には RBV アプローチという考え方もある。これは，市場のポジションをいかに占めるかという戦略課題ではなく，競争優位をもたらしながらも競合企業が模倣・追随しにくい固有の資源をいかに確保するかという戦略課題を捉える。RBV とは，resource-based view（資源ベース視点）の略称である。この RBV アプローチでは，価値（value）があるか，希少性（rarity）があるか，模倣可能（imitability）か，組織（organization）で活用できるかという，4 つの次元で資源を分析する（この 4 次元の頭文字から VRIO 分析と言う）。

もしある企業が他の企業に移転困難で固有の資源を蓄積し，それに基づいて競争優位を形成できているとすれば，他の企業はその資源を容易に取得できないために，その競争優位は持続的なものとなる。また，こうして各企業が固有の資源を蓄積することから，企業間で戦略は異質なものとなりやすい。そのため，RBV アプローチでは，持続的な優位性や戦略の異質性を強調する。

そして，小売企業の戦略に RBV アプローチを適用すれば，移転困難な資源としてのさまざまな組織能力が抽出されることになり，小売企業の戦略課題としては，販売・サービス活動，仕入活動，チェーン店舗の管理，仕入先企業との関係管理などに関する組織能力をいかに蓄積して，それに基づく競争優位をいかに持続的なものにするのかを考えることになる。

ドの直営店を展開するのは，その典型である。また，前述のように事業単位で考えたり，小売店舗事業が地域市場において考えられたりすることから，他の業種・業態の小売企業が，業種や業態の境界を越えて参入したり，あるいは，海外の小売企業が日本の市場に参入したりすることの脅威も考えられる。なお，この場合でも，すでに参入し，直接の競合関係になっている段階では，参入の脅威ではなく，競合企業として考察される。すなわち，参入の脅威とは，現在の段階では競争関係になくても，これから市場に参入する企業があるかどうかを捉える視点である。

そして，そのような参入が起こりにくい条件のことを参入障壁と言う。したがって，参入障壁が低いときに参入の脅威は高くなると理解される。小売業は，製造業のような研究開発や大規模な生産設備に関わる参入障壁があまりないため，製造業に比べると参入障壁が低いことが多い。しかも，商品の販売や出店についての規制緩和がなされるときには，参入障壁が引き下げられることになり，参入の脅威が重要な課題となる。

3 小売企業の差別化戦略とコストリーダーシップ戦略

● 小売業の基本戦略

戦略というのは，どのような企業でも取るべき唯一最善のものがあるわけではない。ただし，個々の企業がそれぞれの環境や資源の違いに応じて固有の戦略を立てるとしても，個々の企業の戦略がまったく異なるというわけでもない。そこで，企業がどのような競争優位を築くかという目標に照らして，戦略をいくつかの基本的な類型に分けた上で，その類型からの選択として，戦略の基本的な枠組みを考えることがある。

この類型として捉えられる戦略のことを基本戦略と言うが，小売業で特に重要になる基本戦略は，差別化戦略とコストリーダーシップ戦略である。小売業における差別化戦略とは，競合よりも優れた品揃えやサービスなどで差別的優位を目指す戦略であり，コストリーダーシップ戦略は，競合よりも低コスト化を実現して低価格販売を行いコスト優位を目指す戦略になる。

差別化戦略とコストリーダーシップ戦略とでは，販売活動や仕入活動の特徴が大きく異なり，一般的に2つの戦略を同時追求することは難しい。というのは，差別化戦略を追求する場合には，消費者に高い付加価値を提供するためのコストがかかるが，コストリーダーシップ戦略では，そうしたコストを節約することが重要となるからである。

また，基本戦略には移動障壁があり，一方の戦略から他方の戦略に転換することも容易ではない。それは，差別化戦略やコストリーダーシップ戦略の実行に当たっては，それぞれに固有のさまざまな知識の蓄積や設備投資が必要となるが，それらは他方の戦略では使えないからである。つまり，戦略を切り替えると，新たな知識や設備投資が必要になる上に，これまでの知識や設備を利用できないために，先行する企業に対して費用的に不利になる。また，それぞれの戦略では，消費者に店舗イメージや企業ブランドが浸透しているほど，効果的で効率的な戦略の実行が可能になるが，戦略を切り替えた場合，その従来のイメージが店舗への集客の障壁となる。

● 差別化戦略

差別化とは，競合企業とは異なる特徴を持つことによって，競合企業との価格競争を回避することである。消費者が，競合企業と同質的と判断すれば，より価格の低い店舗を選択するが，消費者にとっての価格以外の重要な局面において異なる特徴を持つことができれば，その特徴ゆえにストアロイヤルティが形成され，多くの消費者を集めた上で，ある程度の高価格も許容されるようになる。

小売業では，さまざまな差別化の手段が利用可能である。まず，典型的な差別化手段としては，顧客サービスや品揃えによる差別化がある。

顧客サービスによる差別化については第**13**章において詳述するが，ここでは，販売員が消費者に対して商品説明などの情報提供を行い，商品販売に付随するサービス活動を手配するというような，購買を補助したり，購買する環境を整えたりする活動が，特に重要になる。このような販売員の活動が適切に行われるためには，販売員に高い能力が要求され，小売企業としては，そのような高い能力を持った販売員を雇用・育成することが必要になる。そして，消費者がその活動を高く評価し，ストアロイヤルティを知覚するようになれば，顧客サービスによる差別化が形成されたことになる。

また，品揃えによる差別化とは，小売店舗で扱う商品が消費者の選好に合致し，しかも競合店舗で取り扱われていない状態を確保することである。消費者の選好を得ているブランドロイヤルティの高い商品では，競合店舗での取扱いを制限することは難しいため，品揃えによる差別化は，供給量の限られた新商品を探索して仕入れたり，PB の取扱いを増やしたりすることで達成する場合が多い。なお，こうした新商品や PB でも，低価格を訴求するような商品では，消費者が商品ではなく価格に魅力を感じており，小売企業も価格競争の一環として，こうした商品を導入していることに過ぎないため，差別化にはならない。つまり，高い付加価値を持つ新商品や PB が，品揃えによる差別化に貢献することになる。

そして，これらの顧客サービスや品揃えによる差別化のほかに，立地による差別化もある。これは消費者にとっての商品の入手や探索における利便性を提供することによる差別化であり，競合店舗よりも，そうした立地の利便性が高いという条件によって達成される。第**9**章で述べたように，立地の魅力度と出店コストが中心地からの距離によって規定されると考えると，望ましい立地というのは中心地からの同心円状に存在するため，競合企業も同様に望ましい代替の立地を確保することが可能になる。とはいえ，魅力ある立地は，すでに何らかの用途で使われていることが多いため，出店できる空間についての情報を収集する能力が高い企業は，競合企業に対して，立地による差別化を形成することができる。また，都市の中心や観光地のように利用可能な空間が希少である状況では，先行的に最適な立地を占有している店舗は，他の店舗が参入できない場合に，立地による差別化による利益を享受できる。

● コストリーダーシップ戦略

コストリーダーシップ戦略を追求する企業は，競合企業よりも低コスト化を実現することが重要となる。その低コスト化において，中心的な役割を果たすのが規模の経済性である。すなわち，小売業では，大量販売・大量仕入によって商品取扱量を大きくすることで，コストを削減し，低価格販売を行うのである。

まず，小売企業全体での商品取扱量を競合企業よりも大きくすることができれば，物流や販促活動でより効率的な手段を利用できる。例えば，大規模な物流センターを構築し，そこに情報化や機械化を導入して，大量の商品を効率よく仕入先から調達し，各店舗に配送したり，広告などの販促活動においても，多数の店舗の広告や販促資材をまとめて効率的に作成したりすることができる。また，従業員の管理や人材育成についても，大規模な小売企業ほど，本部で集約的に行うことによる費用の節約が可能になるだろう。

そして，この効率化の効果が，典型的に表れる1つの例が，低価格のPBである。チェーン店舗全体で販売されるPBの取扱量が大規模になれば，PBの生産効率が上がって，低コストの原材料も調達できるため，PBの価格を低く抑えることができる。しかも，大量に調達するのであれば，物流コストを考えても，海外で低コスト生産をすることが有利になる。

また，商品の販売・仕入量が増えると仕入先の企業が販売先として依存せざるを得なくなり，小売企業のほうが仕入先に対する価格交渉力を発揮できるようになる。すなわち，大規模な小売企業になるほど，仕入先の企業は商品の販売先を他の小売企業に代替することが難しく，その小売企業からの要求を拒否しにくくなるために，価格などの取引条件で譲歩する傾向が生じ，その小売企業は競合よりも低価格で商品を仕入れることができるようになる。

さて，小売業では，規模の経済性によらないコスト削減もある。例えば，供給過剰となっている商品は，製造企業や卸売企業が商品在庫を処分するために，低価格で供給される場合がある。そこで，そのような商品を小売企業が仕入れて，低価格で販売することができる。ただし，そのような商品は需要と供給のミスマッチで発生するために，商品が安定的かつ大量に供給されるものではない。それゆえ，計画的な生産・販売・物流による効率性は期待できないが，小売企業がそのような商品を見つけて仕入れることで，競合企業よりも低価格を実現することができる。

なお，このような規模の経済性によらないコストリーダーシップ戦略は，広くチェーン店舗展開している大規模な小売企業が採用することは少ない。それは，需要と供給のミスマッチに基づくために，多数のチェーン店舗に供給するだけの商品量を安定的に確保することが難しいからである。

4　小売マーケティング戦略の策定

● STP の枠組み

基本戦略が定まると，次に考慮しなければならないのが，マーケティング戦略の基本要素としての STP の決定である。STP は，segmentation（市場細分化），targeting（標的設定），positioning（ポジショニング）の頭文字を取ったもので，後述する個別マーケティングミックスの策定の基本前提として検討がなされる。

（1）　市場細分化

小売業にとっての市場細分化とは，その小売企業が想定する市場全体に居住する人々を，ニーズの類似した顧客層ごとに細分化することを意味する。分類するための基準としては，デモグラフィック要因（性別，年齢，既婚・未婚，職業，学歴，所得水準，世帯規模，住まいの形態など），社会心理学的要因（ライフスタイル，価値観など），顧客行動要因（買物動機，買物頻度，交通手段，商品・サービスに対する欲求水準など），地理的要因（行政区分，店舗までの距離，人口密度，気候など）が考えられる。例えば，自店舗の商圏範囲について，地理的要因としての行政区分を市場細分化変数として用いて分類した場合でも，年齢・所得などのプロフィール変数を用いて各セグメント（細分化市場）の特徴を明確化することが行われる。

（2）　標 的 設 定

標的設定では，(1)で識別された複数のセグメントのうち，いずれをターゲットとするかを決定する必要がある。そのためには，得られたセグメントの魅力度を，予想される売上規模，マーケティング費用，競争状況などを勘案して判定する必要がある。

（3）　ポジショニング

ポジショニングとは，ターゲットとなる顧客層に対し，競合他店に比べて自店のサービスの価値が優れたものと認識されるようにすることである。例えば鮮魚店の場合，スーパーマーケットではあまり売られていないような高級魚を高所得者向けに豊富に仕入れたり，あるいは忙しい共稼ぎ世帯や自宅内で魚を焼きたくないマンション居住者向けに焼き魚や惣菜の品揃えを豊富にしたり，高齢者向けに店舗販売のみならず配達を行ったりすることによって，顧客の頭の中で認識される商品の品揃えとサービスとの軸で成り立つマップ（知覚マップ）上で，競合店（スーパーマーケットや他の鮮魚店）との差別的優位性が明らかになることを期待する。

● 小売マーケティングミックス戦略の策定

マーケティング戦略としてのSTPの決定ができれば，それに基づいて小売マーケティングミックス戦略の策定に移ることになる。

小売マーケティングミックスは，小売企業にとってコントロールできる要因であり，次に列挙する7つの項目（7Ps）で表現することができる。したがって，コントロール不可能な経営環境要因には適合しつつ，自社の経営資源を用いながら，これら7つのPについて計画立案・実行するのが，小売企業の具体的マーケティング活動となる。

(1) 製品（product）

小売業で扱う製品とは，販売する商品とそれに伴って提供されるサービスを意味する。ある酒販店では，大型量販店やディスカウント店では販売されていないような全国の焼酎を集中的に品揃えすることで差別化を図り，広域に固定客を持つという。また，製造小売業の場合，職人的技術に支えられる商品（パン，菓子，豆腐，惣菜など）の高い品質は，他のどこにも販売されていないという意味において，その商圏の支持を独占的に集めることもできる。

(2) 価格（price）

基本戦略を差別化戦略とするかコストリーダーシップ戦略とするかによって，取扱商品の価格帯は大きく異なる。また，第**5**章で説明したように，価格設定には多様な方法があり，それらを基本戦略やSTPに応じて適切に使い分けることも重要になる。

(3) 立地（place）

店舗の立地選択についても，差別化戦略とコストリーダーシップ戦略で異なる。さらに，ターゲットとする顧客のアクセスを便利にすることが重要になるために，小売マーケティング戦略のSTPを考えて立地を選択する必要がある。

(4) 広告・販促活動（promotion）

広告・販促活動の本質は，コミュニケーションである。製造業の場合には，マス媒体の広告がプロモーション手段と考えられるが，小売業であれば，チラシ広告がそれに該当する。店内におけるPOP広告も，顧客の購買を促す上で工夫が必要である。また，同様に重要なのは，店頭での顧客とのコミュニケーションであり，いかに顧客を呼び込み，買物客の常連化を図るかが問われる。

(5) 従業員対応・顧客管理（people）

一般的に，サービスは売手と買手との相互作用プロセスの中で提供される。小売業では，買手のニーズにきめ細かく対応する接客や，顧客が快適に買物をできるような販売員のサポートを管理することが重要となる。また，販売員によってサービス品質に差が生じないようにすることも求められる。それらのために，パートやアルバイトなどの非正規従業員を含めて，最適な雇用と配置，教育・研修，雇用の継続性を保つための動機付けが必要となる。

(6) 業務プロセス対応（process）

ここで言うプロセスとは，顧客が販売員にコンタクトするところから始まり，商品の選択，購入・支払い，退店するまでを指す。コストリーダーシップ戦略のもとでは，セルフサービス方式の接客要素の少ない買物環境において効果的・効率的な買物ができるかどうかが重要であるが，差別化戦略のもとでの対面販売の小売企業では，顧客評価に占める接客プロセスの割合は高くなる。

(7) 施設・設備・店内表示（physical evidence）

店舗への印象は，その施設・設備・表示や店内の雰囲気によって決まってくる。店舗の正面や入口付近にあるショーウィンドウを見て入店をためらう消費者も多い。こうした施設・設備・表示の基本コンセプトは，差別化戦略かコストリーダーシップ戦略かによって異なり，また，ターゲットとする顧客層に合った快適性や利用しやすさを求めることが重要になってくる。

5 小売企業戦略と環境適応

● 環境変化と小売企業戦略

前に述べたように，戦略策定では戦略の一貫性と柔軟性のバランスが必要になるが，小売業においては，一貫性と柔軟性がともに重視されるため，その適切なバランスを考えることが特に求められる。

まず戦略の一貫性に関しては，消費者が訪問する店舗を選択する際に店舗イメージや小売ブランドに大きく影響を受けるため，一貫性のある戦略を取ることにより，消費者の購買経験を蓄積させて，店舗のイメージやブランドを強固にすることが有効になる。そのため，時間が経っても安定的な戦略を取ることや，チェーン店舗間で共通する標準化された戦略を採用することが行われる。安定的でどの店舗でも提供される小売サービスの特徴が，消費者における店舗イメージやブランドの認識につながるのである。

他方で，小売業では環境変化への対応のために戦略の柔軟性も必要になる。後述するように，消費者需要の変化や小売業における技術革新に関して，小売企業は戦略を修正することで環境に適応しなければ，企業として存続することが難しくなるからである。

ただし，小売企業が戦略を柔軟に修正して効果を上げることには限界がある。1つには，上記のように消費者において店舗や小売企業ブランドのイメージが形成されることから，たとえ環境変化に合わせて戦略を修正しても，消費者の抱いている従来のイメージを変化させるのに時間がかかるという問題がある。例えば，コストリーダーシップ戦略を追求してきた小売企業が，消費者需要の変化に適応して，高付加価値を消費者に提供する差別化戦略に転換しようとしても，消費者が従来からの低価格イメージを持ち続け，高付加価値のブランドイメージを受け入れないということが起こりうる。

もう1つには，小売企業は戦略を修正する際，小売店舗における販売員の行動を戦略に合わせて変えていかなければならず，小売企業の本部から離れたチェーン店舗で働く多くの販売員の行動を一斉に変えるという課題が発生する。つまり，小売企業において戦略を修正することは，顧客に小売サービスを提供する多くの販売員に新たな戦略目標を共有させるプロセスが必要になるが，企業規模が大きくなるほど，その共有は難しくなる。

したがって小売企業では，環境変化に対応して戦略を修正する場合には，戦略の一貫性とバランスを取ることだけでなく，消費者の抱くイメージの転換や多くの販売員を巻き込むことを考える必要がある。

● 需要変化への適応

消費者の需要は時間の経過とともに変化する。具体的には，年齢階層別の人口分布が時代とともに変化したり，景気循環によって家計所得の状況が変化し

Column ⑱ フリーミアムモデルとサブスクリプションサービス

最終消費者に商品を販売するのが小売取引であるとするなら，最近そうした単純な商取引に新たなビジネスモデルが加わりつつある。

まず，フリーミアムモデルは，ある商品は無料で提供し，それに関連する商品を有料で提供するという方式である。PC ソフトや携帯アプリなどでは，基本バージョンは無料であるが，上位バージョンは有料というのが一般的である。フリーミアムモデルには，これ以外にもいくつかのタイプがある。例えば，かつて一般的であったように，携帯電話本体は無料であるが，通信料は有料とする直接的内部補助というモデル。これは見方を変えれば，駐車料は無料であるが，その代わり一定金額以上は買物しなければならないという小売店の政策にも当てはまる。また，消費者には商品・サービスを無料で提供し，その費用を第三者に負担させる，三者間市場というモデルもある。例えば，フリーペーパーは無料で配布されているが，費用は広告主が負担する仕組みになっている。

次に，最近注目を集めているのが，サブスクリプションというビジネスモデルである。これは本来，雑誌の定期購読のように一定期間の利用契約に対して料金を払うもので，音楽や映画などのデジタルコンテンツ分野でストリーミングサービスとして浸透してきている。このようなサブスクリプションサービスは，他の商品・サービスの取引にも拡大しつつある。

モノを購入する時代から使用する時代へと消費者の価値観が変化するにつれて，例えば自家用車は所有するのではなく利用できさえすればよいとか，あるいは頻繁に車を乗り換えたいといった価値観を持つ消費者に向けて，新車のサブスクリプションサービスを提供する自動車製造企業も現れてきた。またアパレル分野では，購入せずに利用期間などに応じて料金を支払うサブスクリプションサービスの採用も進んでいる。そこでは，消費者自身が利用したい商品を注文する選択型，事業者が個々の消費者に合わせて商品を送る提案型などがある。いずれの場合もレンタルと購入の両タイプがある。

さらに，健康食品の通信販売などでは，初回の１週間分は商品を無料で提供した上で，その後の定期購入を促すという，フリーミアムとサブスクリプションを併用した仕組みを採用している企業も多い。

たり，あるいは，文化的・社会的な条件によって消費者の行動が変化したりすることで，消費者の商品や小売サービスに対する需要も変化する。

とりわけ年齢階層別の人口分布の変化について，近年の小売業では，消費者の高齢化への対応が重要な課題となっている。地方における人口の高齢化に伴い，小売店舗の商圏内に居住する高齢者の比率が高まっているため，小売企業は，品揃えを高齢者の選好に合わせたり，宅配などの顧客サービスを充実化させたりすることによる差別化戦略を重視することが求められている。

また，経済的環境の変化などによって消費者の低価格志向が強まれば，コストリーダーシップ戦略が重要になり，低価格のPB開発を積極的に推進したり，効率的な販売や物流の体制を整えたりすることが必要になる。その一方で，規模の経済性を追求するために，積極的な出店やM&Aなどを通じた企業規模の拡張が戦略的に行われるようになる。

● 技術変化への適応

小売業においても技術的条件が変化することが企業の戦略に影響する。それは，販売・物流・情報処理・取扱商品などにおける技術革新が起きた場合，小売企業ではその新技術を導入することを考えるが，それに合わせて小売企業戦略の修正を行うことで，新技術を有効に利用し，高い成果を上げることができるからである。

古くは，小売業にセルフサービスという販売技術が導入されたとき，商品の販促方法や陳列方法，品揃え，顧客サービス活動，価格設定などのさまざまな局面を修正した新たな小売企業戦略を構築することが求められ，それが新しい業態の確立へとつながった。

また近年では，情報通信技術の高度化に伴い，その技術革新の導入を前提とした戦略が展開されている。例えば情報システムを導入して物流センターから店舗に多頻度少量配送ができるようになれば，店舗の在庫を圧縮して高い在庫回転率を達成することで，より効率的な経営ができるようになったり，欠品・品切れのない品揃えによる差別化戦略を取れるようになったりする。また，情報化によって顧客データを管理できるようになれば，そのデータに基づいた顧客とのコミュニケーションを適切に行うことで，顧客との関係を強める差別化戦略も可能になる。さらには，インターネットとデジタル情報処理技術に基づいて，EC事業への展開を行うこともできる。

● 新業態開発と多業態化

販売方法や顧客サービスにおける技術革新を導入することで，小売業における新たなビジネスモデルの創出を伴うような大幅な戦略の転換が行われるとき，そのビジネスモデルは新業態と呼ばれ，それを企業として組織的・戦略的に行うことを新業態開発と言う。

そのような新業態は，新たな業態コンセプトと新たな小売事業のブランド名でもって店舗展開が行われることが多いが，そのような新業態開発が行われると，1つの小売企業が複数の業態を有する多業態化を行うことになる。

小売企業が大規模化するとき，こうした多業態化をすることが多いが，それにはいくつかのメリットがある。まず，既存の小売業態の事業が，業態のライフサイクルにおいて成熟段階にあるとすれば，既存業態では新規出店の余地が少なくなるという問題が発生する。そこで，小売企業としての成長を確保するためには，新業態を開発することが有力な選択肢の1つになる。

また，成熟段階では，店舗間での品揃えやサービスの同質化により業態内での価格競争が厳しくなりやすいために，利益率の低下が問題となることが多い。そこで，新業態開発による差別化を行い，企業としての利益率の引上げを狙うことになる。さらに，本部機能・諸施設・情報システムなどにおいて，複数の小売業態事業で共通に利用できる経営資源があれば，その共用による費用の節約としての範囲の経済性を期待することができる。

ただし，多業態化にはデメリットもある。というのは，新業態が革新的であるほど既存業態の戦略と異質になり，既存業態の事業ブランドや企業ブランドのイメージが，新業態の事業ブランドのイメージと両立しないという問題が起きるからである。また，範囲の経済性を期待しても，多業態化で本部組織が肥大化したり，各業態事業での効率化の妨げになったりすることも多い。すなわち，複数の業態を企業として統合的に管理するから，資源の共用による範囲の経済性を期待できるが，統合的に管理することは，各業態事業の独立性を制約することであるため，それが逆に効率性を低下させる原因となるのである。

演習問題

1. 競争優位を形成していると思われる小売企業を1社取り上げて，その企業の市場環境をSWOTと5つの競争要因の枠組みを使って分析した上で，その企業の戦略の特徴をSTPと7Psの枠組みを使って検討してみよう。
2. 持続的競争優位を形成していると思われる小売企業を1社取り上げて，その企業がどのような組織能力を構築しているのかを考えてみよう。

第11章

成長するEC事業

1 インターネットの普及とEC事業の展開

● インターネットとEC事業

近年の情報通信技術の発達は，小売業に大きな影響を与えている。その1つに，インターネットを利用して商品の販売を行うECの普及がある。ECは，インターネット販売やオンライン販売とも呼ばれ，ウェブサイト上に仮想の店舗が開設され，消費者はPCやスマートフォンを使って商品を購入する。なお，その対比として，物理的な店舗のことを実店舗と呼び，店舗小売業の特徴をオフラインとかリアルとして表現することもある。

インターネットでは，企業や消費者が広範囲の相手と大量の情報を低コストで交換できる。これまでのテレビなどのマス媒体による広告では，広範囲だが，限られた量の情報しか提供できず，また情報流は一方向であった。他方で，人的販売のコミュニケーションでは，双方向で大量の情報を交換できるが，対面できるごく限られた範囲の相手としか交換できず，しかもコミュニケーションのための人件費が高くなるという特徴があった。

さらに，インターネットにおける情報交換では，メッセージを電子情報化して伝達するため，その記録を残したり，その情報をほかに移したりすることが低コストでできる。この特徴によってECでは，注文のデータをそのまま物流処理のデータとすることで，効率的な販売・物流が実施できるようになる。また，電子情報として処理されるため，顧客との取引データや登録データに基づいて顧客リストを作成したり，その顧客データの分析に基づいて販促情報を個別に提供したりするコストも低くなる。

そこで，インターネットを効果的にチャネルとして使って競争優位を形成する小売企業が生まれ，店舗小売企業がECに対して競争的な脅威を感じるという状況が生じている。

● ECの多様性

EC事業では，さまざまな形態の事業が展開されている。例えば，本書で考えるECはEC小売業であり，BtoC（企業から消費者向け）のEC事業になるが，それ以外にも，B2Bとも言われるBtoB（企業間取引）におけるEC事業も存在する。

また，製造企業が自社で開発・生産した製品をインターネットで販売する製造企業直販のEC事業があったり，仕入れた製品をインターネットで販売するEC事業があったりする。さらに，EC事業を展開するときに，店舗小売業を行っていた企業が，多角化やチャネルの多様化の一環でEC事業を追加的に展開する場合もあれば，EC事業を専業もしくはメインの事業にしている場合もある。

そして，こうした多くのEC企業の商品販売を1つのサイトに集約したECモール事業を展開する企業がある一方で，ECモールの中や独自のウェブサイトで商品を販売するEC企業がある。

また，品揃えや販売方法などの特徴によっても，多様なEC事業形態が存在する。例えば，食品や日用品などの最寄品を主に扱い，既存の総合スーパーや食品スーパーを代替または補完するEC事業は，ネットスーパーと呼ばれている。このネットスーパーは，各店舗を物流拠点・在庫拠点として利用し，店舗にある在庫を店舗スタッフが消費者に配送する店舗型，受注があった商品を物流センターから消費者に配送するセンター型，そしてこれらを併用するハイブリッド型がある（**Column ⑳**）。

そのほか，インターネットでは，CtoCと呼ばれる個人間取引が行われている。これは，インターネットでのオークションサイトやフリーマーケットサイトで行われ，売手が業（なりわい）として販売活動を行うわけではないため小売業には含まれないが，その商品取引が増えることで小売業の市場が侵食されることから，小売企業にとっても無視できない存在になってきている。

さらに，これも小売業ではないが，インターネットにはECの販促に関連するオンライン事業が数多く存在する。例えば，EC業者の販売価格を比較するサイトや，商品・サービスの評判に関するクチコミを掲載するサイトなどである。あるいは，SNSのようなコミュニケーションサイトでは，広告を通じて消費者をECに誘導することも行われている。つまり，インターネットには，その情報交換の特徴を生かして，ECだけでなく，ECに関連する事業やECの販促を担う事業も多様に存在している。

2 消費者のEC選択

● ECと店舗に関する買物費用

1人の消費者が1年間に支出した総額に占めるECでの購買額の比率を計算すれば分かるように，消費者がECを利用する比率というのは，必ずしも大きな値になっているわけではない。また，よくECを利用する人であっても，ECではまず購入しないという商品があるだろう。つまり，インターネットが普及した現代において，ECが店舗販売を淘汰してしまうということはなく，消費者がECと店舗のどちらを利用するかは，どちらが消費者にとって，より魅力的であるかに依存する。

消費者がECと店舗のどちらを利用するかを判断するときに重要になるのが，消費者にとっての負担の大きさである。第**7**章で説明したように，消費者はある商品を購入するとき，商品の価格で示される経済的な負担のほかに，店舗で商品を選択・購入して持ち帰ったり，有料で配送してもらったりすることについての買物費用を負担する。したがって，商品の価格と買物費用を合計した総費用が消費者にとっての負担の大きさであり，消費者は，この総費用が低くなるように，店舗かECのどちらで購入するかを決めると考えることができる。

そして，商品の価格が店舗とECで同じと仮定すれば，買物費用の大きさが問題となる。その買物費用にもさまざまなものが含まれるが，EC選択に関係する主要な買物費用としては，消費者が商品の探索や選択をするための情報収集費用，消費者が商品を注文してから手元に届くまでの待ち時間に関わる費用，

Column ⑲ 店舗小売業にとってのECの脅威と対応

小売市場におけるECの売上が増加し，有力なEC事業者が成長することに伴い，店舗小売企業にとってのECの脅威が高まっている。このECの脅威には，次の3つの意味が含まれている。

まず1つ目に，ECによる売上や市場シェアが高まることで，実店舗の売上が低下するという脅威である。ただし，本章で説明するように，ECにも不利な条件があるため，ECが実店舗に対して圧倒的な優位性を獲得できるわけではない。この場合の脅威とは，ECにある程度の市場を侵食されることで，店舗小売企業の売上が低下して，損益分岐点を下回る事態が起き，彼らの収益が大きく損なわれることを意味する。つまり，たとえ売上の一部がECに奪われるに過ぎないとしても，店舗小売企業にとっては大きな問題として意識されるのである。

2つ目には，価格競争の激化による脅威がある。ECは，業者間の価格の比較がきわめて容易であり，しかも，価格情報を集めて価格を比較してくれるオンラインサイトのサービスもあるため，価格競争が激しくなりやすい。ECと同じ商品を販売する店舗小売業は，こうしたECとの価格競争に巻き込まれ，ECでの低い価格を意識した価格設定を強いられることになる。

そして3つ目には，実店舗で商品の比較をしてからECで商品を購入するというショールーミングによるフリーライドの問題がある。店舗では陳列する商品在庫を維持することにコストをかけるが，その陳列がECによる商品情報のフリーライドを招き，EC事業者は陳列用の在庫コストを節約して，低コストでの販売が可能になっている。ただし，店舗がショールーミングによる情報のフリーライドを避けるために商品の陳列を抑制することは望ましくない。ショールーミングしない消費者も多く存在する一方で，ECで商品を見つけて，店頭で商品を確認して購入するウェブルーミングという行動を取る消費者もいるからである。

さて，これらのECの脅威を店舗小売企業が感じたとき，どのように対応することになるのだろうか。その中心となるのが，店舗販売員の顧客サービスによる差別化を強化することである。第**13**章で述べるように，顧客サービス活動は，店舗小売業における重要な差別化手段であり，顧客サービスへの選好から店舗を選択し，高いストアロイヤルティを持つことは，ECとの価格競争を回避する条件となる。

ECにおけるオンラインでの顧客関係管理と比較すれば，実店舗の販売員による顧客サービス活動は，顧客の要望や反応にも即時的に対応できる上，人間関係・信頼関係を形成することで，さらに顧客の満足度を上げられるというメリットがある。品揃えや広告・販促活動による差別化や店舗の立地による差別化は，店舗間では有効であるが，ECに対する差別化という意味では限界がある。それゆえに店舗小売業がECの脅威に対抗して差別化手段を選ぶとき，顧客サービスによる差別化が重要な要因となるのである。

そして消費者が負担する配送費用という3つが考えられる。そして，これらの費用の合計が，消費者が店舗に出かけて，店舗において商品の探索や選択をし，購入した商品を持ち帰る費用の合計よりも少ないと感じるとき，ECを利用すると考えることができる。

● EC利用を抑制する要因

商品に関する情報収集費用については，商品の画像やブランド名，価格，具体的な仕様などに関する限り，店舗よりもECのほうが低費用になる。インターネットでは，店舗まで出かけるよりも簡単に情報を収集できるからである。したがって，こうしたオンラインで交換できる単純な商品情報に基づいて商品の探索や選択を行う場合には，EC利用がより選ばれやすいと言える。

しかし，情報収集において，もっと複雑な情報を消費者が必要とする場合には，ECよりも店舗が利用されやすくなる。例えば衣料品を選ぶとき，店舗において商品の実物を見たり，手触りを確認したり，あるいは試着したりするが，そのような情報収集をオンラインで行うのは難しい。もしその情報までも収集しようとすれば，商品の送付・返送などに多くの追加的な費用がかかってしまうだろう。それゆえ，複雑な情報収集を消費者が望む場合には，ECは利用されにくいと予想される。

次に待ち時間に関しては，ECは通販であるため，消費者が商品を注文してから商品を手に入れるまでに時間がかかることが課題になる。すなわち，必要と感じたときにすぐに商品を入手できないことが消費者にとっての心理的な負担になり，待ち時間を我慢するという形で費用が余計にかかることを意味する。したがって，消費者が商品をすぐに入手したいと思うような商品では，ECが利用されにくいことになる。

例えば食料品の場合，日によって食べたいものが変わるといったように，商品に対する選好は時間とともに変化しやすい。その場合，商品が配送される時点の自分の選好を予想するのは難しいので，商品が届くまでに待ち時間を伴うことは，消費者にとっての心理的な負担を大きくする。さらに，生鮮食品のように鮮度が重要である場合や，調理済み食品のように「作りたて」が好まれる場合には，商品が届くまでの待ち時間を消費者が許容できないこともある。そして，食料品がこうした理由から店舗で購入されると，日用品のような最寄品

Column ⑳ ネットスーパーの経営方式と課題

わが国のネットスーパーは，2000年に西友が始め，その後，主に総合スーパーが牽引する形で2009年には500億円以上の市場規模となり，現在では，EC企業，食材宅配企業，生活協同組合，コンビニエンスストアなども，この市場に参入している。

ネットスーパーは，生鮮食料品などの最寄品を中心に短時間で配送を行う反面，配送可能エリアに制限があるなどの点で，通常のECとは異なる。その運営形態を配送方式で分類すれば，店舗型（実店舗で商品をピッキングし配送），センター型（専用物流センターからの配送），ハイブリッド型（店舗および専用物流センターを併用）という3つのタイプが存在する。

これらのうち，実店舗ないしは専用物流センターのいずれから配送するかには，一長一短がある。店舗型は，1日あたりの受注可能件数つまり注文処理能力が低い分，在庫負担リスクが少ないが，センター型は，大量受注による規模の経済性が働きやすいものの需要の不確実性への対応を誤ると不良在庫を抱えやすい。

現時点では，前者，すなわち店舗型のほうが普及していると見られる。というのも，ネットスーパー業態を店舗型で運営する企業の場合，それはネットスーパーという独立した業態を持つというよりは，店舗での販売活動を補完するための配送サービスの提供，すなわちオムニチャネル化と見ることができるからである。

ただ，どのような配送方式を取るにせよ，消費者が日常的に利用するとなれば，配送料（あるいは配送無料購入金額）がネックになってくる。自宅まで商品を届けてくれる利便性は高齢化する市場のニーズにもマッチしており，ネットスーパーは将来的に大きな広がりが期待されている。

（参考）　髙橋（2016），Moriuchi and Takahashi（2016）。

も同じ店舗で購入できるために，その他の最寄品についてもECが利用されないことになりやすい。最寄品は，複雑な情報を収集する必要がないことから推測すればECが利用されやすいはずであるが，現実にはEC利用がそれほど普及していないのは，最寄品のこうした待ち時間に関わる買物費用の影響が大きいと考えられる。

最後に配送費用に関して，ECでは商品を引き渡す場所としての店舗を利用しないために，商品を消費者の手元に配送する費用も課題になる。すなわち，配送費用を消費者が負担するとき，その大きさは消費者のEC利用を抑制する要因になる。

逆に言えば，配送費用が少ない商品ではEC利用がより普及しやすいことになる。具体的には，音楽，映像，ゲームソフト，イベントのチケット，旅行商品などのように，電子情報化して消費者に届けられる商品は，オンラインで商品を配送できるために配送費用の問題が小さく，EC 利用が進みやすくなる。

また，物理的に商品を配送しなければならない場合でも，EC 業者が販促のために配送費用を無料化・低料金化することが多い。それだけ配送費用の負担がEC 利用の妨げになっており，それを軽減することによる販促効果を期待しているということになる。その一方でEC 業者は，この販促効果を通じた販売規模拡大による全体の効率化で，業者側の費用負担に伴う商品価格上昇を抑えるように努める。

● 店舗利用の買物費用との比較

これまで述べてきたのはEC 利用に関わる買物費用であり，これらの費用は高くなればなるほど，基本的には消費者のEC 利用を抑制すると考えることができる。その一方で，消費者が店舗を利用する場合に負担する買物費用が高くなる状況では，EC 利用の買物費用が相対的に低く知覚されるため，EC が利用されやすくなるということが推測される。

消費者が店舗を利用する場合の買物費用とは，前述のように消費者が店舗に出かけて，店舗において商品の探索や選択をし，購入した商品を持ち帰るまでの費用である。この費用は，個々の消費者のさまざまな条件によって変化する。

例えば，消費者が人口の少ない地方に居住していて近隣に店舗がない状況や，その消費者が自動車で買物に行けない状況では，店舗に出かけるための移動の費用の大きさから，店舗の代わりにEC が利用されやすい。なお，高齢者のように店舗までの移動による肉体的疲労を負担に思う消費者もEC を選択しやすいと推測できるが，高齢者の場合には，インターネットを利用することの煩わしさがEC 利用の買物費用を大きくするために，EC 利用が普及しないこともある。

他方で，消費者が買物に費やす時間を節約する傾向が強い状況では，店舗に出かける時間的な負担を避けるために，EC を積極的に利用する傾向がある。反対に，ウィンドウショッピングなど店舗での買物の楽しさを知覚するような商品や状況では，楽しさは消費者の負担感を少なくすることを意味するため，店舗利用の買物費用は低くなり，店舗のほうが利用されやすくなる。

3 EC 事業戦略の特徴

● EC 事業における規模の追求

EC 事業では，小売市場で競合する EC 業者や店舗小売企業に対する競争優位を築くために，販売額や市場シェアを高めることが重要になる。その理由の1つは，販売額や市場シェアを高めると消費者が想起しやすい EC 業者になり，それが一層，ウェブサイトへの吸引力を高めることにつながるからである。

EC 事業では，店舗のように目立つ建物で多くの人々に存在を示すこともできなければ，通常のカタログ販売のようにカタログを配布して需要を喚起することもできず，消費者がその企業のサイトを選択して，初めてその消費者に販促的な情報をもたらすことができる。したがって，消費者が商品の必要性を感じたときなどに，特定のサイトを想起し選択してもらうことが重要になる。EC 業者の規模が大きいと，それだけ企業として目立つ存在であり，さまざまな形で企業の情報が消費者に届きやすいことになるため，EC 業者は規模拡大を重視する。

しかも，個々の消費者が想起するサイトの数が少数であることが，シェア獲得への志向を強める。店舗販売の小売業は，たとえ小規模であっても，立地がよければ選択され，通行客を吸引できるために存続できる。ところが EC 事業では，このような立地の効果がなく，小規模な業者は消費者に認知してもらえないため，販売規模が増えず，その目立たない地位から抜けることができず，競争的に淘汰されやすい。それゆえ，EC 業者は，上位の市場シェアを獲得することが重要になってくるのである。

● EC 事業の規模の経済性

EC 事業において規模が重要になるもう1つの理由は，規模の経済性にある。まず，EC 事業には店舗の商圏という制約がないので，多店舗展開のための投資を伴うことなく販売量の拡大を追求できる。他方で，EC 事業では消費者が注文してから商品が届くまでに時間がかかり，そのことが店舗販売に対する弱点の1つとなっているので，EC 業者では，注文から商品を配送するまでの時間を短縮するために，迅速な注文処理と物流を可能にする情報システムや物流センターへの投資が重要になる。

そして，これらの情報システムや物流センターへの投資の大きさから，EC業者においては規模の経済性の追求が促されやすくなる。情報システムに関しては，販売量が多くなるほど，より高度で処理能力の高い情報システムを活用できるようになり，より効率的な注文処理や，より正確な需要予測，より効果的な販促情報の提供が可能になる。物流センターに関しても，販売量が多くなれば，自動化や機械化を導入して効率化を図ることができる。

ここで販売量が多くなるというのには，ECで注文する消費者の数が増えることと，消費者1人あたりの平均的なECでの注文額が増えることの2つが含まれる。注文する消費者の数が増えて，地域ごとに配送先の数が増えれば，配送先間の移動距離が短くなり，効率的に多くの消費者に商品を配送することができるようになるだろう。あるいは，個々の消費者の注文額が多くなり，注文頻度が変わらなければ，注文1回あたりに配送される商品の販売額も多くなることが期待される。これらのことは，販売額に対する配送費用の比率を引き下げることを意味するため，物流効率が高まると言える。

さらに，消費者への迅速な納品のためには，EC業者が商品在庫を確保し，在庫管理を適切に行うことも必要になる。もしEC業者に商品在庫がなければ，消費者からの注文を受けて製造企業や卸売企業に発注をしなければならず，それでは納期が遅くなってしまうからである。そして，この商品在庫を保持・管理する上でも，販売量の拡大は重要になる。というのも，大量の在庫を集中的に管理し，地域間での需要の変動を平準化することで，売れ残りや欠品による在庫のリスクやコストを軽減したり，販売予測の精度を上げるための情報システムへの投資をより積極的に行ったりすることができるようになるからである。

したがってEC事業では，物流センターや情報システム，それに商品在庫への投資が，店舗事業より重要になるが，販売量を拡大することで，これらの費用負担の軽減化を図ることができる。すなわち，EC事業では，販売量を増やすことで，物流や情報処理，在庫管理における規模の経済性を達成することが，重要な課題となる。

なお，EC業者が販売量を増やすことは，取扱商品ごとの販売量を大きくすることに加えて，ECで販売する品揃えを増やすことによっても可能である。しかも，品揃えを増やすことで，個々の消費者にさまざまな商品をまとめて配送することができるようになれば，物流の効率性も高めやすい。

そこでEC業者は，消費者の購買額に応じて配送費の免除や軽減を設定し，できるだけまとめて購入するように動機付ける一方，取扱品目を多様化して，同時に購入されやすい商品を提示したり，個々の顧客に商品を提案して購買意欲を喚起するような努力をすることになる。

● ECにおける価格競争

インターネットにおいては，消費者がECサイト間で価格情報を収集して比較することが，店舗間の場合に比べて，きわめて容易となっている。しかも，消費者が比較するEC業者は，ECという性格から立地や商圏とは無関係のため，地域的にきわめて広範囲の多数の業者ということになる。それはEC業者から見れば，多数の企業の間で価格競争を行わなければならないことを意味する。

しかも，EC事業は，店舗を構えたり，店舗に陳列する多数の品目の商品を揃えたりする必要がないため，小規模でごく少数の品目から事業を開始できるという特徴があり，事業の拡大に合わせて広告・情報システム・物流施設などへの必要な追加投資を行うことができる。これはEC事業への参入がしやすいことを意味し，競合する企業が一層多数になりやすく，価格競争が熾烈になりやすくなる。

また，ECで販売される製品は，ブランドや商品の仕様，画像などの限られた情報で，消費者が購買を決定できるものが多い。というのも，店舗販売のように実物を見たり触れたりして商品情報を収集できないため，ECには，そうした実物による情報があまり重要でない標準化された商品が向くからである。そして，そのような商品は，同じブランドや同じ仕様の商品について価格を比較しやすいと言えるのである。

これらの理由から，ECでは価格競争が激しくなりやすく，また消費者も，価格を基準にどのEC業者から購買するのかを決める傾向が強くなる。それゆえ低価格を設定できる企業が競争において有利となり，これまで述べてきたように，規模の経済性に基づいてコスト優位を構築できているEC業者が，低価格訴求を通じて有利なポジションを得ることになる。

ただし，EC業者が低価格を設定する基盤は，規模の経済性だけではない。

第10章でも述べたように，一時的な供給過剰や余剰となった生産能力，あるいは季節や期限といった理由による余剰在庫の処分に基づいて，低価格で商品を調達することでも，低価格の設定は可能となる。これらの商品調達は量的に限られたものになり，しかも供給量が安定しないために，大量仕入に基づく有利な交渉力を築くことができない。したがって，規模において劣るEC業者でも，そのような供給源を探索する能力や調達における迅速な意思決定能力を持つことができれば，低価格販売を行うことができる。一方，大規模なEC業者は多数の消費者からの注文に応えることで信頼を構築しようとするため，供給量が限られた商品の取扱いには，むしろ消極的になりやすい。

したがって，中小規模のEC業者は，こうした供給量の限られた低価格の商品を調達し，インターネットで迅速に価格情報を伝えることで，EC業者間の価格競争に参加することになりやすい。ただし，そのような中小規模のEC業者は消費者の認知度が低いため，いかにしてECサイトに消費者を誘導するかが重要な課題となる。そこで，価格比較サイトで最低水準の価格を設定するようにしたり，インターネット広告を積極的に利用して価格情報を訴求したりといったことが行われる。

4 ECにおける顧客関係管理

● 顧客関係管理の技術的可能性

ECにおいては，顧客の特性や購買に関わるデータを分析して顧客との良好な関係を管理する活動，すなわち顧客関係管理（CRM：customer relationship management）が，特に重要になる。顧客関係管理は店舗小売業でも重要であるが，ECでは次の2つの理由から，その重要性が強調される。

まず1つには，ECはインターネットを利用することから，顧客のさまざまな情報の収集・処理が低費用でできるということがある。ECでは特に，個々の顧客を識別したデータ（顧客IDデータ）を含めて電子化されたデータを，情報システムにおいて速やかに分析できる点が重要になる。

顧客IDデータと商品の販売との「ひも付け」ができることは，個々の顧客の購買履歴を電子情報として収集できるということである。つまり，過去の購買時点や購買した商品のデータを関連付けることで，その顧客がEC業者や商品にどの程度のロイヤルティを有しているかを推測し，今後の販促活動において有望な顧客かどうかを知ることができたり，効果的な販促の内容やタイミングを決めたりすることができる。

顧客IDデータを把握して，それぞれの顧客がそれまでに購買した他の商品のリストと関連付ければ，個々の顧客が購買する商品の傾向を分析することが可能になる。店舗販売におけるPOSデータの分析でも，同時期に購買された商品から，顧客のタイプや同時に購買されやすい商品を推測することができるが，ECでは，顧客IDデータと関連付けることで，そうした商品リストを過去の履歴から作ることができる。しかも，店舗販売におけるPOSデータの分析では，顧客をタイプに分けて，それぞれの集団に対して販促などを行うことになるが，ECでは顧客を特定しているため，分析結果を個々の顧客への販促活動に利用することができる。

また，店舗販売のPOSデータは商品の販売データであり，それを誰が購入したのかというデータと関連付けて分析しようとしても，FSP（frequent shoppers program）の一種である顧客カード（ポイントカードなど）の利用者に限られるため，すべての顧客を対象とするような網羅的な顧客関係管理が難しい。それに対してECでは，決済や配送の必要性から個人を特定した取引が前提となり，それらが電子情報として低費用で関連付けられるため，このような顧客関係管理が行われやすい。

さらに，顧客の購買だけでなく，どの商品を閲覧したのかといったアクセス状況のデータも入手可能であるため，そのデータを使って，個々の顧客への販促活動を展開し，その販促効果も測ることができる。具体的には，顧客がどのサイトのどの広告から来たのか，どのような検索をして来たのか，どの商品を比較したのかといったさまざまな行動のデータを収集でき，しかも，商品を買わずにサイトから離れたことも把握できる。それらのデータに基づいて，SNS広告などを有効に展開したり，ウェブサイトのデザインを修正したりすることができる。このようにECには，個々の顧客による商品の探索や購買を電子情報として把握し，それを低費用で集めて分析できるという特徴があるため，顧客関係管理が特に行われやすいのである。

● ECにおける顧客関係管理の必要性

ECで顧客関係管理が重要になるもう1つの理由として，ECでは顧客の新規購買と再購買がともに重視されることが挙げられる。前に述べたように，ECは顧客にサイトを選択・閲覧してもらわないと商品を販売できない。しかも，消費者が商品購買で選択しうるEC業者は，アマゾンや楽天市場のようなECモール内も含めて非常に多数存在する。EC業者はそれらの競合に打ち勝って顧客を開拓しなければならないが，代替案が豊富で探索や比較もしやすいため，顧客の側では次の購買機会に別のEC業者に切り替えることへの抵抗感が少ない。

それに比べて，店舗で競合するのは商圏内にある競合店舗であり，その商圏内で競合店舗と顧客を取り合っている。つまり店舗事業は，商圏内でチラシ広告などの販促活動により少数の競合店舗と競いながら，顧客を開拓することになる。そして，商圏内の顧客は店舗の立地のよさも重視するため，再訪問する可能性はECに比べて高くなる。

したがってECでは，インターネット上で収集される電子情報に基づく顧客関係管理を積極的に行う必要性が店舗の場合よりも高くなる。具体的には，個々の顧客の購買履歴から，その顧客に効果的な販促情報を届けるようにして再購買率を高めたり，他の取扱商品の購買を促したり，さらには，こうした多数の顧客データを分析してターゲットになる潜在顧客層を決定し，彼らへのインターネット広告を通じて新規顧客開拓を行ったりするのである。

● 顧客との継続的な関係の構築

これまで説明してきたように，ECでは，データに基づく顧客関係管理が特に重要になるため，EC業者は一般に，さまざまな方法で顧客との関係を分析して適切な販促アプローチを取ることで，顧客との継続的な関係の構築に努めている。

そうした中，ECでは，顧客との継続的な関係構築を測る指標として，LTV（life time value：顧客生涯価値）という指標を用いることがある。LTVとは，ある企業がある特定の顧客との長期的な取引関係を通じて得る収益の累積額のことである。LTVを大きくするためには，その顧客の購買額を大きくすることだけでなく，顧客との取引がより頻繁に行われ，取引関係がより長期的に続くことや，そのための費用を抑えることも重要になる。

ECの顧客関係管理では，このLTVを大きくすることが目標となる。と同時に，このLTVの視点から，どの顧客に対しても同じような販促活動を展開するのは望ましくないということが導かれる。例えば，顧客との関係がすでにある程度構築されている場合には，その顧客の購買履歴などのデータが使える上，過去の取引経験に基づいて，顧客も取引や販促情報に対して疑心暗鬼になる可能性が低くなっているために，販促活動に費用をかければ商品の販売に結び付く可能性が高い。しかも，そうした販促コミュニケーションを通じて関係が強固になれば，ますます長期に継続的な商品の販売が期待されるだろう。

それに対して，顧客との関係が過去に途絶えて時間が経った状態では，顧客のデータが更新されないことから適切な販促活動を展開できない上，顧客側にも離れた理由があって取引を再開する気にならないかもしれないので，販促活動にあまり費用をかけないほうが望ましいと言える。さらに新規の顧客となると，販促活動はますます難しくなる。新規の顧客はデータが少ない上，新規の取引ということで，顧客側もさまざまなリスクを知覚しやすいからである。

● 顧客分析の手法

ECでは，どのような顧客がEC業者にとって有望な顧客になるのかを判断することが重要になるが，その判断における最も簡単な考え方として，顧客ごとの購買履歴に基づいた過去一定期間の購買総額から，その金額の多い顧客を有望な顧客と判断するということがよく行われる。

例えば，第**6**章で述べたデシル分析は，ECでもよく利用される。すなわち，各顧客の購買総額を高い順に並べて10等分し，顧客を10のグループに分けた上で，各グループの顧客の特徴を検討するのである。これは，購買総額だけでなく，商品カテゴリー別や商品別の購買総額で考えることもできる。各グループの年齢や性別などを調べ，どのグループにどのように販促活動を行うかなどを考えるのに使う。

ただし，この手法には，購買した時点が考慮されないという問題がある。例えば，少ない金額だが頻繁に購買する人と過去に多額の商品を一度だけ購買した人を，はたして購買総額の同じ層に分類してよいのかという疑問が生じる。あるいは，一度だけの購買でも最近利用した人とかなり以前に利用した人のどちらが有望な顧客かと言えば，前者をより重視すべきではないかという推測も成り立つ。

そこで，購買時点を考慮した顧客分析の方法として，これも第**6**章で説明したRFM分析が用いられることがある。RFM分析とは，最終購買日，購買頻度，累積購買金額という3つの指標で顧客をグループに分け，どのグループに対してどのような販促活動を展開すべきかを考える手法である。すなわち，最近になって商品を購入した顧客であるほど，頻繁に商品を購入した顧客であるほど，一定期間の購入金額の合計値が大きい顧客であるほど，販促活動に対する反応が良好であると考えて，販促活動を傾斜的に配分したり，販促内容を変えたりするのである。それとは逆に，最近の取引がなく，頻度や購入総額も少ない顧客は，販促活動の対象から外すことも考えられる。

こうしたデシル分析やRFM分析によって顧客のグループを識別した上で，顧客のウェブ上での行動に関わるさまざまなデータを利用すれば，情報収集のパターンを含めて顧客を詳細に分析し，顧客関係を管理することができるようになる。

LTVを大きくするには，このように購買頻度を高めることに加えて，1回あたりの平均購買額を大きくすることも重要になるため，他の取扱商品の購買を促すことがよく行われる。他の商品を売り込むことをクロスセリング（併売）と言うが，そのためには顧客の購買パターンを分析し，同時に購買されやすい商品を適切なタイミングで提案する必要がある。こうしてクロスセリングを行うことは，一度に配送する商品総額を引き上げることになり，配送効率を高める上でも重要である。

クロスセリングは，顧客全体や同質的な顧客のグループの発注データに基づいて，同時にどのような商品が注文されているかという購買パターンを分析した上で，その商品のリストを，よく一緒に購入されている商品としてサイト上に示すという形で行われる。

こうしたクロスセリングは，店舗販売でも，販売員による提案やPOSレジ横に商品を陳列することなどを通じて行われるが，販売員が顧客にストレスを与えずに提案することが難しかったり，違う売場の商品の提案ができなかったりするという限界がある。ECでは，顧客に商品を追加的に提案しても顧客にストレスを与えないという点，および，提案する商品の自由度が大きいという点で，より有効に使われる傾向がある。

5 オムニチャネル戦略の展開

● オムニショッパーとオムニチャネル戦略

インターネットの普及に加えて，スマートフォンなどのスマートデバイスが普及したことに伴い，消費者がオフラインとオンラインの両方で商品に関わる情報を収集し，購買を行うという行動が，一般的に見られるようになってきた。このように，オフラインとオンラインを自在に活用して商品情報を収集し購買を行う消費者のことを，オムニショッパー（omni-shopper）と呼ぶが，オムニショッパーに対応してオフラインとオンラインの両方のチャネルを構築し，それらのシナジー効果を追求する戦略を，オムニチャネル戦略と言う。

オムニショッパーは，しばしば，店舗で商品情報を収集してECで商品を注文するという，ショールーミングと呼ばれる行動を取る。これは店舗小売企業から見ると，店頭での商品在庫や販売員による説明で消費者への情報提供に費用をかけても，他のECで購買されてしまえば店舗で提供した情報にフリーライドされたことになるという点で問題であった。

このフリーライドの影響を少なくするためには，店舗小売企業が自らEC事業を展開することが考えられる。さらに，店舗とECという2種類のチャネルを併せ持つことを「強み」にするために，店舗事業とEC事業それぞれの顧客データを統合的に管理して顧客関係管理の精度を上げ，より有効な販促活動を展開したり，その効率化を図ったりすることが求められるようになる。そこで，店舗とECのチャネルを統合的に管理する戦略としてのオムニチャネル戦略が重要になる。

オムニチャネル戦略には，2つの構成要素がある。1つは，複数のチャネルを企業が展開するマルチチャネル化，特に，店舗事業を展開してきた小売企業がECチャネルを追加することで，顧客との接点を増やし売上を伸ばすことを期待した，オフライン—オンライン間でのマルチチャネル化である。そして，もう1つは，このマルチチャネルの管理を進化させ，チャネル間で情報処理を統合することである。

後者に関しては，販売局面における顧客関係管理の情報処理を統合することが特に課題となる。というのも，もともとオムニチャネル戦略は，消費者がオムニショッパーとしてオフラインとオンラインの両方で購買行動を展開することに対応するための戦略であるため，店舗とECのそれぞれの販売局面における顧客関係管理の情報処理をシームレス（seamless）に統合することが必要とされたからである。しかも，ECでは販売局面における顧客関係管理の情報処理が発達していることから，そこで蓄積されたデータやデータの分析方法を，店舗事業でも有効に利用することが期待されているのである。

具体的には，小売企業が店舗事業やEC事業における顧客データを一括して管理することにより，顧客のオンラインでの情報収集やSNSにおけるコミュニケーションに基づいて，ECにおける効果的な販促活動を展開するとともに，位置情報連動アプリ（location-based apps）を使ってタイムリーに店舗への「送客」（顧客誘導）を行うことが可能になる。また，店舗とECとの間での顧客データを共有することで，店舗をECの物流と人的サービスの拠点として利用できるようにしたり，ECを店舗の窓口として利用できるようにして，ECと店舗の利便性を高めることも期待される。

● 販売局面のデータ統合の難しさ

販売局面での情報処理の統合は，小売企業におけるオムニチャネル戦略による高い成果への期待をもたらすものであるが，他方で，この統合の難しさがオムニチャネル化における大きな課題となる。

まず，店舗事業のデータをEC事業で活用することが容易ではない。販売員が接客中に収集した顧客データは，ECのように電子情報として収集されるものではないので，販売員がわざわざEC事業のために情報システムに入力しないと利用することができない。しかし，販売員によるデータ入力は明らかに重い負担となるため動機付けが難しい上，販売員の処理能力の限界から接客サービスの有効性を損なう可能性がある。

一方，EC事業で収集される顧客の情報収集や購買履歴についての情報は，店舗で共用し，そのデータに基づいて顧客関係管理を行ったり，販売・サービス活動の戦略を構築したりする上で有用と考えられる。ただし，シームレスな情報共有ということからイメージされるように，販売員にECの顧客情報をもたらすことで柔軟で即応的な接客に生かすとなると，来店時における個々の顧客の識別という課題が発生する。すなわち，顧客が過去にECでどのような情報収集や商品購買を行ったかという情報は，来店した個々の顧客の識別情報を入手できて初めて活用されるものである。しかし，顧客の識別情報は，FSPなどを通じて決済時点に得られるとしても，来店時に取得することは容易ではない。

位置情報連動アプリを利用して，来店した顧客に即時的に販促情報を送ることも可能であるが，アプリを導入するほどブランドや店舗に対して高いロイヤルティを持っているような顧客に販促情報を提供することになるので，その技術導入のための追加投資の効果が販売員による既存の対応の効果を凌駕するかどうかは疑問である。すなわち，アプリを自ら導入するほど関係性ができている顧客については，販売員がすでに顧客のことを認識している可能性が高く，顧客側も販売員による人的な販売活動・サービス活動への期待が一般的に高いと予想される。そこにECのデータを活用できたとしても，それによって追加される販促効果は，かけた費用ほど高くない可能性がある。むしろECでのデータがより必要とされるのは，アプリを導入するほどの関係性がまだ十分に構築されていない顧客であるが，そのような顧客の識別情報を来店時に入手することは難しいと考えられる。

したがって，EC事業のデータは，ECの利用者から近隣の店舗への誘導のような「送客」のための販促活動のために利用されるにとどまり，シームレスな情報共有という水準に到達するのは難しい。むしろ，本部がEC事業で収集されたデータに基づいて店舗販売員の販売活動への指示をオンラインで行えば，それによって自由度が少なくなった販売員は，顧客との関係性の構築が難しくなり，主体的に創意工夫を行うことも少なくなると予想される。それは店舗事業の競争優位を損なうことになるので，小売企業は，そこまでのデータ統合を望まないことが予想される。

● オムニチャネル戦略の現実的展開

店舗とECとの販売局面におけるデータ統合には限界があるが，このことが小売企業におけるEC事業の拡大を妨げるわけではない。むしろ，EC市場の成長への期待と店舗事業の出店の立地的な制約を考えるなら，店舗事業をメインとする小売企業は一層EC事業の拡大を図ることが予想される。それは小売企業におけるマルチチャネル化の進展を意味するが，それがさらに販売・サービス活動に関するシームレスな情報処理の統合にまで発展するのには限界があるということになる。

また，オムニショッパーへの対応には販売局面のデータ統合が課題であることは上述の通りであるが，だからと言って，店舗事業とEC事業間で販売局面におけるデータ統合以外の活動の統合が重要でないわけではない。

まず，販売局面での配送やサービスにおける店舗とECとの活動の連携は，顧客に利便性をもたらす。例えば，顧客がECで注文した商品を店舗で受け取ることができるようになれば，顧客は商品の配送時間を気にする必要がなくなるため，在宅時間が限られる顧客には利便性が高いサービスとなる。また，眼鏡をECで購入し，検眼などを店舗で行うというように，ECで購入した商品について，店舗で人的なサービスを受けることも可能になる。このような配送やサービスの店舗・EC間での連携は，オムニショッパーに利便性をもたらすが，それはオムニチャネル戦略のもとで配送・サービス活動を統合的に管理することで可能になるのである。

また，これは必ずしもオムニショッパーへの対応という意味ではないが，店舗事業とEC事業との間での範囲の経済性を達成することも，双方の事業の効率化を追求する上で重視される。具体的には，店舗事業とEC事業との間で品揃えを共通化したり，仕入の物流システムを共有したりすることで，費用を節約して利益率を高めることができる。

したがって，オムニチャネル戦略の現実的な展開は，店舗事業とEC事業というマルチチャネル化を推し進めることと，販売局面におけるシームレスな情報処理の統合よりも，配送・サービス活動の統合的管理や品揃え，仕入局面の共通化による効率性の追求という形になりやすいことが，推測されるのである。

演習問題

[1] あるEC業者を1社取り上げて，その企業がどのような顧客関係管理を行っているかを調べてみよう。

[2] 店舗事業とEC事業を展開する小売企業を1社取り上げて，その企業がどのように店舗事業とEC事業を連携させているのかを調べてみよう。

第12章

小売業における情報化の進展

1　情報通信技術の発達と導入

● 商品流通における情報流の変化

生産者から消費者への商品流通においては，商流，物流，情報流という3つのフローが含まれている。商流は，貨幣との交換によって商品の所有権が移転するフローであり，物流は，商品が物理的に移動するフローで，情報流は，こうした商流や物流に伴って交換される情報のフローである。

この商品流通の情報流には，商流と物流に関わる情報のフローが含まれている。商流との関連では，売手が買手に対して取引を動機付けるために売手から商品の販促情報が発せられ，売手と買手の間で取引が行われる過程において何をどのような条件でどれだけ購入・販売するのかという取引条件に関する情報の交換が行われる。また，物流との関連では，商品の物理的な移動・保管の状態を知らせたり，移動や保管の指示を行ったりするための情報が取引相手や物流業者との間で交換される。

さて，発達した情報通信技術が社会に普及・浸透することは，一般的に情報化と呼ばれているが，近年の情報化は，これらの情報流に大きな影響を及ぼしている。その1つは第**11**章で説明したECであり，インターネットの技術を使って販促と取引を行う無店舗販売による小売業態の成長をもたらした。そして本章では，情報化のもう1つの影響として，店舗販売を行う小売業の仕入や販売に関わる情報化の影響を考えることにする。

● 情報化の影響

情報化は，情報の電子情報化とオンライン化，そしてコンピュータ化が組み合わされた，情報通信の技術革新の導入として展開されている。

まず，電子情報化とは，データを0と1のデジタル信号に変換して，コンピュータなどの情報処理機器を使った情報システムでの通信や処理を迅速かつ効率的にできるようにすることである。例えば，小売企業がある商品を卸売企業から仕入れるときに，その注文書を情報システムを使って発行し，それをオンラインで卸売企業に送ることができれば，注文情報は電子情報として卸売企業に送られることになる。卸売企業では，その電子情報をそのまま使って，商品の取引・決済の手続きに使ったり，小売店舗への商品の配送を物流センターなどに指示したりすることができる。しかも，物流設備が自動化されていれば，人手を介することなく，商品のピッキングや搬出をその電子情報に基づいて行うことも可能になる。

これら一連の作業を旧来の情報通信手段である電話やファクシミリで行おうとすれば，情報の送り手と受け手の双方に多くの手間を発生させるために，人件費が高くなる。また，電話やファクシミリでは，情報を伝えたり指示を出したりする時間も多く要し，それだけコストが多くかかる上に，一連の作業を迅速にできない。つまり，電子情報化は，効率化と迅速化を達成する上で必要な技術的条件となっている。

次に，オンライン化は，通信機能を持った機器をネットワーク回線を使って接続し，電気的にデータを送れるようにすることであるが，通常は，特に電子情報化されたデータをインターネットや専用回線を利用して送信できるようにすることを指す。そして，電子情報化されたデータを情報処理機器や自動化された物流設備の間で迅速かつ効率的にやり取りできるのは，これらの機器や設備の間がオンラインで結ばれているからである。このことから分かるように，電子情報化とオンライン化には密接な関係があり，データが電子情報化されているがゆえにオンライン化が可能になる一方で，オンライン化されているからこそ電子情報化されたデータを迅速かつ効率的に送ることができるのである。

また，オンラインの対義語は，オフラインであるが，商品流通や小売業でオ

Column ㉑ デジタルとリアルの融合

デジタルの情報処理や通信の技術が発達し，産業社会に広く普及することに伴って，デジタル技術を人的・物的な意味でのリアルの世界にいかにうまく適合させて活用するかという経営的な課題が表面化するようになった。このような課題は，一般的にデジタルとリアルの融合問題と言われており，小売業においてもこの融合問題が議論されている。ただし，デジタルとリアルの融合にもいろいろな局面があり，以下のように4つの融合の問題として理解することができる。

まず1つ目は，モノ（ハード）とサービス（ソフト）を組み合わせて顧客に販売する局面であり，物販ではなくソリューション提案に転化させることで，差別化・高付加価値化を目指すことに関する課題である。そして，ここにデジタル技術が関わることで，自動車や家電などの製品にデジタルサービスを付加するパターンや，デジタル製品と人的に行うサービスとを組み合わせるパターンの，それぞれでの戦略問題が議論されるようになる。

2つ目は，販売チャネルに関するデジタルとリアルの融合であり，第**11**章で説明したようなEC（デジタル）と店舗（リアル）の事業を1つの小売企業のもとで展開し，シナジー効果を期待するオムニチャネル戦略の課題である。

3つ目は，販促コミュニケーションにおけるデジタルとリアルの融合であり，デジタルの情報通信技術と販売員や営業担当者の行う人的な活動とを有効に関連付ける課題である。例えば，販売員の活動をデジタルの情報通信技術を使って支援することや，SNS広告などオンラインの販促コミュニケーションと店舗での販売・販促活動とを関連付けることなどが，この課題となる。

4つ目は，消費の現場で起きているデジタルとリアルに関する問題である。消費者は，これまでの実体験（リアル体験）に加えて，デジタルの世界での体験を持つことが増え，そのことを重視する傾向が顕著になってきた。例えば，「インスタ映え」というのは，実体験をオンライン上で表現することにとどまらず，オンラインで認知されるという体験を求めて実体験の行動が引き起こされる現象と考えることができる。これは消費者のリアルな行動がオンライン空間での共有によって異なる意味を付与されることを意味するが，その逆のパターンもある。拡張現実（AR：augmented reality）を使ったゲームやサービスでは，オンライン空間での仮想世界が現実の状況や行動によって付加価値をもたらされているのである。したがって小売企業としても，デジタルとリアルの購買経験を理解し，顧客に何を提供すべきかを考える必要がある。

以上のように，デジタルとリアルの融合問題は，多様な局面において捉えられるが，それゆえにデジタル技術の導入や普及の問題は複雑なものとなっている。また，これらの多様な局面において企業の戦略的・組織的な対応が重要となる。

フラインというのは，単にオンライン接続がなされていない状態という意味ではなく，特に人と人とのコミュニケーションを通じて情報を伝達することを意味する。オフラインの情報伝達は，対話によって詳細な情報を送れることや人間関係がすでに形成されている場合には情報の信頼性が高いというメリットがある反面，コストと時間がかかるというデメリットがある。そこで，注文や物流などでオフラインの情報伝達をオンライン化することによって，効率性や迅速性を達成するのである。

最後に，コンピュータ化は，商品流通に関するデータの電子情報化とオンライン化に基づいて，やり取りされるデータをコンピュータなどの情報機器で処理することである。具体的には，電子情報を複製・加工して物流や決済などの作業が引き続いてすぐにできるようにしたり，こうした電子情報を蓄積して事後的に分析できるようにすることである。

電子情報化されたデータとオンライン化による機器間の接続があるからこそ，販売や物流の場面で情報機器によって集められた電子情報を，コンピュータ化により効率的かつ迅速に情報処理できることになる。しかも，事後的な分析に当たっては，本部などで集中的にデータを蓄積して専門スタッフによる分析を行う一方で，電子情報は複製が容易なことから，それを各店舗や地域本部に送って，それぞれの場所で分析することも可能になる。

● **さまざまな情報化**

店舗小売業における情報化には財務や人事の管理のためのものもあるが，小売業特有の情報化と言えば，流通・販売に関する情報化になる。そして，この流通・販売に関する情報化は，決済局面，物流局面，顧客管理局面，そして販売活動局面に，大きく分けることができる。ただし，これらの局面で情報システムが分かれているわけではなく，一般的にはそれらが互いに関連付けられていることが多い。

まず決済局面では，POSの導入が典型的な情報化であり，他の情報化の先駆けとなっている。物流局面では，情報システムと自動化・機械化された物流施設を組み合わせた，迅速で多頻度少量の配送システムが小売業で普及している。そして顧客管理局面では，ポイントカードなどのFSPを利用して顧客を識別できるようにして，個々の顧客の購買行動を分析し，顧客ごとに異なる販促活動を展開したり，顧客層の分析を行って，店舗の品揃え計画を見直したりすることが行われている。最後に販売活動局面では，店舗販売員の販売活動を支援したり，販売員そのものを代替したりするための情報化が展開されている。

以下では，これらの局面ごとの情報化について，その特徴や傾向を詳しく検討することにしよう。

2 決済局面での POS の活用

● POS の導入

一般的に POS（ポス）と呼ばれている販売時点情報管理システムでは，小売店舗で消費者が購入商品の支払いを行うときに，レジ（レジスター）において商品のバーコードをスキャナーで読み込むことで商品の販売情報を入力するが，それが商品の単品レベルの情報となっており，どの商品がいつ，どのような商品と一緒に購入されたかを捉えることができるようになっている。

以前のようにレジで購入の合計金額だけを計算するのであれば，消費者の決済や販売額の集計という目的でしかレジを利用することはできないが，商品の販売において単品別のデータをレジで取得できることは，次の 2 つの効果をもたらす。

まず 1 つは，どの商品がいつ販売されたかという電子情報を商品の発注データに転用して，後述する物流の情報システムと連係させることで，販売された商品について迅速な店頭在庫の補充が可能になる。

2 つ目に，より重要な効果として，単品別のデータに基づいて消費者の購買パターンを分析することで，店頭の品揃えの最適化や販促活動の改善ができるようになる。

例えば，ある商品がどのような商品と一緒に購入されるかというパターンを分析して，店舗の品揃えから削除できる商品の候補を見つけることができる。すなわち，販売量が少ない商品について，それを「死に筋」と判断して品揃えから排除してしまうと，一緒に購入されやすい商品の売上も減少したり，来店客数が減ったりする場合があるが，POS データの分析を通じて，その危険性を少なくすることができる。

さらに，どのような商品がいつ購入されたかというデータから，季節，曜日，天候・気温による販売量の変化を捉え，適切な品揃えや各商品の在庫量を決めることができる。同様に，クリスマスやハロウィーンなどの社会的行事において，どのような商品をどのように販売するべきかを考えたり，広告や店頭での販促活動を実施したときに，それらの効果が期待通りに表れているかどうかを検証することができる。

● POS データの分析

POS データを分析して品揃えや販促活動をよりよくするためには，品揃えや販促活動についての仮説を立て，その仮説を行動に移して，その仮説が正しかったかどうかを POS データで検証するという，仮説―検証のプロセスを繰り返すことが重要になる。

これは，第**6**章で述べた PDCA サイクルに基づくもので，計画を立て（plan），その計画を実行し（do），その結果を確認し（check），次の改善を行う（act）ことを繰り返すことである。ただし，計画を立てることや結果から次の改善を導くことがうまくできないと，この PDCA サイクルを繰り返すことができない。そこで，仮説を立てることが強調される。すなわち，立てた仮説に基づいて計画を立案し，検証したときに結果が思わしくない場合には，別の仮説を立てるようにするのである。

例えば，ある店舗での POS データから，生鮮野菜が高騰しているときには野菜スナック菓子が売れるという傾向を見出し，野菜スナック菓子を野菜売場に置けば，野菜スナック菓子の販売量が増えるという仮説を立てたとする。そして，野菜スナック菓子を菓子売場に加えて野菜売場にも陳列してみて，その日の POS データで，その仮説が正しいかを確認するのである。もし野菜スナック菓子の売れ行きが伸びれば，他店舗にもこの試みを広げることになり，期待したほど売れなかったとすれば，その原因を POS データに基づいて検討し，提案する内容や表現を見直したり，別の商品との組み合わせを考えたりすることになる。

したがって，POS データは，店頭にある商品の販売動向を表すだけでなく，店舗で行われる改善のための情報的な基盤となるが，そのような改善を導くためには，仮説を立てるという行為が重要になる。しかも，小売企業の本部スタッフだけがそれを行うのではなく，店舗の従業員が改善のために率先して仮説

Column ㉒ モバイル決済による支払手段の多様化

アジアの近隣諸国に比べ，普及が遅れていると言われるわが国のモバイル決済であるが，訪日外国人対応や2019年10月1日からスタートした消費税増税に伴うポイント還元と中小小売店向け決済端末導入支援を転機として，その普及が進みつつある。特に後者については，2019年10月までにキャッシュレス対応をすれば，政府の導入支援を受けつつポイント還元目当ての買物客を取り込めるため，多くの小売店や飲食店で導入が加速化した。

モバイル決済には，次の2つのタイプがある。1つ目のタイプは，モバイルアプリ決済で，例えば，PayPay，楽天ペイ，LINE Pay，d払い，中国で主流のアリペイ（支付宝），ウィーチャットペイ（微信支付）のように，QRコードやバーコードをPOSシステムやモバイル端末で読み取って決済するタイプである。2つ目は，モバイルIC決済で，これは，NFCやFelica，Androidのおサイフケータイ，iOSのApple Payのように，ICチップを内蔵したモバイル端末を対応機器にかざすと決済できるタイプである。

導入する小売企業にとって，モバイル決済システムの導入は，クレジットカード対応に比べて初期費用や加盟店料が安く，しかも，レジ対応の人員を減らせるというメリットがある。その反面，決済システムの提供企業が乱立しており，顧客がどの決済手段を利用しているかや，手数料や入金サイクルといったサービスに違いがあるため，自社の顧客層に合った方式を採用する必要がある。

を立て，実行・検証するのが望ましい。それができる組織は，競合が追随できない競争力を得ることができる。このことは，POSデータを活用するためには，POSデータの情報処理機器を導入するだけでなく，店舗において，そのデータを分析する能力を蓄積することが重要になることを意味している。

3 物流の情報化

● 多頻度少量配送の重要性

第**4**章で説明したように，近年の小売企業では，製造企業や卸売企業から小売店舗への商品の配送において，情報システムと自動化・機械化された物流センターを利用した多頻度少量配送システムが構築されていることが多い。この多頻度少量配送システムにおいては，小売店舗が卸売企業などの仕入先に注文する頻度や仕入先から小売店舗に注文された商品を納品する頻度が多く，また，少量でも注文や納品が行われる。多頻度少量の注文や納品が可能であれば，小売店舗における品目ごとの在庫数量を減らして，在庫回転率を高めることができる。もし在庫の補充を低頻度でしか行えないならば，販売による品切れを防ぐためには，在庫量を多くする必要があるだろう。しかし，多頻度少量配送システムが導入されれば，迅速でこまめな在庫の補充が可能になり，より少ない在庫量でも品切れを防ぐことができるようになる。また，少ない在庫量で同じ売上を達成できるため，在庫回転率が改善されることになる。そして，品目ごとの在庫量を少なくすることは，より少ない売場面積で販売したり，品揃えの広さや深さを大きくして品揃えの魅力を高め，販売額を増やしたりすることも期待される。

特に，現代のように需要の不確実性が高いほど，需要の予測は難しくなるが，そういう状況で各品目について多くの在庫を店頭に持つと，需要が低下すれば多くの売れ残りが発生し，廃棄や値引販売による損失が発生することになる。それを避けるためにただ在庫量を少なくすると，需要が増えたときに品切れが発生し，販売機会を逃したり，顧客に不満を与えて来店客数を減らしてしまう。そこで，多頻度少量の配送で店頭在庫を少なくしながら，在庫を頻繁に補充することが重要になる。

● 多頻度少量配送の技術

これまで述べてきたように，多頻度少量の配送システムは小売企業の経営効率を高めるが，その導入の技術的な条件となるのが情報化技術である。まず基本となるのが，小売企業や仕入先の物流センターにおける情報化である。小売店舗からオンラインで送られてきた注文の電子情報に基づいて，商品を自動的にピッキングするか，あるいは，デジタル表示器やバーコードリーダーなどの情報機器を利用して人がピッキングを行う。

そして，出荷先の店舗ごとに集められた商品が店舗に配送されるが，その配送の指示も情報システムを通じて行われる。さらに，小売店舗から商品を発注する場合にも，EOS（electronic ordering system：電子受発注システム）を利用し，店舗でハンディターミナルや情報端末を使って省力的に発注を決定し，電子情報として小売企業本部や仕入先に送ることも可能である。

このような情報処理技術が導入されていなかった時代では，店舗への多頻度少量配送を行おうとすれば多くの人手に頼るほかなく，それゆえに多大な物流コストがかかるため実現しなかったのであるが，現代では，物流局面に情報処理技術を積極的に導入することで効率的かつ迅速な物流作業が可能になった。そこで，前述のような頻繁な在庫補充による経済的な効果が期待される状況においては，多頻度少量の配送システムが選択されるようになったのである。

● 仕入先との協調的関係の重要性

多頻度少量配送システムは，小売企業に経済的なメリットをもたらすゆえに，現代では多くの小売企業で採用されている。ただし，多頻度少量の配送を行うためには，製造企業や卸売企業も小売企業と同様に情報化や自動化・機械化への投資が必要になる。つまり，小売企業が多頻度少量の発注や入荷を行うためには，製造企業や卸売企業も多頻度少量の注文に対応し，商品を迅速に仕分けして，出荷しなければならない。それは当然，情報化や自動化・機械化のための投資を伴うことになるが，取引関係がすぐに切られる危険性が高ければ，特定の小売企業との間でしか使えないような技術への投資を行うのは難しい。また，小売企業が多頻度少量配送によって経営効率化を達成して利益を上げたとしても，製造企業や卸売企業にとっての利益に結び付かないならば，彼らはそのような投資に積極的になれないだろう。

そこで小売企業としては，仕入先を絞り込み，特定の製造企業や卸売企業との取引関係を安定させることで，彼らが今後も継続的に取引ができるという期待を持って，その小売企業への多頻度少量配送のために情報化や自動化・機械化の投資ができるようにすることが必要になる。さらに，小売企業のPOSデータなどの情報を製造企業や卸売企業と共有することで，生産段階での適時適量生産や卸売段階での在庫の適正化を実現させ，彼らも多頻度少量配送システムを通じて経営成果を高められるようにすることも重要になる。

4 顧客関係管理における情報化

● 重要顧客の識別とFSP

来店頻度が高くストアロイヤルティを持っている顧客は，重要顧客と考えられる。重要顧客への売上は店舗の安定的な経営成果に貢献すると同時に，そのような顧客は店舗への信頼関係を形成していることが多いため，効果的に販促情報を伝えることができる。ただし，そのような重要顧客かどうかの判断を販売員に任せてしまうと，漏れが発生したり，販売員の能力による対応のばらつきが発生したり，販売員の異動などでその知識が失われたりするという問題が発生する。

そこで小売企業は，ポイントカードなどを発行したりスマートフォンのアプリを利用したりして，個人の識別情報と購買頻度とを関連付けることで，来店して商品を購買する頻度の高い顧客を識別する制度を持つようになった。この制度は，情報化が導入される以前から，リピーターとなっている顧客を優良顧客として優遇することを狙いとして行われており，顧客に会員カードを発行し，購買のたびにスタンプを押したりシールを発行したりしていた。

現代でも，このような頻繁に商品を購入してくれる顧客を優遇するために，ポイント制度を利用する小売企業は少なくない。これは前に述べたFSPと呼ばれる制度であるが，この場合における情報化の導入は，FSPに関する業務の効率化が目的となる。つまり，顧客の商品購買で付与されるポイントを電子情報で管理することで，FSP業務にあまり人手をかけないようにするのである。

● 顧客データの分析

前に説明したように，POSデータを分析することで顧客の購買パターンを推測することができるが，POSデータは顧客が誰であるかを識別しないので，顧客別の分析はできない。顧客別の分析とは，例えば，ある顧客が来店する頻度がどれぐらいかを知ることにより，その顧客がどの程度のストアロイヤルティを持っているかを測ることであったり，ある顧客が過去に何を購入したかを知ることで，購入するブランドのスイッチがどのように発生しているかを捉えたりすることである。

なお，POSレジには購入した顧客の年齢層や性別を販売員が入力できるようにしたものもあるが，それも年齢層や性別による購買パターンの違いを捉えるのにとどまり，上記のような顧客別の分析はできない。

例えば，ある商品の価格を引き下げたところ，その商品の売上が伸びたとする。POSデータでは，価格引下げによる店頭での需要増加の効果を検証できる。しかし，その売上の伸びが，いつもその店で購入している顧客がその商品をいつもより多く購入したことによるのか，普段はその店で別のブランドの商品を購入している顧客が当該商品を購入したのか，それとも新規の顧客が来店して購入したのかは，POSデータでは分からない。同様のことは，広告などの販促活動の効果を考える上でも問題になりやすい。

そこで，FSPで得られる顧客IDデータとPOSデータを関連付けて顧客の購買データを分析することで，効果的な販促活動を行ったり，店舗の価格戦略や品揃え戦略を見直したりする小売企業が現れるようになった。具体的には，商品の販売時点で顧客の会員情報を取得して，顧客IDデータと購買された商品のデータとを「ひも付け」するID-POSのシステムを導入し，そのようなデータを蓄積して分析を行うのである。

これは，第**11**章で説明したようなECにおける顧客関係管理と同じ手法を，店舗販売に適用するということである。すなわち，顧客の購買データに基づいてデシル分析やRFM分析を実施し，顧客をグループに分けて特定の顧客がどのようなグループに属しているかを識別し，その顧客に対する適切な販促活動を展開するのである。例えば，頻繁に来店する顧客や最近になってよく来店するようになった顧客に対して，オンラインクーポンを発行したりPOSレジのレシートにクーポンを印刷したりする。さらに化粧品や健康食品などでは，POSによる購買履歴データと関連付けることで購入した商品の消費状況を推測し，次の購買のタイミングに合わせてオンラインクーポンを送ることも，有効な販促になる。つまり，こうして顧客IDデータとPOSデータを関連付けた顧客関係管理を行うことで，販促活動をより効果的に効率的に実施することができる。

ただし，これも第**11**章で述べたように，ECと異なり店舗販売では，ポイント制度などを利用する限られた顧客のIDデータしか「ひも付け」ができない。特にスマートフォンアプリを使った会員登録については，高齢者の顧客ID情報を得るのが難しい場合が多い。にもかかわらず高齢者は，購買頻度や年間の購買総額などから重要顧客になっている場合が多いため，高齢者の顧客ID情報を十分に得られないと，小売企業による顧客関係管理も不十分なものとなってしまう。つまり，有力な顧客候補のデータが欠けた顧客IDデータで顧客の行動を分析することになってしまうので，正確な分析ができず，販促効果も高まらない。

したがって，小売企業は，単に顧客の購買を動機付けるためだけでなく，顧客別データを分析するためにFSPを導入するのであれば，ターゲットとする顧客層に対して高い比率で会員登録や販売時の顧客IDの提示を勧める必要がある。FSPにおいて入会や利用の比率が十分に高ければ，その購買データの分析から，個々の顧客に対する適切な販促活動をタイムリーに展開するとともに，ターゲットとなる顧客層に合った品揃えや商品価格設定を通じて競争優位を築くことができるようになる。

● 販促・広告活動への活用

これまで述べてきたように，顧客IDデータと過去の購買データとを関連付けて購買パターンを分析することで，誰がいつ，どのような商品を購買したのかが分かるようになる。そして，その購買パターンから，どのような商品の販促・広告や低価格に対して，どのような反応をするのかを推測できるようになる。

すると，消費者をいくつかのセグメントに分類した上で，オンライン広告や価格への反応の大きさを予測し，特定のセグメントに対してオンライン広告やオンラインクーポンを送ることが可能となる。紙媒体のチラシ広告では，地理的範囲は指定できるが，それ以外の条件で絞り込んで，特定のセグメントだけをターゲットにした効果的な販促メッセージを送ることができない。また，会員向けのDM（ダイレクトメール）では，特定のセグメントを抽出した販促活動は可能であるが，そのための費用が高くつくという問題があった。つまり，オンライン広告を利用することで，従来よりも効果的・効率的に販促活動を展開できるようになったのである。

さらに，顧客のスマートフォンに位置情報連動アプリを導入させて，顧客が店舗の近くに来たときに，適切なタイミングでその顧客のニーズに合った効果的な販促情報を送ることも可能となっている。

また第**11**章で述べたように，小売企業がオムニチャネル戦略を採用し，店舗事業とEC事業の両方で顧客データを共有して活用するのであれば，個々の顧客のECでの購買履歴だけでなく，ECサイトでの情報収集行動のデータも利用して，オンラインや店舗での販促コミュニケーションを効果的に行うことができる。

このように，ウェブサイト，Eメール，SNSなどのインターネット技術を利用したオンラインでの販促コミュニケーションの技術革新は，それを導入し，FSPによって個別の顧客データを収集し，POSデータと関連付けて個々の購買パターンを分析することで，その効果を一層発揮できるようになったのである。

5 販売活動の情報化

● 販売活動の支援と代替

近年の情報通信技術の導入は，これまで述べてきたような各局面から，さらに，販売員による販売活動を支援したり，販売活動そのものを代替したりする情報化へと，広がりを見せている。

まず，情報化による販売員の販売活動支援とは，販売員が顧客に対面して販売活動を行うことを前提に，販売員にタブレット端末などのスマートデバイスを持たせ，来店した顧客に応対する最中にも，商品についての詳細な情報だけでなく，顧客の購買履歴や購買履歴から導かれる推奨商品などのデータを情報システムから引き出せるようにして，販売活動がスムーズにできるようにすることを指す。

なお，こうしたデータは，前述の顧客関係管理に関する情報の収集と分析から得られるものである。従来は，こうした情報の分析結果を販売員が事前に把握しておかなければならなかったが，情報通信技術の発達によって，顧客に対応している時点でも必要な情報をタイムリーに販売員へ提供できるようになったのである。

次に，販売活動の代替とは，店舗に情報端末や接客ロボットを導入し，顧客がそれらの機器を操作して，販売員の代わりに商品説明などの情報を得ることや，セルフレジやオンライン決済での支払いと商品の受取りができるようにすることである。なお，第11章で述べたECも販売活動の代替の一種であるが，ここでは店舗という販売拠点を設けた上で販売活動を代替することを考えるものとする。

● **販売活動の情報化の効果**

情報化による販売活動の支援は，顧客に提供できる情報の質を引き上げ，効果的な販促活動が可能になることから，売上増加や競合店舗に対する差別化に寄与する。さらに，熟練した販売員でなくても，スマートデバイスを通じて適切な情報を顧客に提供できるようになることから，販売員の育成期間を短くしたり，非正規従業員を活用したりできるようになり，人件費を引き下げることも期待される。また，情報化による販売活動の代替は，販売員の数を減らし，人件費をより多く節約する効果が期待される。

ただし，これら販売活動の支援や代替を行うためには，情報端末や情報ネットワークなどへの情報化投資が必要になる。そのコストが情報通信技術の革新によって引き下げられたことから，こうした販売局面の情報化が現実に展開されるようになったと考えられる。さらに言えば，こうした支援や代替の技術導入に要するコストに比べ，それによる成果が大きいと期待される業種ほど，販売局面の情報化は進みやすいと言える。

では逆に，この情報化による成果が大きくならない状況とは，どのような状況であろうか。この疑問は，どのような状況では，販売局面が情報化されにくく，あくまで販売員が自分の知識・能力を使って販売コミュニケーションを取らなければならないのかと言い換えることができる。

● **販売活動の情報化が難しい状況**

その１つは，顧客への販売活動において，顧客と販売員との間に形成される人間関係が重要な役割を果たす状況である。販売員による顧客とのコミュニケーションでは，顧客との間に人間関係が形成されているほうが，よりスムーズな対応が可能になる。それは，人間関係があるほうが，販売員のもたらす情報を顧客が信頼しやすいことに加え，顧客の潜在的な需要を販売員が会話を通じて引き出しやすいからである。

そのような人間関係のある状況では，販売員が顧客を識別し，顧客に関することを記憶している可能性が高くなるため，販売員が顧客データを情報端末から得るメリットは相対的に小さなものとなるだろう。また顧客の側も，人間関係を前提としたコミュニケーションをしている最中に，情報端末の支援を受けた販売員の対応を見せられれば，販促的な情報の信頼性はネガティブな影響を受けるだろう。分かりやすく言えば，タブレット端末に出される「シナリオ」通りに対応する販売員では，顧客に信頼されなくなる。

また，情報機器と顧客との間に人間関係を形成することはできないため，人間関係に基づく販売員の活動の効果を情報化から得ることも困難である。具体的に言うと，情報システムが登録されていた顧客の個人名を示しても顧客は親近感を覚えないが，販売員が顧客の個人名を覚えていて名前で呼びかけることができれば，顧客はその対応に親しみを感じるはずである。

情報化が成果をもたらしにくいもう１つの状況は，販売員による顧客への定型的な対応ではなく，臨機応変に革新的・創造的な行動が求められる状況である。例えば，接客サービスによって顧客に感動をもたらしたり，販売活動をより効果的・効率的に行うための改善を販売現場で蓄積したりすることを目指すなら，販売員の創意工夫に基づいて，革新的な取組みにチャレンジすることが重要である。

ところが，販売員が情報化の支援を受ける形で顧客への販売活動を実践すれば，その情報に依存した行動を誘導してしまうために，顧客の潜在的な需要や販売現場において解決すべき新たな課題に関する関心が低下する可能性がある。顧客への対応を販売員の裁量に委ねるからこそ，販売員の行動に即応性や柔軟性が生まれ，その中で革新性・創造性が発揮されるが，情報化の支援が介入すると，その裁量性が制約されることになりやすい。販売員とすれば，情報端末の指示とは違う臨機応変の行動は取りにくい状況が形成されていることになる。

また，そのような状況において販売活動を情報機器に代替することは，革新的・創造的な販売員の行動を引き出せないため，販売員の革新的取組みに関する組織能力を競争優位の源泉とすることはできない。

したがって，販売活動において，顧客との人間関係に基づくコミュニケーションが重要な場合や，販売員の革新的・創造的な行動が求められる場合には，情報化による販売活動の支援や代替を進めるよりも，事前に販売員の能力を高めて販売員の判断に任せることが有効となりやすい。

このような状況は，高価格で付加価値の高い商品や小売店舗でのサービス活動が重要な商品において見られる。ただし，このような場合においても，販売局面に高度な情報通信技術が導入されないわけではなく，事前に販売員の能力を高める段階においては，前に述べたような顧客関係管理データの収集と分析が情報化によって効果的に行われることになる。すなわち，情報通信技術を使うことで多くの販売員が接した多様な顧客のデータやそれらの時間的な変化を捉え，販売成果との関連性も検討することで，顧客タイプ別の分析や顧客の行動変化の分析が可能になり，個々の販売員による販売現場での情報処理能力を高められるのである。

このことは，第**11**章で述べたような，ECと対抗して店舗小売業が競争優位をいかに形成することができるのかを考える上でも有用である。つまり，ECとの競争に勝つために，販売活動における情報化を進めて効率的な店舗販売を目指すだけではなく，販売活動における販売員の能力を高めるように顧客関係管理の局面での情報化に注力して，ECとの差別化を考える必要もあるだろう。

演習問題

1 販売活動の情報化を積極的に導入している店舗小売企業を1社取り上げ，その企業が情報化を通じて，どのような競争優位を形成しているのかを調べてみよう。

2 小売企業への多頻度少量配送に積極的に取り組む製造企業や卸売企業を1社取り上げ，その企業が小売企業への多頻度少量配送を通じて，どのような競争優位を形成しようとしているのかを考えてみよう。

第 13 章

小売業におけるサービス化

1　顧客サービス活動の重要性

●小売業における顧客サービス活動

販売員による顧客サービス活動とは，小売店舗内で販売員（あるいはサービススタッフ）が顧客に対して提供するサービス活動のことである。その多くは，ことさら「サービス」として意識されないかもしれないが，顧客からの質問に対する親切な対応，顧客への丁寧な挨拶や商品説明，レジでの迅速で的確な対応などの接客活動が，サービスの主要部分となる。なお，顧客の買物を支援する店舗内部の施設や駐車場，配送，アフターサービスなども顧客サービスと言えるが，ここでは販売員が顧客に対して行う人的な接客サービスを中心に検討することにしたい。

スーパーマーケットのことをセルフサービス店と呼ぶことがあるが，この場合のサービスとは，顧客サービスの一部である接客サービスを指す。つまりスーパーマーケットでは，百貨店や専門店とは異なり，顧客は販売員による商品の推奨や情報提供といったサービスを受けずに買物を行う。それに対し，対面販売を基本とする小売企業にとっては，接客サービスは，戦略上重要な付加価値要素となっている。

また，わが国では，無償のことを「サービス」と呼ぶことがあるが，顧客サービスとは必ずしも無償であることを意味しない。他方で，洋服のサイズ直し，返品受入れ，下取り，包装など，基本的には有償であるはずのものでも店舗によっては無償のサービスとして提供されることがある。その場合においても，単純に無償のほうが顧客にとって望ましいと考えるのではなく，企業間における非価格競争手段としての効果に対して，それぞれにかかるコストが見合うかという見地から，無償・有償の判断がなされる必要がある。

● サービス化への関心

小売業におけるサービス化（サービタイゼーション）への関心が高まっている。それは，コストリーダーシップ戦略を採用する小売企業の間で価格競争が激しくなっていることに加えて，EC との価格競争にも巻き込まれるようになり，サービス化によってこうした価格競争を回避しようとする傾向が顕著になってきたからである。

もし小売企業が近隣の店舗や EC でも扱っている商品をただ陳列して販売するだけであるなら，顧客は最も安い価格で販売している店を選択するはずであり，小売企業は価格競争に巻き込まれることによって利益が圧縮される。それに対し，小売企業が顧客にサービスを提供することで，顧客が自社店舗を特別な存在として選択してくれるならば，価格競争をある程度は回避できるようになる。つまり，小売企業はサービス化によって店舗の差別化をしようとする。例えば,「おもてなし」という表現に象徴されるように，販売員による接客サービスの質を高めることで，顧客のストアロイヤルティを高め，競争優位の構築を目指すのである。

ただし，差別化は，第 **10** 章でも述べたように，販売員による顧客サービス活動のほかに，店舗の立地や品揃えなどによっても達成可能である。また，サービスを通じて価格競争を回避するとは言っても，他店と同様の商品を取り扱う限り，価格競争と完全に無縁になることは難しく，差別化にも限界がある。しかしながら，顧客の多くが顧客サービス活動に対して付加価値を認め，ほかよりも多少高くてもその店舗を選び続けてくれるのであれば，利益率が高くなる可能性はある。

Column ㉓　小売業とサービス業

小売業は，川上に位置する売手から商品を取り揃え，川下の消費者に転売するという小売サービスを提供しているが，今日の小売業は，このような小売サービス以外の各種のサービス事業を小売店舗内で提供している。具体的には，飲食業，金融業，その他のサービス業が提供すべきサービスを，コンビニエンスストアやショッピングモールなどが提供するようになってきている。つまり，店舗小売業は，物販を中心としつつも，消費生活に関わる総合サービス業に転換しつつある。このことは，第**1**章で述べたモノからコトへと消費者ニーズが変化してきたことと無関係ではなく，それによって小売業は，飲食やレジャーなどの産業と競合していると見ることができる。

例えば，レジャーという視点で言えば，快楽的ショッピングの場を提供するショッピングセンターとアミューズメントパークは消費者の金銭と時間をめぐって競合している。また，小口現金をATMから引き出す上で，コンビニエンスストアは銀行と手数料収入をめぐって競争している。特に最近では，大手小売業自体が銀行業に進出している。以上のような競争は，小売業とサービス業の競争と見なすことができる。

また，顧客との対面が必要なサービス（例えば，理美容，スポーツジム，ペットトリミングサロン，医療機関など）の場合，その商圏の広さは消費者の行動範囲に限定される。そのため，大型商業施設などでは地域のハブとしてそうしたサービス提供業者を取り込むことで，競争優位を確立しようとしている。このような小売企業の戦略は，これらのサービス業とは補完的な関係にあり，顧客獲得で競合する異なる地域の大型商業施設に対する競争力を高めていることになる。

人口減少期に入ったわが国においては既存店周辺の人口も総じて減少し，各顧客の財布に占める当該企業のシェアを高めなければならないため，物販以外のサービスの取扱いを増やす傾向は今後も強まると考えられる。

2　小売業におけるサービスマーケティング

● サービスの特徴

製造企業が販売する製品は物財であり，マーケティングは，伝統的には特に消費財を想定して論じられてきた。しかしながら，サービス経済化が進展するのに伴い，1980年前後からサービスに特化したマーケティング理論の開発も進んできた。そこでは小売業をサービス業と見なす考え方もあり，小売企業による顧客サービスを考える上で，こうしたサービスマーケティングの知見は有用である。そこで本節では，サービスマーケティングの基本理論を簡単に解説しておく。

まず第一に，サービスは物財と異なり，次のような特徴がある。

(1)　無　形　性

サービスは，物財のような形を持たない。例えば，車にはそれ自体に形があるが，レンタカーというサービス自体に形はない。したがって，サービスそのものは可視化できないため，広告などでサービス品質の高さ（例えば，丁寧で心のこもった接客）を表現することは難しく，消費者に誤った期待を抱かれやすい。ホテルの客室に，部屋を清掃した従業員のメッセージカードが置かれていることがあるが，これは提供されたサービスを可視化するための工夫と言える。

(2)　同　時　性

サービスは，一般に生産と消費が同時に行われるという性質がある。例えば，美容師が髪を切る作業がサービスの生産だとすれば，顧客がその作業を受けている時間は同時にサービスの消費時間となる。つまり，サービスを提供する上では顧客の参加が不可欠である。したがって，美容師に顧客の要望がうまく伝わらなければ，誤ったサービスが提供されてしまう恐れがある。つまり，顧客にとっての価値は，両者のコミュニケーションによって共創される。

(3)　異質性（変動性）

サービスは，標準化が困難で提供者によって品質にばらつきが出やすい。なぜなら，サービスの生産には人が介在することが多いからである。また，サービスの品質水準は状況要因の影響を受けやすいため，同じ担当者や企業がその提供を行ったとしても，混雑度や天候などの影響によって品質が低下してしまうこともある。小売業を例に挙げれば，混雑時には十分な接客対応ができないというようなケースである。このようなことから，コンピュータによる管理システムを活用し，それに人的業務の機械への代替を促進することで従業員をサポートし，サービス品質の標準化を進めることも重要である。さらに，品質保証制度も有効であろう。

(4)　消滅性（非貯蔵性）

サービスは在庫できないため，消費（利用）されなくても消滅してしまう。例えば，飛行機の空席やホテルの空室は，その時間にサービスが生産されないことを意味する。そのため，閑散期には価格を下げ，繁忙期には価格を上げることによって需要の平準化を図ることが多い。繁忙期は，施設・設備・人員の対応が物理的ないしは費用的に困難だからである。また，サービスは消費してしまえば消滅してしまうので，消費者にとって事後的な欠陥の立証が困難であるということにも留意しなければならない。

● サービスの生産性

わが国では，製造業に比べサービス業の生産性が低いと以前より指摘されてきた。また，製造業における顧客満足の向上は生産性に正の効果を有するものの，サービス業の場合には，顧客満足向上のための人的コストがかかりすぎるため両者は負の関係になるという研究成果もある。このように，サービスの生産性管理は喫緊かつ永続的なテーマとなっている。

生産性は，投入分の産出で計測される経済指標である。工場の生産であれば，投入した労働者の総労働時間で生産数量を割れば，人時生産性が産出される。この場合，生産量は需要の影響を受けない。これに対し，サービスは貯蔵が利かず，産出である販売額は需要の影響を受ける。したがって，同じ数の従業員が同じ時間，同じように働いたとしても生産性の水準が同一であるとは限らず，真の意味で生産性を高めるためには，この需要の変動という問題に対処する必要がある。

前述のように，この問題に対しては，サービス業は価格を変動させることで需要を平準化するというアプローチを採用することが多い。例えばリゾートホテルや航空サービスのように，繁忙期には高めの料金設定をすることによって需要を平準化し，従業員の労働時間も平準化することで，効率的にサービス提供を行うことが可能となる。

他方で，生産性の向上には，付加価値の提供によって産出としての売上を高めるという方法が有効である。そのためには，サービスは可視化が難しいので，無料のトライアル期間を設定したり，品質保証を約束したりするなどの方策によって顧客の獲得とその満足度の維持・向上が必要となる。

これに対し，投入面に関して言えば，サービスは一般に人的要素に依存し，そのコストの節約が課題となるため，機械化や情報通信技術の活用によって省力化を図ったり，接客サービスを減らしたりすることが多い。機械化やセルフサービス化に基づくサービス提供は，人間が行う場合に比べてサービス品質が標準化されていて均質性が高いというメリットもある。ただ，このような対応は人件費の節約という効果は大きいものの，その反面で顧客の反応がネガティブなものであれば売上の減少につながり，結果的に生産性が低下してしまうという恐れもある。

例えば小売業の場合，対面販売からセルフサービス方式に変更することによって労働生産性を向上させようとしても，それによって顧客の満足度が低下するのであれば，顧客はそれを受け入れない。したがって，小売業の労働生産性向上策と顧客満足度がトレードオフの関係にならないように留意しなければならない。

● サービス知覚品質の評価モデル

顧客が小売企業のサービスをどのように知覚して評価するかについては，サービスマーケティング論におけるサービス知覚品質の評価モデルが参考になる。例えば，Parasuraman, Zeithaml, and Berry（1988）が提唱したSERVQUALモデルは，顧客が知覚するサービス品質を以下に示すような5つの次元で捉え，それぞれについて事前期待と実際に提供されたサービス水準の知覚ギャップを算出した上で，全体としての知覚品質水準を求める。

それら5つの品質次元を小売業について考えるなら，次のようになる。

① 有形性（tangible）——小売店舗施設の充実度，デザインの秀逸性，清潔感，従業員の身だしなみなど外見上の優位性

② 信頼性（reliability）——顧客の期待に応える品揃えや礼儀正しさと豊富な知識に基づく接客など，顧客の信用・信頼を得る能力

③ 反応性（responsiveness）——顧客の要望に応えながら買物課題を的確かつ迅速に解決・対応する能力

④ 保証性（assurance）——欠品が少なく，入荷・配送の確実性が高いことなど，顧客に約束したサービスを忠実かつ確実に提供する能力

⑤ 共感性（empathy）——顧客のニーズや気持ちをよく理解し心を込めて対応する能力

● サービス品質評価改善のためのギャップモデル

一般に顧客自身が受け取ると期待したサービス水準と実際に受け取ったと知

図 13-1　サービス品質評価改善のためのギャップモデル

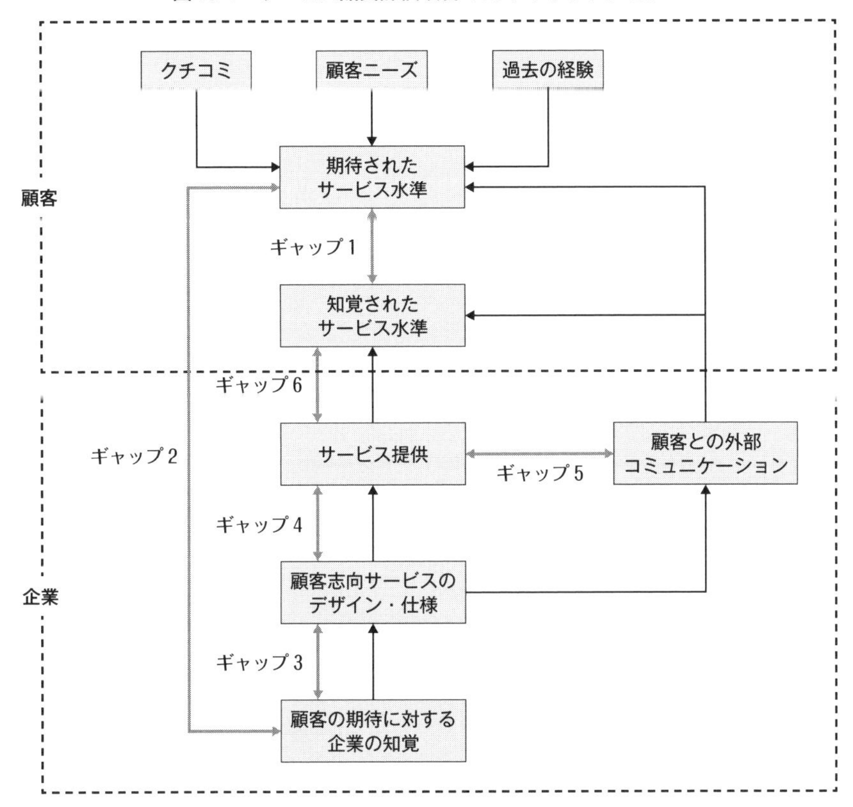

（出所）　Parasuraman, Zeithaml, and Berry（1985）および Bitner, Zeithaml, and Gremler（2010）を加筆・修正。

覚したサービス水準にギャップが生じたとき，満足や不満足が認識される。そのため，サービス品質の管理は，このギャップの生成プロセスを全体的にコントロールすることを目標とする。また，このような認識上のギャップは，図 13-1 に示されるように小売企業と顧客との相互作用プロセス上で生じる。

このモデルは，顧客と企業の 2 つの部分からなる。まず，いま述べたように，企業が提供するサービス水準に対する期待と実際に受け取ったと知覚したサービス水準との「ギャップ 1」は，顧客満足・不満を生み出す。なお，サービス品質に対する期待は，消費者間のクチコミ，顧客自身が抱くニーズ，過去の経験などを踏まえて形成される。

また，顧客が抱くサービスへの期待水準を企業が正しく知覚することで「ギャップ2」（知識ギャップ）が小さくなり，提供すべきサービスの内容や伝えるべきサービス内容が定まってくる。ただし，顧客の期待に対する企業の知覚とサービスのデザイン・仕様との間に齟齬が生じれば，「ギャップ3」（規格ギャップ）となってしまう。次に，そのサービスのデザイン・仕様が実際に提供されたサービスと異なるものとなってしまえば，それは「ギャップ4」（提供ギャップ）を生じさせる。このことは販売すべきサービスとは異なるものを販売してしまうことを意味し，大きな問題と言える。さらに，企業は広告・販促活動などの外部へのコミュニケーション活動によってサービス品質に関する情報を発信しているが，その内容と実際のサービスに違いがあれば，それは「ギャップ5」（コミュニケーションギャップ）となる。

最後に，実際に提供したサービス水準が顧客に正しく知覚されていないのであれば，それは「ギャップ6」（サービス知覚ギャップ）となる。このことは，企業が伝えたいと思うサービスの特徴やメリットが顧客に正しく伝わっていないという点で，顧客の期待を裏切るギャップ1になる可能性を示唆している。

以上を踏まえると，サービス品質の管理は，上述の6つのギャップを埋めることにほかならない。そのためには，まず6つのギャップの種類および前述の5つのサービス品質の次元のいずれに問題があるのかについて，原因を特定する必要がある。それには店舗で働く販売員からのボトムアップ型の活動が不可欠であり，顧客の行動や意見を踏まえた日常的な売場改善への取組み，パート・アルバイトなどの非正規従業員の意識改革，そのための報酬・インセンティブも必要である。他方で，現場の声や社外の情報を注視しながらも，サービス品質向上に向けた業務改革を確実に実行するための管理体制が企業には求められる。

● サービスリカバリー

顧客ニーズに合ったサービス提供を心がけている小売企業の従業員であっても，サービスの失敗という問題は日常的に存在している。とりわけ，人的な関与が高い高級店などでは，顧客との相互理解の不足などに起因した失敗はある程度予見しておかなければならず，しかも失敗への対処はとても重要である。それでは，そうした失敗への対応，すなわちサービスリカバリーは，なぜ小売

Column ㉔ 顧客サービスの改善

よりよい顧客サービスを提供すれば，他の小売店舗に対する差別的な優位性を達成できる。したがって，顧客の満足度が高くなるように顧客サービスを日々改善していくことが重要になる。

顧客サービスというのは，店舗において顧客と直に接する販売員が，顧客の課題を正しく理解して，その場で適切に対応することが基本となる。そのとき販売員は，顧客と対面しながら即時的に対応しなければならないため，販売員が顧客の課題を正確に把握する能力や，その顧客の課題に即応して柔軟に解決する能力を持っていることが重要になる。さらには，この対応において，顧客との間に人間関係が形成されているほうが，過去の取引経験に基づいた，よりスムーズな対応とより適切な判断が可能になるため，顧客との関係形成能力も必要になる。

こうした販売員の能力を育成するためには，販売員の教育や研修に加えて，顧客との対応が終わった後の段階で，過去の顧客対応を分析して顧客の潜在的なニーズを捉え，今後の対応方法を再設計するという，組織的な学習の機会を持つことが有効となる。それは，販売員の自主性に任せておくだけでは不十分になりやすいので，管理者や本部が積極的に関与して組織的に行う必要がある。また，その分析で得られた知見を，他の店舗の販売員にも共有し，別の状況におけるサービス品質の改善に役立てることも重要になる。

ところが，このような組織的な学習が必ずしも容易ではないのは，顧客との対応において表面に現れてこない課題を捉えたり，従来の方法における問題点を見つけて改善したりすることが求められているからである。販売員とすれば，あえて課題として取り上げずに，従来通りの方法に従う限りは責任を全うしていることになるが，サービスの改善のためには，潜在的な課題を見つけて改善することが要求されているのである。

しかも，自分自身のサービス活動の改善に関わることのみならず，他の販売員や他の店舗，あるいは，商品本部のような他の部門に適用されるような改善策を導くことが期待されるが，改善の成果が自分に返ってこない状況では，ますますその動機付けが難しくなる。すなわち，販売員にとっては，このようなサービスの改善に取り組むことよりも，決められたことをきちんと行うことを重視しやすく，表面化していない課題を発見して改善策を考えることは，後回しにされやすいのである。

顧客サービスによって競争優位を構築できる小売企業は，このようなサービス改善のための組織学習を動機付ける仕組みができていることが多い。また，そのような販売員によるサービス改善が日々行われることによって，顧客の満足度が高まるだけでなく，競合企業がそのような高い水準のサービスを模倣できないために，競争優位性が持続することになる。したがって，小売企業では，販売員が顧客サービスにおける潜在的な課題の発見や解決策を考える機会や制度を設けることが重要とされている。

経営の上で重要なのであろうか。

第一に，一定のサービス水準を保つ小売店が多く存在している市場において顧客満足度をさらに向上させ，それを商圏内の消費者に認知してもらうことは容易ではないが，反対に，ちょっとした失敗によって顧客の信頼を簡単に失ってしまうことはよくあるからである。行動経済学のプロスペクト理論によれば，少しの利得（ここでは，満足）よりも少しの損失（不満）のほうが，顧客心理に与える影響は大きいとされている。

第二に，都市部や一部の郊外の小売市場のような過当競争下においては，顧客の囲い込みや常連顧客化を目的とするリレーションシップ・マーケティングが重要視されており，そうした状況になるほど，失敗による優良顧客の離反が致命傷となってしまうからである。

第三に，小売企業が大規模化・チェーン化するほど，失敗とリカバリーに関する情報を社内で共有化し，それを繰り返さないために活用するだけでなく，そこからサービス水準を向上させることによって他社との差別化につなげていくことができるからである。これはまさに企業内におけるプロセス革新の創出に貢献する。

第四に，失敗にうまく対処できれば，後述するように，むしろ顧客ロイヤルティが高まるという，サービスリカバリー・パラドックスと呼ばれる現象も報告されているからである。

ただし，ある日訪れたスーパーマーケットの販売員の商品知識が多少不足していたとしても，それをいちいち苦情として店側に伝える顧客はまれであろう。しかし，そうした小さな不満が積み重なれば，利用店舗の変更という行動につながる可能性は高まる。

しかも，このような顧客の心理に企業が気付くことはない。したがって，企業は日常的に顧客の声を収集する仕組みを持つ必要がある。個人商店のように小さな店であれば，店主が日常的に顧客と会話しているため，顧客の不満や評価を知ることは比較的容易である。しかし，チェーン展開をする大規模な小売企業となると，全社的かつ日常的に顧客からの声を入手する仕組みを持つ必要が出てくる。そこで，そのための手法としては，店長や社長宛に顧客からのコメントを店内で記入・投函してもらう仕組み，定期的なアンケート調査，ミステリーショッパーによる調査などが用いられている。これらはいずれも次の失敗を未然に防ぐ上で重要である。

● サービスリカバリーとその評価基準

どのような店舗であれ，起きてしまった失敗について顧客が苦情を述べ，救済を求めてくる場合がある。この場合の対処方法としては，謝罪，上司や所属長による解決対応，交換，返品・返金，追加値引き，クーポン提供など，さまざまなものがある。ここで重要なことは，失敗に直面して困惑したり苦情を伝えてきたりした顧客を単に「処理」することではなく，サービスリカバリーに対する顧客満足度を高め，最終的には店舗に対する顧客ロイヤルティを維持・向上させることである。学術研究の成果を踏まえるなら，リカバリーに対する顧客の評価基準には次のようなものがある。

(1) リカバリーの公正性

この基準は，失敗へのリカバリーが公正で妥当なものと顧客が評価できるかという基準である。リカバリーの公正性には以下に示す3つの評価基準が存在し，各基準を満たすための具体的リカバリーの内容もほぼ明らかになっている。失敗の大小や状況により，満たすべきリカバリーの公正性（ないしはその組み合わせ）および対応の順序は異なるはずである。

① 分配的公正――サービスリカバリーとして提供された補償が経済的に公正で妥当なものであるかどうかという基準。ただし，自身に対するリカバリーが公正・妥当であると感じたとしても，その後，同じミスに対して自分よりも大きな補償が他者に施されたことを知れば不公正であると感じるはずである。したがって，補償の絶対水準のみならず相対水準にも注意を払う必要がある。また，経済的には損失を十分にカバーする程度のリカバリーであったとしても，その内容が顧客ニーズに合っているかどうかという点にも注意が必要である。

② 手続的公正――サービスリカバリーに関する企業のポリシーが十分な事情の聴取，解決策への意見の反映，迅速で柔軟な対応に基づいており，全体として公正で妥当なものであるかという基準。小売業の場合，例えば，購入した商品に問題があったり不満を生じさせてしまったりした場合の返品・返金・交換の基準に納得できるかということがこれに当たる。

③ 相互作用的公正――失敗が起きた場合，納得の行く謝罪とその背後に

ある誠実で礼儀正しい対応，問題解決への努力姿勢，顧客への同情・気遣いといったコミュニケーションが，接客する従業員との間にあるはずであり，その対人的なやり取りが公正で妥当であるかという基準。失敗の深刻度が大きい場合には，まずこの基準が満たされた上で，手続的公正，さらには分配的公正が満たされていくことで，次に述べるリカバリー満足度が高まると考えられる。

(2)　リカバリー満足

サービスでは人的要素が強いため，ミスを完全になくすことは困難である。そのため起きてしまったミスをいかにリカバリーし，それに満足してもらえるかが重要である。顧客の不満の多くは，サービスの失敗そのものよりも事後的な対応のまずさによるものであり，失敗から学んだ経験を他店で生かすべく，小売企業はリカバリー満足の達成水準とその際の対応を全社的に把握しておく必要がある。

(3)　顧客ロイヤルティ

これは，上述のリカバリー満足を超えて，顧客ロイヤルティが継続するかどうかという基準であり，具体的には当該店に関する再来店の意図，信頼に基づく好意的態度，好意的なクチコミ量といった調査項目で測定される概念である。普段は特に愛顧している店でなくても，失敗に対するリカバリーのよさに感動してロイヤルティが今まで以上に高まるという現象は，サービスリカバリー・パラドックスと呼ばれている。ただし，失敗とリカバリーが二度三度と続けば，ロイヤルティが高まることはないと考えられる。

いかなる小売企業にも，さまざまな失敗が発生し，それに対する適切なリカバリーが求められている。そのため小売企業は，全社的に失敗事象を記録した上で，その原因を分析するとともに，有効なリカバリーについて学習することが重要となることは，先に述べた通りである。また，失敗に迅速に対応するための情報化，マニュアルの整備と教育訓練，現場従業員への権限委譲なども求められる。

他方で，失敗を起こさないようにするという予防の発想も必要である。「失敗学」の研究成果によれば，一般に失敗の原因の上位２割で失敗全体の８割が説明できるとされている。もしそうであるなら，失敗による企業損失の重大性を全社員が認識し，頻繁に起きる失敗からその予防策を考えることが有効となる。

3 顧客サービスの管理体制

● 顧客サービスを支える組織的条件

小売業における販売員の顧客サービスは，顧客とのコミュニケーションが起点となるため，サービス品質は，顧客から得た情報をどのように取り扱うべきかという情報処理の視点から考えることができる。例えば，顧客が何を望んでいるかを販売員が把握するためには，顧客に問いかけ，顧客から情報を収集することが必要である。また，顧客が商品などの説明を求めていれば，販売員は顧客に正確な情報を提供しなければならない。

しかも，大手小売企業の場合，顧客へのインタラクティブな対応は，数多くの販売員によって，本部から離れた場所で行われる。そこで，顧客サービスに関わる情報処理を円滑に進めるためには，権限，動機付け，能力という3つの前提条件を組織的に確保することが不可欠となる。

まず権限という条件については，柔軟な判断ができるように，販売員にある程度の自由度を持たせることが基本になる。というのは，本部が事前に決めた標準的な対応だけで顧客満足を得るのは困難であり，人間が対応することのメリットを生かす上でも，事前に予測できない問題に対し，販売員がその場で柔軟に即応できるような判断の自由度を与えることが必要になるからである。

2つ目の動機付けは，販売員が決められたサービスをするだけではなく，自発的に顧客のニーズや問題に気付き，それに対応する姿勢を取らせるために必要になる。例えば，顧客の感謝の声をフィードバックしたり，管理者が評価していることを示したりすることで，販売員に心理的な報酬をもたらすことができる。また，上述の権限を与えることは，業務に対する責任感を持たせることになるため，動機付けにもつながる。

そして3つ目が，各販売員についてインタラクティブな情報処理ができる能力を高めることである。そのためには，研修や日々の業務を通じて，顧客情報の収集とそれに基づく対応のあり方について，販売員に習得してもらうことが重要である。

これら3つの条件が確保された体制にするというのは，多くの販売現場で行われるサービス品質を組織的に引き上げることを意味する。しかも，こうした体制は複雑な組織の制度や仕組みを伴うため，競合他社がたとえ同様の制度を導入しても，なかなか模倣できないことから，顧客サービスによる持続的な競争優位を確立する条件となる。

また，小売業において，顧客サービス活動によって顧客満足が高まらない状態が続いていたり，顧客サービスの品質改善が販売員によって十分に行われなかったりする場合には，これら3つの条件のいずれかに課題があると考え，点検し，組織的条件を整備することが重要となる。

● サービストライアングル

これまで述べてきたように，チェーン店舗のように本部から離れた場所において，多数の販売員が顧客へのインタラクティブな対応を適切に実施するためには，それを組織的に支える仕組みとしての権限，動機付け，能力という3つの条件が必要になる。ここで，販売員による顧客へのインタラクティブな対応を通じて行うマーケティング活動をインタラクティブ・マーケティングと呼ぶならば，それはインターナル・マーケティングを行うことによって活性化される。

インターナル・マーケティングとは，従業員満足の向上を目標に，適切に業務を遂行してもらうことと引替えに，従業員に対して明確な職務，公正な処遇，適正な報酬などを提供することである。先の3つの条件に関連付けて説明するならば，従業員に権限を与え，動機付けを適切に行い，その能力を高めることで，従業員満足は向上するはずである。そして，このインターナル・マーケティングが効果的に行われることで，満足した従業員による顧客への対応が企業の意図したものとなり，インタラクティブ・マーケティングの成果も上がることが期待できる。

さらに，小売企業本部が，顧客に対して直接的に働きかけるマーケティング活動もある。これをエクスターナル・マーケティングと呼ぶならば，小売業におけるマーケティング活動は，図13-2に示されているように，小売企業本部，各店舗の従業員，それに顧客という3者の関係において，インタラクティブ・マーケティング，インターナル・マーケティング，そしてエクスターナル・マーケティングの3つの相乗効果が生み出されるようでなければならない。この

図13-2　サービストライアングル

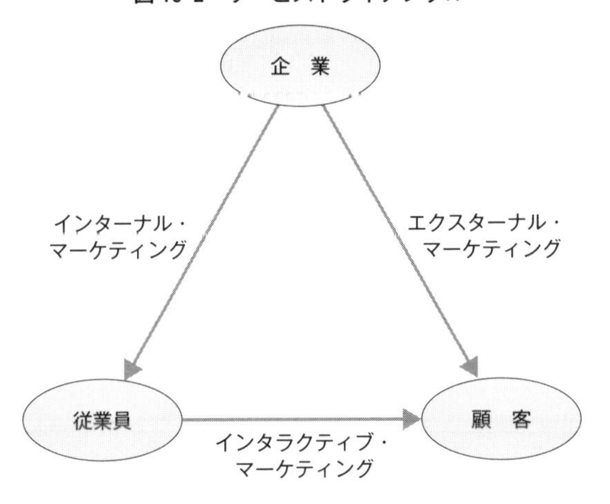

ような3者の関係を踏まえたマーケティング活動の枠組みを，サービストライアングルと言う。

● 人手不足問題と販売員管理

販売員による顧客サービスを通じて店舗を差別化しようとするならば，能力に長けた人材の獲得と雇用の継続，教育訓練，能力開発などが，小売企業にとって必須の課題となる。しかしその一方で，少子高齢化の時代にあって，多くの小売企業は慢性的な人手不足に悩んでいるため，現代の小売業で顧客サービスの管理体制を考える際には，人手不足の状況下にあることを考慮しなければならない。例えば，従業員の離職率を低下させることは，人手不足の状況下では喫緊の課題となる。とりわけ小売業は正社員比率が低い業界であるために，パートやアルバイトなどの非正規従業員の離職が発生しやすく，また，正規・非正規を問わず能力が高い販売員が離職することは，小売経営に重大な影響を及ぼすだろう。

これまで述べてきたように，販売員による顧客サービスのために，販売員に対して権限，動機付け，能力という3つの条件を整備することは，この人材問題を解決する上でも有効なことと言える。すなわち，販売員に顧客サービスに関する権限を付与し，動機付けを組織として行い，彼らの能力を育成することは，販売員の自己実現欲求を満たすことにつながり，従業員満足を高めることで離職率の引下げが期待される。ただし，この効果の前提として，賃金や労働時間などにおける不満がないという条件が不可欠であることは言うまでもない。

また，こうした組織的な条件を小売企業として整備するためには，店長などの店舗管理者層を育成することも重要になり，特にチェーン店舗を展開する小売業では，販売員の人材育成と店舗管理者層の育成を重層的に行う必要がある。そして，店舗管理者層による販売員の人材育成努力は，各店舗において日常業務と並行して行われる必要があるために，人材育成の努力をどのように評価するのかが課題となりやすい。つまり，店長に対しては，従業員の日常業務を管理して短期的に成果を上げることだけを求めるのではなく，販売員の育成をどのように動機付けるのかを考えさせる必要がある。

企業に対する愛社精神とも言えるエンゲージメントの強化も，この重層的な人材育成に寄与する。これは，前に述べた従業員満足を向上させるためのインターナル・マーケティングの１つの代表的な方法でもあるが，販売員と店舗管理者が共通の価値観を持つことで，相互のコミュニケーションが活性化し，販売員の能力育成が円滑に行われるようになると期待される。

演習問題

1 サービス化によって差別的優位性を築いている小売企業１社を取り上げて，その企業がどのような顧客サービス活動を行っているのかを調べてみよう。

2 インターナル・マーケティングを積極的に行っている小売企業やサービス企業を１社取り上げて，インターナル・マーケティングがどのように競争優位に結び付いているのかを調べてみよう。

第14章

国際化する小売業

1 小売企業の国際化

● 小売業における2つの国際化

小売業は，店舗の商圏という制約があり，その地域に居住する消費者の需要に対応した事業であるために，地域性という特徴が強調される。他方で，産業全体におけるグローバル経済化が進展することに伴って，小売企業においても国際化という経営課題がクローズアップされるようになってきた。

小売企業が国際化に向かうというのは，2つの局面において捉えられる。まず1つは，小売企業が商品の調達先を海外に広げる展開である。それは，従来のように国内の卸売企業から海外の商品を仕入れるだけでなく，新たな商品を海外において探索し，海外の生産者などから直接仕入れるようになることである。例えば，海外のブランドを排他的に取り扱う契約を結んだり，近年では，PBなどを海外で生産したりする場合において問題になる局面である。

そして，もう1つの局面は，小売企業が商品の販売先を海外の消費者に広げる展開である。具体的には，国際的に小売店舗チェーンを広げ，海外に出店することが代表的な例である。また，そのような海外への展開のために，海外の小売企業を買収したり，現地の企業と資本提携したりすることも多い。さらに，小売企業がこうした海外出店を背景として，その国の消費者向けにEC事業を展開する場合もある。

● **国際化の目的**

大手小売企業を中心として，なぜ小売企業が国際化するのかについては，さまざまな理由が考えられる。まず，小売企業が調達先に関して国際化を志向する理由としては，低コスト化の追求がある。すなわち，人件費が相対的に低い国において生産される商品を低価格で直接仕入れたり，PBを低コストで生産したりすることで，競合小売企業との価格競争における優位性を確保しようとするものである。また，そのような人件費の低い地域に世界中の小売企業との取引が集中することで，「世界の工場」としての大規模な生産が可能となり，規模の経済性に基づく低コスト化が実現する場合もある。

さらに，小売企業が低コストではなく，競合小売企業との差別化を追求して，海外からの商品調達を志向する場合もある。例えば，競合小売企業が取り扱っていない海外のブランドを排他的に取り扱い，顧客がそのブランドを選好するように販促活動を展開すれば，そのブランドを通じて店舗の差別化を達成することができる。

他方で，小売企業の販売先を国際化する理由としては，国内の小売市場が飽和化して，店舗間の競争が厳しくなったり，新規に出店しても利益を上げられる地域が限られたりする状況において，小売企業が売上成長率を引き上げるために，海外の小売市場の開拓に乗り出すという理由が考えられる。特に，経済が成長する新興市場地域では，こうした地域の需要増加に基づく売上規模の拡大が期待されるため，出店によって企業全体での成長率を高めることができる。

また，こうした海外の新興市場では，消費者の全体的な所得増加や富裕層人口の増加によって，消費者の需要が日本と同質的になったり，受容可能な価格水準の違いが縮小したりすることが期待される。その場合には，日本の小売企業が同じ業態での店舗展開をしても市場が受け入れる可能性が高くなっているため，小売企業の海外出店が促されることになりやすい。

2 海外からの商品調達

● **海外ブランドの調達**

流通企業による海外からの商品調達は，まず欧米諸国の有名ブランドの取扱いから始まった。それは日本の流通企業が，海外のアパレルブランド企業などと日本国内での販売に関して排他的な代理店契約を締結し，競合企業が取り扱えないようにする代わりに，日本での市場開拓を積極的に行うものである。さらに，商品を輸入して販売するだけでなく，ライセンス生産契約を結び，そのブランドを付与した商品を国内で生産して販売することもある。なお，こうした海外ブランドの取扱いは，輸入や生産の能力がある卸売企業が行うことが多いが，小売企業が品揃えの差別化のために展開する場合もある。

ただし近年は，グローバルなブランド管理の重要性が認識されるようになり，ブランドを持つ海外企業が直営店をグローバルに展開することが増えてきた。この場合，上で述べた代理店契約やライセンス契約を通じて既存の流通業者に日本国内での市場開拓を任せるのではなく，海外の企業が日本国内の直営店に投資し，その店舗での販売方法を管理することで，グローバルで一貫性のあるブランド戦略を展開することを目指すのである。

このような直営店化が選択されると，それまで当該ブランドを取り扱ってきた小売企業は基幹商品を失い，品揃え戦略の大幅な変更を迫られることになる。すなわち，他のブランドの国内での排他的取扱いを模索するか，排他的取扱いを伴わないナショナルブランドに基づいた品揃え戦略に転換するか，あるいは自ら PB を開発するかが必要となり，これらのいずれかを選択したり，これらを組み合わせたりして，品揃え戦略の再構築が求められることになる。

● 海外調達による品揃えの差別化

小売企業が国内の卸売企業を通じて海外からの輸入品を仕入れるのではなく，小売企業のバイヤーが海外で商品を探索して調達する場合がある。その商品がブランド商品であり，排他的な取扱いやライセンス生産の契約を伴う場合には，前述の海外ブランドの調達になるが，そのような契約がなくても，現地での生産量が限られる段階では，国内で販売されていない商品を見つけて調達することで，競合する小売企業に対する品揃えの差別化を達成することができる。ただし，その商品の市場が拡大し，現地の生産体制も整えば，競合他社も同種の商品を取り扱うようになるため，このような品揃えの差別化を構築する場合には，海外の新規の商品を継続的に開拓し続けることが重要になる。

● 海外調達による低コスト化の追求

小売企業が商品の調達先を海外に求めるのは，差別化だけではない。むしろ，もう1つの理由としての低コスト化の追求のほうが，近年では重要となっている。すなわち，海外で低コストで生産される商品を仕入れたり，PBを海外で低コストで生産したりするのである。

ただし，競合小売企業も同様に海外の低い生産コストを利用できるため，価格競争における優位性を確保するためには，規模の経済性を追求して，より大量に生産することでコスト優位を築くことが重要になる。それゆえ，海外からの商品調達で低コスト化を追求する場合には，チェーン店舗を大規模に展開している小売企業ほど有利になりやすい。また，生産や物流における規模の経済性を求めるため，1つの品種を大量に発注・生産することが重要になる。

このことは，商品の海外調達が投機的な流通システムになることを意味している。すなわち，海外の企業や生産拠点において大量生産が行われ，海外から日本国内の物流施設までは低頻度で大量に輸送する物流体制が取られるため，海外や日本国内の物流施設には大きなロットサイズでの在庫が形成されることになる。

この投機的な流通システムには在庫問題が発生するため，海外調達の経済性を判断する場合には，生産や物流のコストだけでなく，海外や日本国内での在庫によるコストを考慮する必要がある。具体的には，大きなロットサイズで入荷した在庫の管理費用に加えて，入荷した在庫が販売計画通りに売れずに残った場合，価格を引き下げて販売したり，廃棄処分となったりすることによる損失を考えるべきである。

特に近年では，情報通信技術の発達と消費者需要の不確実化によって，国内の物流において，延期的な流通システムが採用される傾向にあるが，こうした小売企業の商品の海外調達による低コスト化の追求により，この延期化が抑制されることになる。つまり，小売企業は，在庫を削減することによる経営の効率化を延期的な流通システムで求めながら，その一方で，PBの海外生産などの海外調達事業を推進することで，流通システムの延期化を抑えることになる。また，国内の店舗と物流センターとの間は延期的システムにしながら，海外との物流では投機的システムにならざるを得ないため，それらのシステム的な整合化を図り，国内外の在庫のコストやリスクを含めた全体の流通コストを考慮しながら，海外調達体制を構築する必要がある。

3 海外出店

● 海外での店舗展開

小売企業が成長戦略を取るとき，成長の原動力になるのは，新規出店である。ところが，人口が密集し，交通の便もよく，地価が高すぎない魅力ある立地は限られるということが，こうした新規出店による成長戦略の制約条件となる。しかも，魅力ある立地では，他の小売企業も出店するため，他の小売店舗との価格競争が厳しくなりやすく，利益率の低下を招く可能性も高い。

そこで，大手小売企業の中には，成長する小売市場を求めて，国内よりも海外にチェーン店舗を展開することを考える企業が現れるようになる。他方で，海外では消費者の所得増加や富裕層人口の増加に基づく新興市場が地域的に広がりを見せており，その消費者需要の拡大は，新規出店による売上成長への期待を高め，小売企業の海外出店を促すことになる。

しかも，海外の新興市場における所得増加や富裕層人口の増加によって，日本国内と同じような価格帯の商品や革新的な業態を開発した小売企業のブランドの受容可能性が高まっている。そこで，日本国内と同じような小売業態で海外に進出し，企業全体での売上規模を高め，PB 生産における規模の経済性や商品調達における購買支配力を高めたり，小売企業ブランドの国際的な浸透に基づく差別化戦略を進めたりして，より高い収益を得ることを目指すのである。

● 現地企業とのパートナーシップによる出店

海外出店をするときに，その国の現地企業と合弁事業を行うなどのパートナーシップを形成する場合がある。その１つの背景として，出店先の国や地域において，現地の小売企業を保護するために，外国企業の単独での進出を認めないという参入規制が取られている場合がある。また，こうした規制がない場合でも，その国の市場環境が大きく異なるために，品揃えや商品の仕入において現地の環境に適応的な意思決定が求められたり，チェーン店舗展開するときに，店舗立地の選択や確保のために現地の企業の協力が不可欠となったりする場合が多く，現地企業とのパートナーシップの形成が特に初期において必要になる。

現地企業とパートナーシップを組むことで，地域性のある市場環境に適応した店舗経営が可能になるが，その反面として，日本国内で展開している小売店舗のフォーマットや店舗戦略から乖離する可能性がある。すなわち，店舗での販売・サービス活動の内容や水準が変化したり，品揃えが日本とは異なったりすることで，そのために，日本国内で蓄積された革新的業態としての店舗経営の知識が，海外店舗において活用されないという問題を生じさせる。さらに，グローバルな小売企業ブランド戦略としても，国々で異なる店舗経営が展開されると，一貫性のある小売企業ブランドを国際的に構築できず，後述するようなグローバル統合のメリットを享受できないという課題を抱えることになる。

また，小売企業が成長戦略を取っている場合に，現地企業とパートナーシップを形成して海外出店を果たすことは，企業成長においてプラスの側面とマイナスの側面がある。まずプラスの側面は，現地企業とパートナーシップを組むことによって，現地企業の保有する既存の設備を利用した急速な店舗展開や物流体制の構築が可能になるということである。

他方で，マイナスの側面としては，現地企業が保守的な戦略を取り，新規の設備投資に対して消極的である場合には，日本の小売企業がグローバルな成長を目指していても，それに見合った店舗の展開や出店地域の拡大が行えないことがある。そして，このマイナスの側面が，小売企業の成長戦略にとって制約となるとき，小売企業はパートナーシップの解消を考えるようになる。

● 海外小売市場での業態間競争

小売企業が海外に進出するとき，日本国内において優位性のある店舗フォーマットを確立していることが多く，その店舗経営，販売方法，サプライチェーンなどに関する蓄積された知識を海外にどう移転させるかが課題になる。

他方で，成長する海外市場には，日本以外からもグローバル小売企業が，それぞれの確立された店舗フォーマットで参入していることが考えられる。しかも，本国では成熟段階の小売業態も成長段階の小売業態も，新興国市場が形成された後のほぼ同時期に参入することになる。また，現地の小売企業も，こうした参入企業の革新的な小売業態を模倣したり，参入企業に対抗するために，あえて差別的な業態を開発したりする。

したがって，経済成長を遂げる新興国では，先進国のように業態の収斂が発

Column ㉕ 新興国における「小売の輪」

第2章で説明した「小売の輪」のような現象は，新興国では起きないとされている。言い換えれば，「小売の輪」は，その国や地域において革新的な小売業態が誕生する先進国において見られるものと考えられている。

まず，「小売の輪」における革新的な小売業態が市場に参入する局面を考えると，新興国への参入というのは，すでに先進国で革新的業態が十分に成長した後に，グローバル化を目指す小売企業が海外の小売市場に進出する過程で行われる。すると，既存のグローバル小売企業は，新興国の市場需要が成長した時期を捉えて参入の意思決定をするため，さまざまな小売業態が同時期に参入することになりやすい。つまり新興国では，「小売の輪」のように業態革新が時期をおいて継起的に発生するというパターンになりにくいと言える。

さらに，革新的な小売業態が新興国の小売市場に参入するとき，「小売の輪」で想定するような低価格・低サービスでの参入にはならないことが多い。むしろ，新興国の市場成長に伴って参入の意思決定を行うと，経済成長とともに拡大する中間所得層をターゲットとすることになるため，現地の既存小売商よりも高価格・高サービスでの市場参入となりやすい。

また，「小売の輪」で想定されるような業態が拡散せずにトレーディングアップする局面についても，新興国では，業態の収斂やトレーディングアップが起きにくいと予想される。というのは，グローバル小売企業間での競争が発生して差別化戦略が特に重要になるため，小売業態が拡散化しやすいからである。しかも，グローバルに展開する小売企業では販売方法やサプライチェーンなどの様式が本国ですでに確立されており，グローバル競争下において企業ブランドを確立するためにも，グローバル統合を志向する傾向がある。そのために，新興国で競合企業を模倣することによる業態の収斂やトレーディングアップという現象は起きにくい。その結果，新興国の消費者にとっての小売業態のイメージは曖昧になるものの，それに代わる小売企業ブランドのイメージをどう確立するかが小売企業にとって重要になると予想される。

生しにくく，むしろ多様な業態の小売店舗が地域の需要をめぐって競争することになりやすい（**Column**㉕)。つまり，こうした新興国に進出する小売企業は，他業態の小売店舗とも競争することになり，その競争の過程で，他業態との差別化や模倣を通じて，店舗フォーマットを修正し続けていくことが重要になる。

4 小売企業のグローバル経営

● グローバル経営の課題

小売企業が，海外で商品を調達する一方で，海外に小売店舗を展開するようになれば，小売業の諸活動を「海外から日本へ」「日本から海外へ」という本国中心の段階から，「海外から海外へ」を交えた，国境を越える地球規模という意味でのグローバル経営の段階に移ることになる。

小売業におけるグローバル経営では，海外でのチェーン店舗展開が基本にあり，その店舗で扱う商品をその国や別の国が供給する中で，それらの店舗やサプライチェーンをどのように管理すれば全体として最適になるのかを考える必要性が生まれる。

そのような管理の最適化において基本となるのが，グローバル戦略として，現地適応を目指すのか，それとも諸活動を共通化するグローバル統合を目指すのかという戦略的な意思決定である。また，その選択に対応する形で，現地適応の場合には現地の店舗や法人に意思決定権限を委譲した分権的組織が，グローバル統合の場合には本部に意思決定権限を集約した集権的組織が，それぞれ選択されることになる。というのは，現地適応的な諸活動を遂行するためには，現地のスタッフに販売や仕入などの意思決定権限が委譲されていることが前提となり，諸活動をグローバルに統合するためには，各地において意思決定するのではなく，本部において集中的な意思決定を行うことが必要となるからである。

● 現地適応の小売戦略

小売業は，店舗において顧客と接し，顧客の求める商品やサービスを提供する事業であるために，グローバル展開において出店先の国や地域の状況に合わせた小売経営を行うことが重要になる。このように海外の進出先の環境に合わせることを現地適応といい，それを基本とする戦略は現地適応戦略と呼ばれる。

小売業における現地適応には，さまざまなものが考えられる。まず，典型的なものとしては，現地の顧客が選好する地域性の高い商品を取り扱い，品揃えを現地の需要に合わせて変更するというのがある。また，顧客の所得水準や店舗間競争の影響で，店舗の取扱商品の価格帯を顧客にとっての「値ごろ感」のある価格水準にするように，品揃えを変えるということもある。さらに，店舗での陳列方法や店頭での販売活動も，現地の顧客の購買習慣に合わせた方法にするということも考えられる。こうした品揃えや陳列・販売方法の現地適応は，店舗面積や店舗のデザインに影響したり，販売員教育の方法や体制を現地適応させたりすることにも及ぶ。

これら販売局面の現地適応では，現地の需要や競争の状態に合わせることが基本となるが，他方で，仕入局面における現地適応というのもある。それは，現地の仕入先としての生産者や卸売企業，物流企業の利用可能性や取引慣行などを考慮して，仕入先やサプライチェーンシステムを変えることである。具体的には，日本国内では延期的流通システムを採用していても，海外では，物流費用の条件が異なり，利用可能な企業も限られるのであれば，投機的流通システムが選択されることもある。

さらに，現地でPBなどの商品企画や商品調達を行う場合には，販売局面における需要への適応と仕入局面における生産・供給条件への適応の両方を同時に捉える必要がある。例えば，現地の地域性の高い商品カテゴリーでPBを企画・開発するときには，その地域の顧客需要の情報を収集する一方で，そうしたPB生産に協力的な生産者の利用可能性を検討しなければならない。

● 現地への権限委譲

小売業に限らず，現地適応戦略を取る場合には，現地の店舗や地域事業部，現地法人に意思決定権限を委譲することが重要になる。それは現地の需要や供給の状態に合わせた適応的な活動を展開するためには，現地に権限を委譲しておかないと，本部が環境に関する情報を収集して，本部で意思決定を行い，現地の拠点に指示するというプロセスを取らざるを得ず，それでは迅速な対応ができない上に，情報の収集や指示の伝達における情報の正確性が欠如することになるからである。すなわち，権限を委譲する場合には，現場における即応的で適切な環境適応を可能にするという期待がある。

しかも，現地に権限を委譲し，現地での意思決定の経験を蓄積することは，現地の組織において意思決定の能力を蓄積させることにつながる。とりわけ，販売活動や仕入活動におけるプロセス革新に向けて，組織のメンバー全員が自

Column ㉖ グローバル人材教育のためのアクティブラーニング

筆者（髙橋）が留学していた1980年代のノースウェスタン大学ケロッグ経営大学院には「非営利組織のマーケティング」という科目があった。教鞭を執るのはコトラー（P. Kotler）教授であり，彼はマーケティングを非営利組織に広めたことでも有名である。その授業の中で，シカゴ周辺にある非営利団体（例えば，病院，郵便局，動物園，交響楽団）と担当者のリストが配られ，多国籍の数名で組織された学生チームは，そのうちの1つを選んで実際にそこを訪ね，経営上の問題を探し出して，その解決策を現地の担当者とともに考え，発表するという課題が課せられた。

他方で，シリコンバレーにあるサンノゼ州立大学ビジネススクールのガート（K. C. Gehrt）教授は，経営シミュレーションゲームを使って授業を行っている。ゲームの内容はさまざまであるが，教員はその背後にある基本理論やフレームワークをレクチャーした後，基本的に学生チームに任せ，戦略の優劣を競わせているという。

また，筆者はある海外のビジネススクールでの集中講義の際に，伊丹十三監督，安土敏原作，宮本信子主演の『スーパーの女』という映画（英語字幕）を見せたことがある。その映画では，「正直屋」と顧客を欺く「安売り大魔王」という食品スーパーの戦いが描かれているが，この映画を踏まえて，日本の食品スーパーの経営スタイルと真の消費者志向とは何かについて活発なディスカッションを行うことができた。

さらに，わが国の教室で考えるなら，ビジネススクールで用いられるケースメソッド（英語版と日本語版の両方があるものを使用）を来日中の留学生を交えて行ったり，日本に進出している外国企業から，学部生でも取り組めそうな課題を出してもらい，一定期間，学生チームがその課題に取り組んだ後に，その企業の担当者の前で英語での発表・ディスカッションを行ったりするという学習方法も有効であろう。

このように，グローバル人材の育成に向けたアクティブラーニングの方法はさまざまである。ただし，海外の学術文献を丁寧に読み込み，しっかりとした論文を書くという教育も重要である。例えば，カナダのモントリオールにあるコンコルディア大学ジョンモルソン・スクールオブビジネスのMS（Master of Science in Marketing）コースにおけるラロッシュ（M. Laroche）教授の授業では，学術論文を踏まえた理論研究の指導が行われていた。わが国の学部で言えば，卒業論文の指導の一環として，学生（あるいは学生チーム）によるアカデミックな実証研究の成果を海外の大学や，可能であれば国際学会などで報告してもらうのも，アクティブラーニングの1つと言えよう。

発的な試行錯誤を行えるならば，それは競合が模倣しにくい革新の組織能力となる。ただし，その組織能力を蓄積するためには，プロセス革新を試みる意思決定権限が付与されていなければならない。また，意思決定権限を与えられていることで，こうしたプロセス革新を自発的に行う動機付けが形成されることにもなる。

ただし，こうした分権的組織のもとでの現地への権限委譲が，グローバル経営では逆に，プロセス革新に対して保守的な態度をもたらす場合もある。それは，現地のスタッフの意思決定に委ねることで，そのスタッフが従来から取っていた方法に固執してしまうとき，本部や他の国・地域での新しい方法を受け入れなかったり，他のスタッフによるプロセス革新を阻害してしまったりする場合である。そのような保守的な状態に陥ると，既存の顧客や仕入先からの情報しか取り込むことができずに，新たな顧客層をターゲットとして，新規の商品や仕入先を開拓することについてのリスクが強く意識され，革新的な業態への転換が妨げられることになる。

したがって，分権的組織にすることで，現地の環境適応が柔軟かつ迅速に行われることが期待される反面，プロセス革新を必要とする現地適応に関しては，必ずしもプラスに働かないケースも存在するということになる。

● グローバル統合の小売戦略

前述のように，小売業は現地の状況に適応することが基本となるが，本部の定めた標準的な販売・経営方法を，海外の諸地域にも適用することがある。このように，海外においても共通化・標準化された方法を取る戦略を，グローバル統合戦略と言う。例えば，小売企業がフランチャイズ店舗を海外に展開する場合には，現地の需給状況に適応した販売方法や商品供給体制を取るのではなく，本部の定めた方法を一貫して守らせることになるが，これはグローバル統合の典型的な姿である。このようなフランチャイズ契約を結ばない場合でも，活動を管理して現地適応による分散化を抑制することで，グローバル統合戦略を進める場合もある。

このようなグローバル統合を行うものとして，まず販売局面では，店舗のデザイン，品揃え，商品の陳列方法，商品の価格帯やエブリデーロープライス（EDLP）などの価格戦略，販売員の販売・サービス活動の内容，広告・販促方法などを統一化させることが考えられる。また仕入局面では，仕入先，PB，延期・投機的流通システムなどを共通にすることである。その他，従業員の採用・昇進・報酬制度や管理・教育方法を統一したり，共通の情報システムを利用したりする場合もある。

このようなグローバル統合を行うメリットとしては，まずは，グローバルなレベルでの規模の経済性が得られるということがある。例えば，品揃えや仕入先を共通化すれば，大量の商品発注による仕入価格や物流コストの引下げを期待できる。PB に関しても，生産拠点をグローバルに集約できれば低コストでの生産が可能になる。さらに，すでに保有している設備や制度・システムを進出先の国や地域とも共用できるならば，コスト削減に加えて，店舗やサプライチェーンの迅速な展開が可能になるというメリットもある。

また，小売企業や小売業態のブランド戦略をグローバルに展開し，それを基盤として多くの国や地域に進出することを考えるなら，ブランドイメージは国際的に一貫したものでなければならないため，グローバル統合が必要になる。

● グローバル統合と集権的組織

小売企業の諸活動においてグローバル統合をする活動が増えることに伴い，小売企業のグローバルな組織は集権的なものになる。国や地域ごとに意思決定権限を持たせる分権的組織では，販売方法や商品の供給体制が多様化してしまうため，グローバル本部に意思決定権限を集中し，そこで決めた統一の方法を各地で実行させることになる。

このような集権的組織では，本部が意思決定を行う前提として，海外の需要や供給に関する情報を本部が収集する必要がある。しかし，地理的に離れ，文化的な背景が異なり，言語も異なる状況で，こうした情報収集には限界がある。また，本部の意思決定を正確に海外に伝え，それがきちんと行われているかを監視することも同様に難しい。

そこで，現実的な集権的組織のあり方として，商品の仕入から販売までのすべての意思決定を本部に集約するのではなく，部分的に権限を現地に委譲することが一般的に行われる。例えば，仕入活動や販売活動の基本的な方法や計画に関する意思決定の権限は本部に集約して，そのメリットを追求する一方で，現地適応が必要な活動や事前の計画では対処できない活動について，補完的に地域事業部や店舗に権限を委譲するのである。

5　小売業におけるグローバルな知識移転

● グローバルな知識移転と持続的な優位性

グローバル小売企業では特に，販売員の知識を他の国や地域に移転させることが重要になる。この知識とは，競合店舗に対する差別化をもたらすような優れた顧客サービス活動に関するスキルやノウハウのほか，効率的な店舗経営のために改善を行ったり，効果的な販売方法を開発したりするためのルーチンのことであり，これらの知識が小売企業の組織内に蓄積されていると，それが組織能力として企業の持続的な優位性をもたらすことになる。というのは，これらの知識は，曖昧で文書化できない暗黙知であり，暗黙知だからこそ競合他社が習得することに時間がかかり，競争優位が持続するからである。小売企業としては，ある国や地域で蓄積された知識を別の国や地域に移転させることで，国際的な競争優位を構築しようとするのである。

● 現地適応戦略における知識移転

ある国や地域において，店舗での地域需要への適応と委譲された権限に基づいて，販売方法などの改善が実行され，それが顧客に支持されて，高い販売成果を上げていたとしよう。さらに，その新たな販売方法に関するスキルやノウハウを他の国や地域に適用することができれば，グローバルに広い範囲での販売成果を高めることが期待される。

その知識の移転は，本部のある国や地域から海外へと移転するだけでなく，海外の需要や供給の条件が比較的似ている国や地域の間でも行いうる。例えば，新興国の市場開拓の知識は，周辺の別の新興国の市場開拓に適用できそうである。

ただし，現地適応戦略は，前述のように，分権的組織との組み合わせで展開されるため，こうした知識の移転がうまくいかない場合が多くなる。まず，現地適応を必要とされることから，国や地域ごとの需要の異質性が強調される傾向があり，他の国や地域で開発されたスキルやノウハウの有効性が疑われやすい。また，分権的組織のもとでは，それぞれの国や地域で組織が分断されるため，組織間のコミュニケーションチャネルが弱くなり，他の国や地域の知識の有用性が伝わらなかったり，その知識を伝達するのが難しくなったりする。

しかも，暗黙知であるために，担当者間での緊密な関係や頻繁な接触をベースとして移転することになるが，知識を提供する側にとっては，知識を移転させることによるメリットや報酬がないために，知識の提供が動機付けられないという問題がある。したがって，現地適応戦略の場合には，グローバルな知識移転を促進するための組織的な制度を構築して，これらの障害を取り除く必要があり，そのような制度を確立できた企業だけが，知識の移転・共有化に基づく持続的な優位性を構築することができる。

● グローバル統合戦略における知識移転

グローバル統合戦略のもとでは，共通の活動を推進することと権限が本部に集約されていることから，本部主導での知識移転が行われやすい。すなわち，本部で販売・仕入・物流などに関するプロセス革新を確立し，その知識をさまざまな国や地域における店舗や地域事業部などの組織に移転させることが基本となる。ただし，このことは，知識の移転が常に本部から諸外国へという一方通行になることを意味するものではない。前述のように，小売業という性格から，グローバル統合であっても一定の活動が権限を委譲した形で行われるため，その範囲では現地におけるプロセス革新も並行して行われる。そうした現地の知識は，いったん本部に集約されてから，さまざまな国や地域に適合するように本部で修正・加工された上で移転されることになる。

グローバル統合戦略の場合における知識移転の課題は，移転先の国や地域での知識を学習する局面にある。本部主導においては企業成果を上げるために知識の創造や蓄積が行われるため，現地適応戦略の場合のように知識を提供する側の動機付けの問題はないが，知識の移転先に動機付けの問題が発生しやすいからである。

暗黙知を移転するためには，担当者間での緊密な関係や頻繁な接触が必要であり，そのことは，情報の送り手と受け手の双方に時間や労力などのコストを発生させることになる。しかも，現地のスタッフ全員が知識を共有するかどうかによって，プロセス革新の成果が変わるが，そこまで浸透させるには，かなりのコストがかかるだろう。

送り手のほうは，本部として企業成果への期待と関連付けられるため，このコストの負担問題は意識されないが，受け手とすれば，知識を学習することで店舗や地域事業部の成果が高まるのか，また，その成果が現地のスタッフに還元されるのかということに確信が持てないという事態が発生しやすい。さらに，知識の移転は学習によるものであるが，こうした動機付けが不十分な状況では，学習が行われにくくなる。特に，グローバル統合戦略で集権的組織が採用されており，現地の店舗や地域事業部が本部からの指示・命令に従って受動的な行動を取るようになっていると，現地での積極的な学習を動機付けることは難しくなるだろう。

したがって，グローバル統合戦略のもとで，知識の移転を通じてグローバルな競争優位を形成しようとするためには，海外における学習を動機付けることが課題となる。そこでグローバル統合戦略では，集権的組織を基本としながらも，本部からの指示・命令に対して従属的な意識に陥らず，能動的にプロセス革新に取り組む姿勢を持たせることが重要となる。そのためには，一定範囲の権限を現地に委譲して，自らプロセス革新を行うように動機付けることが有効になるだろう。

演習問題

1 海外での店舗展開を積極的に行っている小売企業１社を取り上げて，その企業のグローバル経営の方法を調べてみよう。

2 PB を海外で生産したり，海外から調達している事例を１つ取り上げて，その PB の開発・生産・流通の特徴を調べてみよう。

第 15 章

中小小売業の経営

1　中小小売業を取り巻く環境と経営課題

● 中小小売業の衰退の原因

これまでの章では，小売企業一般，そのうち特に大手小売企業の経営について述べてきたが，本章は，わが国の小売業において店舗数の割合が高い中小小売業の経営に焦点を当てる。第**2**章でも述べたように，日本の小売商店数は，1982年の172万店をピークに2014年の102万店へと一貫して減少を続けてきた。しかも，その多くは中小小売企業である。適者生存の法則なるものが小売業にも働いているとすれば，この間の経営環境の変化に中小小売企業はうまく適応できなかったことになる。

全国の790都市に行った髙橋（2015）の調査によれば（602市より回答），小売構造の変化を促す15の環境要因のうち悪化が指摘されたものは，上位から，少子高齢化，後継者難，廃業，商店街の衰退，消費需要の低迷などとなった。以下では，これらの要因が小売業に及ぼす影響について考えてみよう。

まず，少子高齢化について，総務省の発表によれば，日本の総人口は，2010年の1億2806万人をピークに減少を始めた。また，出生率は，1947年から1949年頃の第1次ベビーブーム期には4.3を超えていたものの，1950年以降低下し，2005年には過去最低の1.26を記録した。その後，若干持ち直してはいるものの，深刻な状況にあることには違いない。都道府県別に見ると，2010

年から2015年の間に人口が増加したのは，福岡，沖縄，埼玉，千葉，東京，神奈川，愛知，滋賀の8都県に過ぎなかった。その一方で，高齢化は全国的に進展している。

中小小売業は家族による生業的経営をベースにしていることが多い。家業である小売業の後継者難は，出生率の低下と進学率の上昇などに起因する家族内の事業の引継ぎ手不足によってもたらされ，結果として商業者の廃業率を直接高めることとなった。

また，商店街の衰退は，次のような要因によってもたらされる。例えば，いま述べた商業者の廃業は，そこに新規小売企業の参入がない限り，商店街の衰退をもたらす。さらに，自家用車の普及と郊外の商業施設の充実は，駐車スペースの少ない商店街の衰退と無関係ではない。かつての大規模小売店舗法のもとでは，大型店の出店スピードが遅れたことによって市場スラックと呼ばれる存立余地が中小小売店にはあったが，2000年に同法が廃止されたことで，大型店の進出や営業日数・時間が自由化され，家族で小売事業を営む中小小売店の存続余地が狭まったとも考えられる。

そして，消費需要の低迷は，先に述べた人口減少によってももたらされるが，バブル経済崩壊後の長期にわたる可処分所得の低迷と家計支出構造の変化によるところが大きい。総務省の家計調査で2人以上の世帯のうちの勤労者世帯における1カ月間の支出（年平均）について，1991年から2016年までの変化を見ると，小売業とは直接関係の少ない，住居，光熱・水道，保健医療，交通・通信，教育といった費目への支出は，それほど変化がないか，あるいは増加したのに対し，小売業の売上に大きく関わる，食料，被服及び履物への支出は，かなり減少している。このことは，商店街でよく見かける小規模の食料品店，衣料品店，履物店の経営に深刻な影響を与えてきたはずである。

以上を整理すると，中小小売店の減少には需要サイドと供給サイドの要因が互いに影響し合っていることが分かる。つまり，少子高齢化は，人口減少や地域間での人口の偏在を生み，それに可処分所得の減少が加わって消費需要の低迷がもたらされる。同時に，それらが，後継者難や中小小売店の廃業を促進し，ひいては商店街の衰退につながっている。

また，大型ショッピングセンターや量販店，それにロードサイド店やコンビニエンスストアといった法人経営の小売店舗は，一方で大都市圏の一部の地域ではオーバーストア現象を引き起こし，他方で過疎化の進む地域では廃業が進む中小小売店を代替してきた。そうしたこともあり，車の運転が困難な高齢者を中心に買物弱者が各地で生まれている。

● 中小小売業の経営課題

以上のように，中小小売業の衰退の原因はさまざまである。したがって，これらの原因に個店レベルで対応することが彼らの経営課題であり，それらは次のように整理できる。

第一は，需要面での課題である。出店地域における人口動態，例えば，少子高齢化は消費需要の質的変化をもたらし，人口減少は消費需要量の減少をもたらす。新規出店や移転が可能な場合には，需要の質的・量的変化に適合するように立地を選定することもできるが，自宅と店舗が一体となっている既存の中小小売企業の場合には，立地の選択・変更は容易ではない。

また，地域の人口動態の変化は，顧客ニーズの変化をもたらす。地域住民の年齢構成の変化は，人口の流出入と出生・加齢によるところが大きい。また，人口の流出入がないとした場合でも，コーホート分析が示唆するように，構成メンバーの加齢効果（加齢による影響），時代効果（時代の変化による影響），それにコーホート効果（世代に固有の影響）によって購入品目，買物頻度，来店手段などは変化する。さらに，昼夜間人口の流出入，とりわけ観光地やオフィス街などでは，地域への来街者の増加，例えばインバウンド需要やオフィス需要への対応も課題となる。

第二は，供給面の課題である。まず，中小小売企業の人的な課題として，後継者問題・事業承継問題，店主の高齢化，慢性的な人手不足，それに従業員の労働環境への対応は，喫緊のものとなっている。また，大手小売企業では対応が進むAIやロボティクスなども含めた情報化・機械化技術の活用，具体的には商品管理，接客，決済などにおける技術革新導入に対して，中小小売企業が個店としてどのように対処するかは，生産性の向上の点で重要な経営課題と言える。

第三は，競争面での課題である。例えば，食料品を扱う中小小売店の視点から捉えるなら，競争には同業種・同業態間競争（例えば，同様に食料品を扱う小売店との競争），異業種・異業態間競争（例えば，総合スーパーやディスカウントストアとの競争)，異なる産業との競争（例えば，昼食需要をめぐって展開される飲食店やフードデリバリー業者との競争）といったタイプがある。また，競争相手としての法人経営の小売企業は，一般的に営業時間や商品調達力の面で優位にあり，その格差は拡大の傾向にある。中小小売業の各店舗は，その状況に応じて，いかなる競争が発生しているのかを自己診断し，その対応を検討する必要がある。

2 中小小売業の戦略

● 経営環境と経営資源の分析

中小小売業を取り巻く環境はきわめて厳しく，その課題も山積している。ビジネスを行う上で，まず重要なことは経営環境の把握であり，そのためによく用いられるのがSWOT分析である。SWOTは，第**10**章で説明したように，①強み，②弱み，③機会，④脅威の4つの要因を分析する枠組みであり，経営基盤としての内部資源（①および②）とそれを取り巻く外部環境（③および④）という2つの側面から自己診断を行うためのものである。以下では，この枠組みに基づき，中小小売業の経営について考えてみよう。

① 強み――中小企業の経営判断は店主に委ねられており，意思決定のスピードは一般的に速い。自前の店舗に従業員は家族のみという場合も多く，法人型の小売企業よりも，地代・テナント料と人件費の負担面では有利である。また，大規模小売企業が目を付けないニッチ（隙間）市場で小売事業を展開することができる。しかも，豆腐，菓子，惣菜などの食品製造小売業の場合には，職人技に基づく商品展開によって製品差別化も可能である。さらに，物理的にも心理的にも地域住民との距離が近く，商店街や行政のサポートが得やすいというメリットもある。

② 弱み――従業員数，店舗面積，施設・設備，品揃えの広さ，商品調達コスト，資金，情報の受発信力などの面で大規模小売企業に劣ることが多い。また，商店街にある店舗では，商店街そのものの衰退の影響を受けやすい。

③ 機会――大規模小売店舗法の時代とは異なり，大型店と敵対的な関係というよりは，テナントとして歓迎されるケースが増えた。また，ECの普及により，商圏にとらわれないECモールに出店することが可能になった。

さらに，消費者のサービス需要の高まりとともに，画一化されない中小小売企業の顧客サービス活動が，差別化の手段となる可能性が高まった。

④　脅威——少子高齢化による人口減少が進み，総消費需要が減少し，後継者難と商店街の衰退が加速化している。スーパーマーケットやコンビニエンスストアによる生鮮食品の品揃えと鮮度管理が進んでいることや長時間営業が一般化したことも，経営体力に劣る中小小売業にとって脅威となっている。

以上のようなSWOT分析によって，中小小売業としての一般的な経営課題のみならず，個店としての具体的な経営課題についても認識することができる。さらに経営資源を深く分析する場合には，マッキンゼー・アンド・カンパニーが示した組織の7Sという枠組みも参考になる。それによれば，経営資源には，比較的短時間で管理できるものとして，組織（structure），システム（system），戦略（strategy）が，また，その管理に時間を要するものとして，スキル（skill），人材（staff），スタイル（style），価値観（shared value）が，それぞれ存在する。

経営資源の管理とは，経営目標を達成するように各要因とそれらの相互作用を理解・機能化することにある。ただし，中小企業は，多くの従業員を抱えているわけではないため，そもそも経営目標やそれに基づくこれらの7Sが意識的に管理されているとは限らない。しかしながら，今後，複数の店舗を持つような大手小売企業となることを目指すのであれば，経営目標を実現するための経営資源を正しく把握・管理するという視点が求められるであろう。

ここではSWOT分析にしろ，組織の7Sにしろ，自己分析のための枠組みを例示したに過ぎず，経営者や企業がそれらを超える独自の分析枠組みを考え，自己点検を行うことは，大いに推奨されるべきであろう。

● 地域市場と市場地位別戦略

通信販売を除けば，基本的に小売業は消費者の行動圏内で競争が行われるため，大手製造業など全国レベルで競争が展開される市場と比べると，小売市場は地域市場となり，その地理的範囲は狭い。そのため，とりわけ地方の過疎地などでは，たとえ中小規模の小売企業であっても地域の一番店（すなわち，リーダー）となる場合がある。ただし，大規模小売企業が出店をしないということは，期待される売上が少なく，市場の成長も見込めないという限界を示しているとも言える。したがって，その中小規模の小売企業は，その地域でリーダーという市場地位にあったとしても，高い収益を得られるわけではなく，当面の存続が可能という状況であることが多い。

他方で，都市の人口密集地には，さまざまな小売企業が出店する。そのようなエリアには地場の食品スーパーや専門店といった中小小売企業も多いが，これらは市場地位で言えばニッチャーやフォロワー，場合によってはチャレンジャーになる。ニッチャーは，市場シェアでは下位にあり，上位にあるリーダーが興味を示さないニッチ市場に企業としての生存領域を見出し（例えば，地物の野菜に強い地元の中堅食品スーパーなど），そこに徹底して密着する戦略を取ることになる。フォロワーもシェアは下位であり，リーダーやチャレンジャーの地位にある小売店の品揃えやサービスを一部模倣して，市場シェアの維持に努めることになる（例えば，店舗内の売場作りや品揃えでは大手総合スーパーを模倣しつつも，価格の安さを強調している中小食品スーパーなど）。そしてチャレンジャーは，地域の一番店であるリーダーを追いかけその地位を奪おうと積極的に攻撃を仕掛ける企業で，その地域におけるブランド力ではリーダーに劣っていても，リーダーと同じ業種・業態においてリーダー企業との差別化を図ったり，時にはコスト優位を目指したりすることになる。

このように中小小売企業は，市場地位によって，取りうる戦略に違いが見られる。ただ，そこで最も基本となるのが，立地，品揃え，サービスでの差別化であり，それらを通じて商圏内シェアの高い大規模小売企業に対抗したり，価格競争を回避したりすることを目指すのである。例えば，全国の本格焼酎を専門的に扱う酒販店が，近隣の買物客だけでなく，かなり広範囲からの顧客を吸引するといった場合では，売れ筋商品を満遍なく品揃えする大規模小売企業とは異なり，特定の商品カテゴリーにおける圧倒的な品揃えと専門性によって差別化するという方法が取られている。また，品質にこだわる洋菓子専門店が，チーズタルト単品を店内製造し，「できたて」を販売するというビジネスモデルを確立して，国内外で多店舗展開を図るまでに急成長した事例もある。

● 顧客対応における差別化戦略

どのような規模であるかに限らず，小売業の主要な事業活動には，顧客対応，競争対応，コスト対応といった側面があり，それらを総合的に管理しなければならない。一般に，企業としての目標は事業の存続であり，そのためには，顧客や社会に支持され続けながら，組織を維持しうるだけの利益を継続的に上げる必要がある。ただし，中小小売企業は，大手小売企業に比べて企業体力が劣る分，競争の影響を受けやすいため，それをできるだけ受けないような生存領域を発見し，ビジネスを展開することが重要である。

例えば顧客対応に関して，一般的にはいかに来店客のニーズに応えて顧客満足度を高めるかという点が重要であるものの，中小小売店による顧客対応への具体的取組みは，経営体力に勝る大規模小売企業と同一とはいかない。そこでは，大規模小売企業との価格競争を回避するための差別化手段として，次のような顧客対応策が考えられる。

(1) 品揃え提案型顧客対応

大規模小売業とは異なる品揃えを積極的に展開することで標的顧客のニーズに応えたり，店内で特定の商品に話題性を持たせてそれをクローズアップしたりすることで，顧客の購買意欲を喚起する。これには，他の小売企業にはない商品・サービスを扱うという意味でのニッチ市場の開拓が必要であり，それを支える商品調達とその品揃えに対応したサービス提供が不可欠となる。

(2) サービス重視型顧客対応

食料品店であれば商圏内の顧客に宅配したり，飲食スペースを充実させたりすることや，電器店であれば設置・アフターサービスに加えて家電製品のあらゆる困りごとを解決すべく迅速な訪問を行ったりすることなど，顧客へのサービス提供を重視することによって大手小売業との差別化を図る。また，商圏内の高齢者への配達に伴った見守り機能は，地域社会への貢献にもなる。

(3) 製造小売型顧客対応

食品で言えば，パン，菓子，豆腐，佃煮などの惣菜について専門的に製造・販売を行う中小小売店は多い。スーパーマーケットなどの商品に比べて味がよく品質が高いと顧客が判断すれば，相対的に高い価格でもよく売れる。また，精肉店や鮮魚店でも，単に商材を仕入れるだけでなく，惣菜や持ち帰り弁当のように，その店で加工した商品を提供することによって顧客ニーズを捉え，集客につなげることもできる。また，ファッション小物やアクセサリーなどの分野でも中小の製造小売企業が存在している。

● コスト課題の解決

顧客と競争の双方において，上述のようにうまく対応するためには，そのための戦略を支える施設・設備や人材を備えていなければならない。しかも，それを企業が存続可能なコストで達成する必要がある。つまり，フロントヤードとバックヤードの有機的な仕組みを構築・維持するためのコストに対応しながら，競争優位と企業存続のための利益を確保し続けなければならない。

ところが，中小小売企業の商品仕入総額は大規模小売企業に比べて圧倒的に少なく，製造企業からのリベートや販促費といった収入をあまり期待できないこともあって，商品の仕入コストが相対的に割高になる。この点で大規模小売企業とまともに勝負する術は少ないが，例えば共同仕入機構としてのボランタリーチェーンに加盟するという方法がある。あるいは，大規模小売企業の仕入先にはならないような中小規模の製造企業から直接商品を仕入れるならば，品揃えの差別化と同時に仕入コスト面での競争劣位を回避することもできよう。

さらに，中小小売企業は多くの場合，土地と店舗が自前で地代や家賃がかからず，大規模な設備やシステム導入も不要である。また，家族労働であれば賃金を外部の人間に払い出すこともない。したがって，赤字を出さずに家族が食べていけるだけの利益を上げればよいと考えるのであれば，多くの従業員を雇用して地代やテナント料を払わなければならない法人経営の小売企業に比べ，地代や人件費の高騰といった環境変化に伴うコスト増への耐性は中小小売店のほうが高い。したがって，減価償却済みの従来からの店舗設備を利用して，家族で労働を担う限りでは，中小規模に基づくコスト面での劣位をカバーし，時にはコスト優位を実現することも可能になる。

3 中小小売業の新たな戦略

● 新規起業のパターン

一般に，どのような大手小売企業であっても創業時には個人経営者による中小小売企業としてスタートする。そして前職が何であるにせよ新業態を立ち上げ，一代にしてそれを大企業に育て上げた経営者は，カリスマ経営者として周囲に認知される。海外であれば，フランスで百貨店を立ち上げたアリスティッド・ブシコー（第5章Column⑧）や，アメリカのスーパーマーケットのクラレンス・サンダース（第**2**章**2**を参照）などが，それに該当する。

それが小さな店舗であるにせよ，新たに小売店の営業を開始するという行為は，新規事業の立上げであり，それには次のようなパターンが存在する。

(1)　純粋起業

これは，まったく新たに小売事業を始めるケースである。小売業に縁のない人間が，趣味や経験を生かして，ブティック，雑貨屋，スキューバダイビング・ショップなどを始める例が挙げられる。ECは比較的簡単に市場参入できるため，これも含めるのであれば，純粋起業はごく一般的な起業パターンと言える。また，パンや豆腐などの加工食品を製造販売する小売業の場合には，従業員である職人が一定期間の修業を経て，独立・開業する。さらに，最近ではまったく土地や店舗を持たない人でもコンビニエンスストア本部との契約によってフランチャイズ加盟店のオーナーになることができる。

(2)　事業承継

いくら後継者難とはいえ，今でも家業としての中小小売店を家族が事業承継の形で引き受け，その経営者のもとで新たに商売を始めるケースは多い。この場合，店舗，従業員，経営ノウハウは，基本的にすべて継承できるため，新規事業の立上げに要する費用は比較的少ない。ただし，代替わりに伴って，大幅に戦略を転換しようとするのであれば，かえってそれが費用面で足かせとなることも考えられる。また，事業の継承者を公募し，適当な応募者にその小売企業を売却するというケースもありうる。

(3)　業態転換

これは，他産業に属する企業が小売業に転換するパターンと，小売業内での業態転換の場合とが存在する。前者の場合，製造業や卸売業を廃業して関連する商材を扱う小売企業を創業するケース，後者としては，一般小売店からコンビニエンスストアに転換するケースなどがそれぞれ該当する。

● 経営に必要な企業家精神

スーパーマーケット，ディスカウントストア，コンビニエンスストアといった今日の代表的小売業態は，発生時においてその多くがカリスマ経営者によって営まれる中小小売企業であった。第**2**章で述べたマクネアによる小売業態展開の規定要因として，経済的変化，技術的変化，生活状況の変化，消費者の変化，マーケティングの変化に加え，経営者の役割が挙げられていたが，つまるところ経営環境要因を洞察し，そこにビジネスチャンスを見出し，新規業態を立ち上げ，発展的に経営していくのは，企業家精神あふれる経営者である。

アメリカの例を挙げるなら，アーカンソー州でウォルマートを創業したサム・ウォルトン（Sam Walton）は，地方部を中心にドミナント方式による大型店の出店や，情報を最大限に活用した効率的物流システムの構築によって，シアーズやKマートを抜く全米最大の小売企業を築き上げた。また，ワシントン州でアマゾンを創業したジェフ・ベゾス（Jeff Bezos）は，4人で始めたオンライン書店をわずか18年で世界最大のネット小売企業に育てた。

この2人に限らず，小売企業のカリスマ経営者に共通な点は，従来の慣習にとらわれることなく，積極的に新しい物事へ取り組んでいこうという進取の気質にある。

● 経営に必要な連携による価値共創

中小小売企業が存続していくためには，出店先の周囲に存在する主体との価値共創の発想も必要である。つまり，商圏内の顧客が真に求める商品・サービスを小売企業が提供できるかどうかは，顧客のみならず，その地域に存在するさまざまな主体との相互協力や相互連携にも依存しているということである。それには，商品の仕入先である製造企業・卸売企業だけでなく，次に述べるような主体との連携が必要となる。

(1) 商店街・大型店との連携

商店街にある中小小売店は，商店街全体の魅力度に貢献すると同時に，その集客力の恩恵にもあずかる。つまり，個店としての活動と商店街内の他店の営業活動が相乗効果を発揮することで，互いの集客につながっている。したがって，各店の経営者は，他の店舗や商店街の組合組織と連携し合いながら，商店街全体の活動に対して一定の役割を果たさなければならない。

また，ショッピングセンターに地元の小売企業がテナントとして入ることもあり，大規模小売店舗法の時代には，敵対関係にあると考えられていた大手小売企業や開発デベロッパーと地元の中小小売企業とは，共栄共存を図ることが多くなっている。

Column ㉗ 高齢化社会における商店街の役割

少子高齢化や大都市への人口流出による消費需要の減少，郊外への大型店の進出，それに中小小売店の後継者難などの要因は，特に地方都市の商店街を衰退させてきた。都市部も含め商店街を取り巻く課題は山積しているが，そのような中，地域社会の担い手として力を発揮している商店街も多い。

経済産業省の外局である中小企業庁は，全国の経済産業局のネットワークや地方公共団体，それに全国商店街振興組合連合会などの中小企業団体の協力のもと「がんばる商店街」を選定し公表してきた。2006年5月の「がんばる商店街77選」を皮切りに，2009年の「新・がんばる商店街77選」，2014年および2015年の「がんばる商店街30選」，さらに2019年には「はばたく中小企業・小規模事業者300社」「はばたく商店街30選」が，それぞれ発表され，中小企業庁のホームページでダウンロード可能となっている。これらは，全国の商店街や中小小売企業の経営者にとって大いに参考となるであろう。

なお，これらの事例にはいくつかの共通点がある。第一に，そうした商店街には，商店街を組織として動かすリーダーが存在するということである。空き店舗対策から来街者を増やすための企画に至るまで，どのような成功モデルも当初はそうしたリーダーの力によるものであり，またそれを支える人材の輪が必要である。さらに言えば，国の商店街支援事業への申請を行うのも，やはりそうしたリーダーの役割が大きい。

第二に，高齢者対策だけでなく若者へのアプローチも積極的に行っているということである。そのために，地域の高校・大学などと連携し，生徒・学生に参加してもらうための企画を実施している商店街も多い。このような活動を通じて，郷土への愛着が高まり，長い目で見るならUターン就職や商店街の担い手となる人材が生まれてくるはずである。また，若者が集う商店街は，高齢者にとっても多世代交流の場となる。

第三に，地域の資源や歴史・文化に着目し，農林水産業・製造業・観光業・飲食業などの地元の産業と連携を図っているところも少なくない。商店街は，それだけで生存することはできない。地域住民にとって働く場があって，初めて消費者としてその商店街を利用することができる。したがって，広い意味で言えば，商店街の発展には地域の産業振興が不可欠の要素であり，自治体の政策も重要である。

(2) 地域住民・団体との連携

地域住民・団体との連携に関して言えば，祭・イベント・防災・防犯・環境美化活動に関する自治会・町内会・婦人会・教育機関などとの連携は，地域の商業者として信頼を得る貴重な機会であり，それらとの交流の中にも価値共創の機会が生まれるはずである。

(3) 他の産業との連携

他の産業との連携としては，農林水産業・製造業・飲食業・観光業との連携によって，魅力的な商品・サービスを発掘し，それを品揃え・販売することで大型店との差別化を図ることもできる。例えば，商店街も交えた地産地消運動への取組みも，その具体的方策として有効であろう。

(4) 行政との連携

中小小売業にはさまざまな公的支援が存在する。基本的にこれは個店というよりはむしろ商店街レベルで取り組むべき問題である。経済産業省の外局である中小企業庁は，商店街活性化，中心市街地のまちづくり，中小小売企業の組織化，共同物流などに対する支援活動を行っている。特に，商店街の活性化に関しては，2009 年に施行された地域商店街活性化法に基づき，各ブロックの経済産業局が，地域住民のニーズに沿った商店街活性化の取組みを認定し，補助金，無利子融資，税制などによって支援を行っている。その支援の具体的対象は，宅配，買物サポート，地域イベント，ブランド開発，地域交流施設，子育て支援施設，産直店舗，植物工場，共同店舗，新規起業者向けチャレンジショップ，アーケード，広場，街路整備など，多岐にわたっている。また，地方自治体が先導するふるさと納税制度における返礼品のための地元産品の発掘と販売によって，成果を上げている小売企業もある。

最後に，上述のような連携による価値共創には，経営者である店主の人的ネットワークの広がりと，価値を生み出そうとする彼らの主体的かつ革新的な発想と行動力が不可欠となることは言うまでもない。

演習問題

1 近隣の商店街がどのような活性化策を取っているかを調べてみよう。

2 現在は大企業や中堅企業となっている小売企業 1 社を取り上げて，その企業が創業時からどのように成長してきたのかを調べてみよう。

第16章

社会的責任を果たす小売業

1 社会の一員としての小売企業

● 社会的視点の多様性

『岩波 哲学・思想事典』によれば，社会とは，相互作用や協働によって生命体（オーガニズム）が維持される世界を意味している。そうした視点から社会と小売業を捉えるなら，その関係は多様である。

まず，商業集積という視点から捉えると，例えば，商店街の中小小売企業は，商店街組合という社会の構成メンバーであり，そのような関係はショッピングセンターとテナントの間でも同様である。また，店主は地域商業の担い手であると同時に地域住民の１人でもあり，自治会・町内会を構成するメンバーでもある。組織や人間の行為・行動は，社会全体の制約を受けたり，副次的恩恵にあずかったりするとともに，社会に何らかの影響を及ぼすこともある。例えば，ショッピングセンターが１つの社会であるとするなら，そこに入っているテナントは，営業時間などの面でショッピングセンターの管理運営会社との間で結ばれた賃貸借契約の制約を受ける一方で，センター内の他の有力店の集客力の恩恵を享受することもある。反対に有力店の撤退は，他店の売上の減少をもたらすかもしれない。

次に，企業統治や組織間ネットワークの視点で言うなら，小売業のステークホルダーとして，株主，経営者，従業員，消費者（顧客），仕入先，他の小売企業，地域社会・住民，商工会議所・商工会，金融機関，行政機関といった利害関係集団が存在し，小売企業はそうした集団とのネットワークの中に埋め込まれた存在として位置付けられる。したがって，小売企業は，その活動によって彼らから恩恵を受けると同時に，彼らの利害にも直接的かつ間接的に影響を及ぼす。例えば，小売企業は，商品・サービスの提供によって消費者の生活の質の向上に寄与したり，地域住民の出会いの場や憩いの場を提供したりしており，前者を経済的ベネフィットの提供，後者を社会的ベネフィットの提供と，それぞれ捉えることができる。また，雇用の創出，納税という面で地域や自治体にも貢献している。反対に負の影響として，大規模小売企業の場合，交通渋滞を招いたり，撤退すれば街の疲弊をもたらしたりすることもある。

繰り返しになるが，小売企業は，さまざまなステークホルダーの組織間ネットワークに組み込まれており，それは各主体との間で相互に制約や恩恵を与え合う社会経済システムと見なすことができる。したがって，小売企業は，自身が埋め込まれたそのシステム全体の成果を下げることなく，むしろ高めるために相応の役割と社会的責任を負うこととなる。

マーケティング論では，企業のマーケティング活動に制約を与え，企業にとって統制不可能である要因を，マーケティング環境要因と呼んできた。そこでは，自社を取り巻く社会的制約を所与のものとした上で，最適なマーケティングミックスを計画・実行するのがマーケティング戦略とされている。小売業の場合，商圏の市場規模と成長性，競争企業の行動，仕入先である製造企業や卸売企業の行動などは，自社の取引に直接関わるものの統制不可能であるという意味において，ミクロ環境要因と言える。

また，店頭やバックヤードに関連する小売技術革新の動向，経済・社会・文化に関わる状況，各種の法律・規制などは，より広範なマクロ環境要因と位置付けられる。例えば，産地偽装，不当価格表示，虚偽広告，過重労働，賃金不払い，ハラスメント，不当労働行為，脱税といった問題が小売企業で起きる可能性があるが，法律や規則を犯すことなく，公正なビジネスをしているかどうかは，コンプライアンス，すなわち法令遵守の上で，きわめて重要な経営課題である。コンプライアンスに対する従業員の意識が高く，不正に対する社内チェック機能が充実している企業は，顧客や取引先だけでなく広く社会からの信頼を得ることができるはずである。

● インフラストラクチャーとしての小売業

これまで述べたように，小売業と社会の関係を捉える視点はさまざまである。しかしながら，いずれの視点に立つにせよ，小売業はわれわれの生活になくてはならない存在であり，経済的・社会的な基盤としての機能を有していることは明白である。一般にそうしたものはインフラストラクチャー（以下，インフラ）と呼ばれている。インフラとしての小売業は，具体的に次のような機能を果たしている。

(1) 経済的機能

小売業は生産と消費を仲立ちする。つまり，それは需給調整の担い手として資源の社会的最適配分という機能を果たしている。小売企業は，調達先との交渉を通じて仕入コストの低減を図り，適正な価格で販売することによって，消費者に価値，すなわち消費者余剰を提供する。さらに，天候不順で農産物の不作が続けば，大規模小売企業などは海外からそれを調達するなどして，物資の価格が急騰しないように努めることもある。

また小売業は，次々に生まれてくる新製品の物質的・精神的価値を顧客に提案し，それを販売することによって，消費生活を豊かなものにしている。つまり，そうした活動は消費者に新しいライフスタイルを提案することを意味する。例えば，1950年代後半に普及した白黒テレビ，洗濯機，冷蔵庫は「三種の神器」，1960年代半ばのカラーテレビ，クーラー，カー（自家用車）は「新・三種の神器」や「3C」と，それぞれ呼ばれ，人々のライフスタイルに変化をもたらした。これらの製品の普及には，いずれも製造企業の流通系列化政策を支える小売業の役割が大きかった。同様に，今日のインターネットやスマートフォンの普及は，ECやeクチコミ（オンラインでのクチコミ）を活用したソーシャルコマースの普及の基盤となっている。

(2) 社会的機能

社会インフラという言葉があるが，これは消費者や企業の活動に必要不可欠な，電気・ガス・水道・電話・インターネット・道路・鉄道・物流機関などのライフラインや公共施設としての学校・医療・福祉・行政機関を，一般的には意味している。大規模災害時に孤立した被災地の小売企業が現地で救援・復興に尽力する様子がしばしば報道されてきたが，地震や風水害などの災害時に問題となるのは，被災者たちへのライフラインの確保である。小売業との関連で言えば，それは飲料水と食料などの生活必需品の提供である。コンビニエンスストアなどは，近隣の被災者への物資の提供拠点となる。つまり，営利を目的とする小売企業であっても，このようなときは特に社会インフラとしての役割がクローズアップされる。さらに，防犯や地域の子どもたちの安全確保に協力したり，「こども食堂」の運営に関与したりする小売店舗も存在している。

また，小売業は，単に需要の受け皿ではなく，集客の工夫をし，まちづくりに参画するなど，来街者を増やしたり，地域全体の発展に寄与したりすることもできる。そうした積極的な活動によって，その地域の有効需要が増えれば，それを供給するための雇用も創出される。したがって，小売業は，他の産業と同様に雇用や街の文化の創出という機能も果たしていると言える。

● 小売企業の社会的責任（CSR）

いま述べたように小売業は，われわれの日常生活の中で重要な機能を有しており，社会の一員として企業の社会的責任（CSR：corporate social responsibility）を果たさなければならない。なぜなら，企業が存続するためには，利益の追求だけでなく，ステークホルダーの利益やコンプライアンスなどへの適切な対応が求められるからである。

CSRとは，消費者への誠実な対応，適正な品質，公正な雇用・労働条件，環境への配慮，地域社会への貢献などの国内外の事業活動に対する責任をいう。一般に大企業ほど，地域社会や地球環境に与える企業活動のインパクトが大きいこともあって，CSRへの取組みがより強く求められる。また，慈善事業・公益活動としてのフィランソロピーや，文化・芸術活動支援としてのメセナといった社会貢献活動に取り組んでいる企業もある。

企業に対する社会の視線がますます厳しくなる中で，小売企業も他の産業と同様，社会的責任を果たしていくことは，その発展と存続の上で必須のこととなっている。

2 小売業に関わる規制や法規

● 消費者関連法規

小売企業は，私的企業体でありながら，経済的・社会的なインフラとしての公共性を兼ね備えており，その業務に関しては，遵守すべき法律や規制も多い。また，そこで働く従業員がコンプライアンス意識を持つよう，社内の規則・規定，業務手順，マニュアルなどが整備される必要がある。それはさらに，倫理規範や道徳規範にまで及ぶ場合もあるかもしれない。以下では，特に消費者政策に関連する主な法律や規制について取り上げてみよう。

第一に，消費者の権利を保障し，消費者政策・行政の指針を定めたものとして，1968年に制定された消費者保護基本法がある。同法は，2004年に大幅に改正されて消費者基本法となったが，そこには新たに理念規定（第2条）が置かれ，消費者の権利尊重と自立支援が消費者政策の柱となった。そこで示された消費者の権利とは，①消費生活において基本的な需要が満たされる権利，②健全な生活環境が確保される権利，③安全が確保される権利，④選択の機会が確保される権利，⑤必要な情報が提供される権利，⑥必要な教育の機会が提供される権利，⑦意見が政策に反映される権利，⑧被害から適切・迅速に救済される権利，の8つであった。

その後2009年には，消費者基本法にある「消費者が安心して安全で豊かな消費生活を営むことができる社会の実現に向けて，消費者の利益の擁護及び増進，商品及び役務の消費者による自主的かつ合理的な選択の確保並びに消費生活に密接に関連する物資の品質に関する表示に関する事務を行う」ための消費者庁が，内閣府の外局として新設され，多くの省庁にまたがっていた消費者行政が一元化された。設立当初，消費者被害の救済色が強かった消費者庁は，最近では消費者の自立を促すようなさまざまな施策にも力を入れている。

第二に，消費者を不当な勧誘や契約条項から守るため2000年に制定された法律として，消費者契約法がある。それによれば，消費者が事業者と契約するとき，両者の間には情報の質・量や交渉力に格差があるため，企業が事実と異なることを消費者に告知したり，不確定な要素について断定的な表現をしたり，消費者にとって不利益な事実を告げないなどの不適切な勧誘方法によって，消費者が困惑または誤認して締結した契約については，消費者がその契約の意思表示を取り消すことができるとしている。

第三に，企業の故意ないしは過失の有無にかかわらず，製造物の欠陥により，生命，身体または財産に被害が生じた場合，その製造企業が損害賠償の責任を負うと定めた製造物責任法（PL法）が，1994年に制定された。通常，この法律の対象は製造企業であるが，大手小売業も自社商標の付いたPBについて開発段階から深く関わっていることがあるため，製造物責任法が適用される可能性も高く，今後も注意が必要である。

第四に，事業者による違法・悪質な勧誘行為などを防止し，消費者の利益を守ることを目的としたものに，特定商取引法がある。その中で，訪問販売，電話勧誘販売，特定継続的役務提供，訪問購入においては8日間，連鎖販売取引・業務提供誘引販売取引においては20日間以内であれば，書面により無条件に解約ができるクーリングオフ制度が定められている。また，割賦販売法，宅地建物取引業法，保険業法などでもそれを認めている取引があるものの，通信販売については，クーリングオフに関する規定はない。

第五に，個人情報の適切な取扱いと保護に関するものとして2003年に制定され，2005年に全面施行された個人情報保護法がある。これは，氏名，住所，生年月日などの個人に関する情報を適正に扱い，その有用性に配慮しながらも，個人の権利利益の保護を，国や地方自治体，事業者などに義務付けるものである。また，2017年より改正個人情報保護法が施行され，取り扱う個人情報が5000人分以下の事業者にも適用されるようになった。ECや顧客の囲い込みのためのポイント制度などを採用する小売企業においては，顧客情報の流出や契約外使用とならないように，個人情報の管理を徹底化することが求められている。

● その他の法規

(1) 取引業者関連

消費者の安全・安心のために，生産者情報が小売企業を通じて消費者に伝達される仕組みとしてトレーサビリティがある。具体的には，ある食品がいつ，どこで作られ，どのような経路で食卓に上ったかという，生産・流通の履歴を記録・公表する制度である。つまり，農水畜産物の栽培・生産，加工・処理，輸送・販売の各段階で商品固有の情報を記録し，安全性について問題が生じた際には原因究明や食品の回収を容易にするという仕組みである。これに関連する具体的法律として，牛・牛肉については，2004年に牛トレーサビリティ法が，米・米加工品については2010年に米トレーサビリティ法が，それぞれ施行されており，これらは品質・表示に対する消費者の信頼確保に寄与している。

次に，取引業者間の不公正な取引に関連する重要法規として独占禁止法がある。これは，主として大手企業がその優越的な地位を利用して，相手にとって不利な条件での取引を強要した場合に適用されるものである。小売業で言えば，正当な対価を払わずに労働力の提供やイベントへの協賛を製造企業や卸売企業に求め，それを拒否した際のペナルティをほのめかすといった行為がある。つまり，大規模小売企業がその購買力を背景としたパワーを利用して，弱い立場にある取引先の企業に不利な条件を押し付けたりすれば，法律違反に問われることとなる。

(2) 従業員関連

小売企業の本部や各店の店長は，パートやアルバイトも含めた従業員の採用，教育，勤務時間管理，ハラスメントなどの面で，労務管理上，法律に抵触することがないよう求められている。近年，働き方改革の推進が提唱されているが，2019年4月以降に，働き方改革関連法が順次施行されている。そこでは，時間外労働の上限規制，労働時間の客観的把握，年5日間の年次有給休暇の取得義務化，月60時間超の残業の割増賃金率（50％以上）引上げ，同一労働同一賃金の原則といった内容が盛り込まれている。したがって，いかなる小売企業にあっても，これらに関する情報の共有や社内研修の充実が必要となっている。

(3) 地域社会関連

小売業を地域社会との関連で規制する法律として有名なのが，大規模小売店舗立地法である。これは，2000年までの大規模小売店舗法に代わる新たな法律として誕生したもので，1998年に施行された中心市街地活性化法と同年に改正された都市計画法と併せて，まちづくり3法と呼ばれる法体系を形成している。大規模小売店舗立地法は，周辺地域の環境の保全や生活環境への影響などの面から，大型店の出店を社会的に規制しようとするものである。また，中心市街地活性化法は，中心市街地の空洞化を食い止め，活性化を促すための法律であり，改正都市計画法は，土地の利用規制を意味するゾーニングを促進するための法律である。これら2つの法律は，大規模小売企業の郊外進出を食い止めるために2006年にも改正されている。

さらに，小売業の出店に当たっては，業種ごとに各種の許可申請や免許（例えば，酒類販売免許，開設許可申請）が必要であったり，有資格者（例えば，薬剤師）を店頭に配置したりすることが求められたりする。なお，広く社会全体に関わるものとして環境問題があるが，それに関連する法的規制については，次節で述べる。

3 環境問題と小売業

● 深刻化する地球環境問題

地球環境問題への対応が求められるようになって久しいが，小売業もこの問題に深い関わりがある。一般社団法人日本スーパーマーケット協会が発行した『2016 環境報告書』は，その冒頭で食品スーパーマーケットが取り組むべき2つの環境対策を指摘している。第一が，地球上の限りある資源を無駄なく有効に使うための取組みで，具体的には，食品のリサイクル促進や廃棄物の適正処理・減量化などである。この問題は，2015年9月25日にニューヨークの国連本部で開催された国連サミットで，2001年に策定されたミレニアム開発目標（MDGs）の後継として採択された「持続可能な開発目標」（SDGs：sustainable development goals）の1つになっており，そこでは1人あたりの食料廃棄を世界全体で2030年までに半減させることが盛り込まれている。環境省が発表した2015年の推計値として，日本の食品廃棄物は年間2842万トン，食品ロスは646万トンとなっており，早急な対応が求められている。ちなみに，SDGsの17の目標のうち12の目標は，環境に関連するものとなっている。

小売業に対する社会的批判としてよくあるのが，賞味期限を過ぎたり売れ残ったりした食品が，本来はまだ食べられるにもかかわらず大量に廃棄されているということである。そして，この原因の1つとされているのが，賞味期限に関する「3分の1ルール」という商慣行である。これは，小売企業と製品の納入企業の間での賞味期限に関する取り決めであり，具体的には，製造企業から納入される段階で製品の賞味期限が3分の2以上残されている必要があるというものである。実態としても，賞味期限が残り3分の2に満たない製品が製造企業や卸売企業から納入されることはなく，それらの流通在庫は原則として返品や廃棄処分となってしまう。食品廃棄の問題は，販売価格へのコスト転嫁の可能性が生じることもあって，消費者にとっても無視できない。

食品ロスは，国にとっても重大な問題である。それを減らすための基本政策を盛り込んだ，食品ロス削減推進法が2019年5月に国会で成立した。そこで

Column ㉘　レジ袋問題と環境意識

近年，小売店で提供されるポリエチレンのレジ袋の無償提供が問題視されている。このレジ袋の問題は，地球環境汚染，特に海洋汚染の原因として議論されることが多い。すなわち，レジ袋は海に出て微細化し，海洋生物に影響を与えることが社会的に問題視されている。ただし，小売店舗で配布されるレジ袋とファストフードで利用されるストローが，特に海洋プラスチックごみを象徴するものとして扱われ，例えば，飲食料品パッケージによるプラスチックごみへの関心は，必ずしも高くない。また，同じポリ袋でも，雨天時に大規模店舗の入り口で無料で配布されるカサ袋への批判はほとんど聞かれず，小売企業もプラスチックの使い捨て抑止のために有料化したり，入り口でのカサ袋配布を取りやめたりしていない。

さらに，レジ袋のようなプラスチックごみは，海洋汚染だけを引き起こすのでなく，焼却すれば二酸化炭素排出につながり，埋め立てても分解されず，廃棄されること自体が地球環境に有害と考えることができる。実際にレジ袋に関しても，以前からマイバッグ運動は，地球の限られた資源を考えて使い捨ての袋をやめるという省資源運動の1つとして展開されてきた。この運動は，使い捨ての資材，例えば，飲食店などの割り箸をやめて自分の箸を持参することや，贈答品の過剰包装の廃止と軌を一にして展開されたのである。割り箸や過剰包装に対する資源の浪費という視点からの批判的意見は今でもあるが，今や環境の「敵」は，レジ袋とストローになってきている。

このように特定のものだけを象徴的に取り上げるのは，環境保護を社会に訴求することが難しいからである。すなわち，多様な価値観を持つ消費者層に対して環境保護を訴えるときに，消費者が広く共感するような象徴的な事象に絞り込むほうが，メッセージのインパクトが強まり，その社会的な共感や受容可能性が高まると考えられる。また，小売企業としてもレジ袋の有料化のような行動を取りやすいと言える。すなわち，それらは環境意識を社会的に高揚させる「てこ」の役割を果たしていることになる。特に最近の傾向としては，SNS などのオンラインにおいて映像が拡散されるため，可視化されやすいものほど，消費者の共感を呼びやすい象徴的な事象として社会的に選択される傾向がある。それゆえ，そのような象徴的な事象の背後にある多様な課題をいかに理解させるかということも重要になる。

は，内閣府に特命担当大臣（消費者・食品安全）をトップとする食品ロス削減推進会議が設置され，フードバンク活動への支援や食品ロス削減に向けた国民運動の展開などの施策が進められている。

さらに，廃棄物の適正処理・減量化について言えば，レジ袋，食品トレイ，ペットボトル，ストローなどのプラスチック製品が地球上に残留すると，多くの生物の生命が脅かされると指摘されている。そのためレジ袋の廃止・有償化とマイバック持参の呼びかけ，店頭での食品トレイやペットボトルの回収，プラスチック製ストローから他素材のものへの代替といった対策が進められている。これらの対策は，食品リサイクル法（食品循環資源の再利用などの促進に関する法律），廃棄物処理法（廃棄物の処理及び清掃に関する法律），容器包装リサイクル法（容器包装に係る分別収集及び再商品化の促進等に関する法律）などの法律と関係が深い。

先の『2016 環境報告書』が指摘する２つ目の環境対策は，地球温暖化の防止につながる温室効果ガス（主に CO_2）の削減である。それによれば，日本スーパーマーケット協会の会員企業は，①店舗活動における省エネ・温暖化対策や 3R の推進などへの取り組み，②顧客との協働によるリサイクルなどへの取り組み，③生産者・製造業者，卸売業者，物流業者を含めたサプライチェーン上流との協働による取り組み，を展開するとしている。言うまでもなく，地球温暖化防止は，世界各国で取り組むべき喫緊の課題である。温室効果ガス削減の日本の基本方針は，中期目標として 2030 年度に 26 %減，長期的目標として 2050 年に 80 %減となっている。ただ，工場などの産業部門での削減は進んでいるものの，家庭・オフィス・店舗などの民生部門での削減は十分とは言えない状況にある。

地球温暖化に関する法律としては，省エネ法（エネルギーの使用の合理化に関する法律）やフロン排出抑制法（フロン類の使用の合理化および管理の適正化に関する法律）などがある。小売業では，省エネの一環として LED 照明への切り替えや太陽光発電システムの導入が進み，また，温暖化対策としては，物流段階における二酸化炭素排出量を削減する取組みである「グリーン物流」の確立を目指して，梱包資材の簡素化，配送センターの共同化，低公害車への切り替え，モーダルシフト化，共同輸配送などの取組みがなされている。加えて，一部の大手小売企業では，環境負荷低減を強調した PB の開発も進んでいる。

● 循環型社会形成のための法律

循環型社会形成推進基本法は，循環型社会の形成を推進する上で最も基本となる法律であり，2000 年に制定され，翌年に施行された。同法は，循環型社会を構築するに当たって，国，地方公共団体，事業者，国民の役割を規定した上で，大量生産・大量消費・大量廃棄型の経済社会から環境負荷の少ない循環型社会への転換を図るための基本原則と基本施策を，総合的に定めている。そこには，廃棄物処理の優先順位が次のように示されている。

① 廃棄物の発生を抑制（リデュース）

② 使用済み製品を再使用（リユース）

③ 使用済み製品を原材料として再生利用（マテリアルリサイクル）

④ 廃棄物を燃やして熱や電気を利用する熱回収（サーマルリサイクル）

⑤ 廃棄物の適正処分

また同法は，容器包装リサイクル法，家電リサイクル法，廃棄物処理法，再生資源有効利用促進法，建設資材リサイクル法，食品リサイクル法，グリーン購入法などの個別法と一体的に整備されたものとなっている。

そして，このような法律のもとで，地球環境にやさしい循環型社会が実現するためには，生産者，小売企業を含む流通企業，消費者などの協働が不可欠となる。そこで小売企業は，次のような具体的取組みを行うことができる。

● リバースロジスティクスと環境マネジメント

循環型社会形成のために小売業ができることは何であろうか。それは，まず廃棄物の削減とその利活用のための回収システムの確立である。特に後者は，生産者から卸売企業，さらには小売企業を通じて，消費者に商品が流れるのとは逆の回収システムを構築することを意味する。これは，小売企業を起点とした川上に向かう物流であり，血液の流れになぞらえて静脈物流と呼ばれるものである。具体的には，①廃棄物として適切な処理を行う廃棄物流，②不用品，リサイクル品，パレットなどの回収物流，③不良品や受発注ミスなどによる返品物流，という3つの形態がある。

なお，これに類似したものとして，リバースロジスティクスという概念がある。リバースロジスティクスは，還流ロジスティクスとも呼ばれ，米国ロジスティクス管理協議会（CLM）の委託によりジェームス・R・ストック（James R. Stock）が1992年に出版した報告書のタイトルに付けられた用語である。具体的には，製品の回収，返品，省資源，リサイクル，素材の代替・再使用，廃棄物処理，製品再生，修理，解体部品の再生による製造などが，それに該当する。静脈物流に比べると，リバースロジスティクスのほうが，より強く環境問題を意識しており，生産と消費の間の物流を循環する環（わ）と捉えている点で両者は異なると指摘する向きもある。

以上のように，小売業は，生産者と消費者の中間に位置し，川上からの製品を川下に流すだけではなく，川下からの廃棄物・リサイクル品・返品商品を川上に環流させることによって，資源の無駄を省き，地球環境の維持に貢献することができる。そのためには，各企業が環境問題に関する目的・目標などを定め，その達成に向けた組織・計画・プロセスを具体的に管理するための環境マネジメントシステムを構築する必要がある。

例えば，国際的な非政府機関であるISO（国際標準化機構）が策定した環境マネジメントに関する規格の総称として，ISO14000シリーズというものがある。そこには，環境監査，環境ラベル，環境パフォーマンス評価，ライフサイクルアセスメントなどの規格が含まれているが，特に，生産・流通・廃棄などの事業活動に関する環境マネジメントシステム規格が，1996年に策定されたISO14001である。その後，いくたびか改訂されているものの，その基本的構造は，PDCAサイクルを繰り返すことによって環境パフォーマンスを持続的に改善しようというものである。

さらに，企業の環境保全への取組みを推進するためには，そうした取組みを客観的に定量化し評価するための仕組みとして，環境会計が必要となる。環境省の定義によれば，「環境会計とは，企業等が，持続可能な発展を目指して，社会との良好な関係を保ちつつ，環境保全への取組を効率的かつ効果的に推進していくことを目的として，事業活動における環境保全のためのコストとその活動により得られた効果を認識し，可能な限り定量的（貨幣単位又は物量単位）に測定し伝達する仕組み」である（環境省ホームページより）。また，環境会計をより多くの企業に普及させるために，環境省は1999年よりガイドラインを公表（2005年，2018年に改定）している。環境会計ガイドラインの開示内容は，基本的に，環境保全のための費用・投資とそれによってもたらされた環境保全効果・経済効果などであり，それらを社内外に発信することにより社会全体として環境保全につなげていこうとするものである。

4 小売業の社会貢献活動

● 近江商人の三方よし

これまで述べてきたように，小売企業は社会との関係でさまざまな対応に迫られている。その一方で，受け身的な態度を脱し，むしろ積極的に社会貢献に取り組もうとする小売経営者も多い。本節では，このような小売企業の積極的な社会貢献について述べてみよう。

企業が社会貢献をする意義はどこにあるのであろうか。これを商業の歴史で考えるなら近江商人が参考となる。近江商人は，中世から近代にかけて近江国（現在の滋賀県）に本宅を構えながらも，近江国外で行商や店舗での営業活動を行った広域志向の出稼ぎ商人を指す。彼らは，「売手よし，買手よし，世間よし」という「三方よし」の心得を持ち，自分が利益を得るだけでなく，顧客や地域社会の利益も考えて商売を行ったことで有名である。当時の近江商人は，近畿地方のみならず，遠くは関東地方にまで天秤棒を担いで行商して歩いたとされるが，他方で，成功した商人が名も告げず多額の寄付を社会貢献のために行うこともあった。また，彼らは，こうした社会貢献を人知れず行うことをよしとする陰徳善事の精神を大切にしたとされている。

いつの時代，どこの社会でもそうであるが，商売に成功するとそれを妬む人々も現れる。そのため，地域社会の一員として生きていく上で，小売企業は，利益を上げさせてくれた感謝の気持ちを，祭やイベントへの寄付といった形で表現する必要性があるのかもしれない。それによって，企業は市民として受け入れられ市場で生かされる。ただ，上にも述べたように，そうした行為が売名行為と批判される場合もあるため，寄付などの社会貢献は人知れず行うべきであり，自己顕示や見返りを期待するべきではないという，陰徳善事の精神を重んじる経営者は今でも多い。

● ソーシャルマーケティング

他方で，これに類似した考え方として，アメリカ流のソーシャルマーケティングがある。消費者にとってどれほど便利であって，しかも儲かるからと言って，その廃棄物が環境汚染につながるようなものであるなら，小売企業はそれを販売するべきではない。さらに，社会的利益を重視しながら行われるマーケティング活動としてのソーシャルマーケティング（あるいは，ソサイエタルマーケティング）を追求する企業も増えてきた。なお，コトラーらが提唱し，社会実装に努めたソーシャルマーケティングとは，社会に対する非営利組織のマーケティングを意味するものである。そのためコトラーは，消費者利益と企業利益に加えて社会の利益を調和させるマーケティングのあり方を，ソサイエタルマーケティングと呼んで区別している。

さて本題に戻ると，アメリカン・エキスプレス・カードが，1981年にアメリカの自由の女神像の修復のために募金活動をしていた慈善事業団体と連携し，クレジットカードを1回使うごとに1セントをその団体に寄付するというキャンペーンを行ったところ，目標金額の募金が短期間で集まっただけでなく，社会に貢献できたことで消費者が喜び，さらに，カード会社にも大きな利益がもたらされたという事例がある。

このように，慈善活動を社会的なコーズ（大義）と捉え，それを解決するために売上の一部を寄付することなどを主張しながら，顧客満足と企業の利益を実現する活動は，コーズ・リレーテッド・マーケティングと呼ばれている。これは，自社への直接的利益を顧みない単なる慈善事業とは異なり，当該商品・サービスを購入・利用する消費者の支持を集めるだけでなく，ブランドや企業イメージの向上にもつながる可能性があるという意味において，ソーシャルマーケティング（またはソサイエタルマーケティング）の一例と言える。最近では，小売企業が地域の活動や地球環境の保護活動のために売上の一部を寄付したり，従業員がそうした活動に直接参加したりする例も増えてきている。

● 社会貢献活動に関する今後の課題

小売業の社会貢献活動に関する今後の課題としては，以下のことが考えられる。第一に，多様化・複雑化する社会のニーズに合った新たな社会貢献活動の模索である。情報通信技術の発達，グローバリゼーションの進展，少子高齢化など，社会をめぐる変革の大きさとスピードには目を見張るものがある。それによって，新たに解決すべき社会的課題も次々と生まれてきている。小売企業は，そうした課題解決に貢献すべく，新たな取組みを模索していく必要がある。例えば，グローバリゼーションの進展によって，世界的な所得格差や貧困問題

Column ㉙ 倫理的消費とSDGs

倫理的消費（エシカル消費）とは，「消費者それぞれが各自にとっての社会的課題の解決を考慮したり，そうした課題に取り組む事業者を応援しながら消費活動を行うことである」（消費者庁ホームページより）。また，消費者基本計画になぞらえるなら，それは地域の活性化や雇用なども含む，人・社会・環境に配慮した消費行動ということになる。この言葉の起源は，1989年にイギリスで刊行された『エシカルコンシューマー』という専門誌にあるとされている。

倫理的消費の対象として配慮すべき領域には5つあり，具体的な商品例と併せて示すなら，人（障がい者支援につながる商品），社会（フェアトレード商品，寄付付き商品），環境（エコ商品，リサイクル製品，資源保護に関する認証付き製品），地域（地産地消の製品・サービス，被災地産品），生物多様性（動物福祉，動物や環境保護に関わる認証付き製品）がある。

倫理的消費は，本章の中でも述べた持続可能な開発目標（SDGs）とも深い関係にある。例えば，目標12（つくる責任　つかう責任）は，まさに企業と消費者の双方の取組みを訴えている。地産地消の考えに賛同して，地元産品を購入したり，それを提供する飲食店を積極的に利用したりすることは，目標12（つくる責任　つかう責任）のみならず，目標8（働きがいも 経済成長も）や目標17（パートナーシップで目標を達成しよう）にも貢献するであろう。また，フェアトレード商品の購入は，目標2（飢餓をゼロに），目標8（働きがいも 経済成長も），目標12（つくる責任 つかう責任），目標16（平和と公正をすべての人に），目標17（パートナーシップで目標を達成しよう）の責任を果たすことにつながる。

生産者，流通企業，消費者，それに行政も一体となって，人，社会，環境，地域，生物の持続可能性を地球規模で保持し，次の世代に伝えていくというのが，これらの思想の根底にはある。

（参考）井上（2019）。

が浮き彫りになってきたが，そうしたことへの具体的取組みは，先に述べたSDGsの最初の2つのゴール，すなわち貧困と飢餓に関連している。ただし，企業の資源も有限である。何に取り組み，何に取り組まないのか。このことを自覚し，社会に貢献しながら，企業としての存続を図っていくことが重要である。

第二に，寄付などの社会貢献に関する情報公開のあり方である。先に紹介した近江商人以来の陰徳善事の精神を尊重する企業経営者はいまだに多い。それは1つの哲学，すなわち伝統的な精神文化として尊重されるべきものである。

他方で，それを社会にアピールすることで企業イメージを高めようとする企業経営者も存在する。また，株式上場企業では，株主に対する説明責任上，社会貢献活動についても情報公開が当然という考え方もある。さらに，企業横並びをよしとするような業界や地域では，自社が率先して行動を起こし，それが呼び水になって社会貢献活動が全体として浸透していくかもしれない。

以上のように生産と流通の中間に位置し，社会と多くの接点を持つ小売企業の社会的責任は重く，その分，それに従事する人々の仕事のやりがいは大きいはずである。

演習問題

1 近年において，優越的な地位にある大手小売企業がその地位を濫用して問題になった事例を 1 つ取り上げて，どのような行為が問題となったのかを調べてみよう。

2 地球環境問題に取り組む小売企業 1 社を取り上げて，どのような活動を展開し，その活動がステークホルダーにどのように評価されているのかを調べてみよう。

文献案内

1　参考文献（本書で言及した文献。著者アルファベット順）

Albion, Mark S.（1983）*Advertising's Hidden Effects: Manufacturers' Advertising and Retail Pricing*, Auburn House.

Alderson, Wroe（1957）*Marketing Behavior and Executive Action: A Functionalist Approach to Marketing Theory*, Richard D. Irwin.（石原武政ほか訳『マーケティング行動と経営者行為――マーケティング理論への機能主義的接近』千倉書房，1984 年）

Bitner, Mary Jo, Valarie A. Zeithaml, and Dwayne D. Gremler（2010）"Technology's Impact on the Gaps Model of Service Quality," P. P. Maglio, C. A. Kieliszewski, and J. C. Spohrer, eds., *Handbook of Service Science*, Springer, pp. 197–218.

Brand, Edward（1967）"The Retailing Cycle," R. Gist, ed., *Management Perspectives in Retailing*, John Wiley & Sons, pp. 19–21.

Brisoux, Jacques E., and Michel Laroche（1980）"A Proposed Consumer Strategy of Simplification for Categorizing Brands," J. H. Summey and R. D. Taylor, eds., *Evolving Marketing Thought for 1980: Proceedings of the Annual Meeting of the Southern Marketing Association*, Southern Marketing Association, pp. 112–114.

Brown, Stephen（1987）"Institutional Change in Retailing: A Review and Synthesis," *European Journal of Marketing*, Vol. 21, No. 6, pp. 5–36.

Bucklin, Louis P.（1966）*A Theory of Distribution Channel Structure*, IBER University of California.（田村正紀訳『流通経路構造論』千倉書房，1977 年）

Christensen, Clayton M.（1997）*The Innovator's Dilemma: When New Technologies Cause Great Firms to Fail*, Harvard Business School Press.（伊豆原弓訳『イノベーションのジレンマ――技術革新が巨大企業を滅ぼすとき』翔泳社，2000 年）

Copeland, Melvin T.（1924）*Principles of Merchandising*, A.W.Shaw Company.

Hollander, Stanley C.（1966）"Notes on the Retail Accordion," *Journal of Retailing*, Vol. 42, Summer, pp. 29–40, 54.

Huff, David L.（1964）"Defining and Estimating a Trading Area," *Journal of Marketing*, Vol. 28, No. 3, pp. 34–38.

井上綾野（2019）「消費者行動研究に基づく倫理的消費推進策の提案」『消費者政策研究』第 1 巻，50–67 頁。

鹿島茂（1991）『デパートを発明した夫婦』講談社現代新書。

Kotler, Philip（1974）"Atmospherics as a Marketing Tool," *Journal of Retailing*, Vol. 49, No. 4,

pp. 48–64.
Kotler, Philip, Hermawan Kartajaya, and Iwan Setiawan (2016) *Marketing 4.0: Moving from Traditional to Digital*, Wiley.（恩蔵直人監修，藤井清美訳『コトラーのマーケティング4.0——スマートフォン時代の究極法則』朝日新聞出版，2017 年）
Kotler, Philip, and Kevin Lane Keller (2017) *Marketing Management*, 15th edition, Pearson.
Levy, Michael, Dhruv Grewal, Robert A. Peterson, and Bob Connolly (2005) "The Concept of the 'Big Middle'," *Journal of Retailing*, Vol. 81, No. 2, pp. 83–88.
McNair, Malcolm P. (1931) "Trends in Large-Scale Retailing," *Harvard Business Review*, Vol. 10, October, pp. 30–39.
McNair, Malcolm P., and Eleanor G. May (1976) *The Evolution of Retail Institutions in the United States*, Marketing Science Institute.（清水猛訳『"小売の輪" は回る——米国の小売形態の発展』有斐閣，1982 年）
Mintzberg, Henry, Bruce Ahlstrand, and Joseph Lampel (1998) *Strategy Safari: A Guided Tour through the Wilds of Strategic Management*, Free Press.（齋藤嘉則監訳『戦略サファリ——戦略マネジメント・ガイドブック』東洋経済新報社，1999 年）
Moriuchi, Emi, and Ikuo Takahashi (2016) "Satisfaction Trust and Loyalty of Repeat Online Consumer within the Japanese Online Supermarket Trade," *Australasian Marketing Journal*, Vol. 24, No. 2, pp. 146–156.
Nielsen, Orla (1966) "Developments in Retailing," M. Kajæ-Hansen, ed., *Readings in Danish Theory of Marketing*, North-Holland, pp. 101–115.
Parasuraman, A., Valarie A. Zeithaml, and Leonard L. Berry (1985) "A Conceptual Model of Service Quality and Its Implication for Future Research (SERVQUAL)," *Journal of Marketing*, Vol. 49, No. 4, pp. 41–50.
Parasuraman, A., Valarie A. Zeithaml, and Leonard L. Berry (1988) "SERVQUAL: A Multiple-item Scale for Measuring Consumer Perceptions of Service Quality," *Journal of Retailing*, Vol. 64, No. 1, pp. 12–40.
Porter, Michael E. (1985) *Competitive Advantage: Creating and Sustaining Superior Performance*, Free Press.（土岐坤・中辻萬治・小野寺武夫訳『競争優位の戦略——いかに高業績を持続させるか』ダイヤモンド社，1985 年）
Reilly, William J. (1931) *The Law of Retail Gravitation*, William J. Reilly.
佐藤肇 (1971)『流通産業革命——近代商業百年に学ぶ』有斐閣選書。
佐藤肇 (1974)『日本の流通機構——流通問題分析の基礎』有斐閣大学双書。
Solomon, Michael R. (2013) *Consumer Behavior: Buying, Having, and Being*, 10th edition, Pearson Education.（松井剛監訳『ソロモン消費者行動論』丸善出版，2015 年）
Stock, James R. (1992) *Reverse Logistics: White Paper*, Council of Logistics Management.
髙橋郁夫 (2015)「小売商業に対する行政支援の実態に関するアンケート調査（都市編）の結果」『三田商学研究』第 58 巻第 5 号，47–60 頁。
髙橋郁夫 (2016)「イノベーターとしてのネットスーパー——業態ロイヤルユーザーの分析

から見た特徴と課題」『マーケティングジャーナル』第36巻第2号，5-20頁。
Underhill, Paco（1999）*Why We Buy: The Science of Shopping*, Simon & Schuster.（鈴木主税・福井昌子訳『なぜこの店で買ってしまうのか――ショッピングの科学』ハヤカワ・ノンフィクション文庫，2014年）
Zola, Émile（1883）*Au Bonheur des Dames*, Charpentier.（吉田典子訳『ボヌール・デ・ダム百貨店――デパートの誕生』藤原書店，2004年）

2 より進んだ学習のための文献（1の参考文献を除く。各項，著者五十音順）

● 理解の助けとなる文献（【 】内は本書の該当章）

恩蔵直人・守口剛（1994）『セールス・プロモーション――その理論，分析手法，戦略』同文舘出版。【第5, 13章】
サイモン，ハーマン著／上田隆穂監訳，渡部典子訳（2016）『価格の掟――ザ・プライシングマンと呼ばれた男の告白』中央経済社。【第5章】
スティーブンス，ダグ著／斎藤栄一郎訳（2018）『小売再生――リアル店舗はメディアになる』プレジデント社。【第2, 5章】
田村正紀（2010）『マーケティング・メトリクス――市場創造のための生きた指標ガイド』日本経済新聞出版社。【第6章】
ファリス，ポール・W，ネイル・T・ベンドル，フィリップ・E・ファイファー＆ディビッド・J・レイブシュタイン著／小野晃典・久保知一監訳（2011）『マーケティング・メトリクス――マーケティング成果の測定方法』ピアソン桐原。【第6章】
矢作敏行（1994）『コンビニエンス・ストア・システムの革新性』日本経済新聞社。【第2章】
矢作敏行編著（2011）『日本の優秀小売企業の底力』日本経済新聞出版社。【第1, 2章】
ラブロック，クリストファー＆ヨッヘン・ウィルツ著／白井義男監修，武田玲子訳（2008）『ラブロック＆ウィルツのサービス・マーケティング』ピアソン・エデュケーション。【第5, 13章】

● より深く学ぶための文献（【 】内は本書の該当章）

石淵順也（2019）『買物行動と感情――「人」らしさの復権』有斐閣。【第7, 8章】
岸本徹也（2013）『食品スーパーの店舗オペレーション・システム――競争力構築のメカニズム』白桃書房。【第2, 5章】
グルンルース，クリスチャン著／蒲生智哉訳（2015）『サービス・ロジックによる現代マーケティング理論――消費プロセスにおける価値共創へのノルディック学派アプローチ』白桃書房。【第13章】
黄磷（2003）『新興市場戦略論――グローバル・ネットワークとマーケティング・イノベーション』千倉書房。【第14章】
清水聰（2006）『戦略的消費者行動論』千倉書房。【第7, 8章】

髙嶋克義（2015）『小売企業の基盤強化――流通パワーシフトにおける関係と組織の再編』有斐閣。【第 **3, 4** 章】
髙橋郁夫（2019）『消費者購買行動――小売マーケティングへの写像』新装版，千倉書房。【第 **7, 8, 13** 章】
髙橋広行（2018）『消費者視点の小売イノベーション――オムニ・チャネル時代の食品スーパー』有斐閣。【第 **8, 11** 章】
田村正紀（2008）『業態の盛衰――現代流通の激流』千倉書房。【第 **2** 章】
田村正紀（2008）『立地創造――イノベータ行動と商業中心地の興亡』白桃書房。【第 **9** 章】
田村正紀（2019）『流通モード進化論』千倉書房。【第 **2, 11, 12** 章】
寺本高（2019）『スーパーマーケットのブランド論』千倉書房。【第 **7, 8** 章】
南知惠子（2006）『顧客リレーションシップ戦略』有斐閣。【第 **12** 章】
峰尾美也子（2010）『小売構造変化――大型化とその要因』千倉書房。【第 **2** 章】
横山斉理（2019）『小売構造ダイナミクス――消費市場の多様性と小売競争』有斐閣。【第 **2** 章】
ラッシュ，ロバート・F＆ステファン・L・バーゴ著／井上崇通監訳（2016）『サービス・ドミナント・ロジックの発想と応用』同文舘出版。【第 **13** 章】

● 本書の全般に関わる教科書

髙嶋克義（2012）『現代商業学』新版，有斐閣アルマ。
髙嶋克義・桑原秀史（2008）『現代マーケティング論』有斐閣アルマ。
Berman, Barry R., Joel R. Evans, and Patrali M. Chatterjee（2017）*Retail Management: A Strategic Approach*, 13th edition, Pearson.
Levy, Michael, Barton A. Weitz, and Dhruv Grewal（2018）*Retailing Management*, 10th edition, McGraw-Hill.

索　引

事項索引

● か　行

●さ　行

● た　行

● な　行

● は　行

●ま・や 行

●ら・わ 行

団体名・商品名等索引

人名索引

小売経営論
Retail Management

2020年 6月20日　初版第1刷発行

著　者　高嶋克義（たかしま かつよし）
　　　　髙橋郁夫（たかはし いくお）

発行者　江草貞治

発行所　株式会社 有斐閣
郵便番号 101-0051
東京都千代田区神田神保町 2-17
電話 (03)3264-1315〔編集〕
(03)3265-6811〔営業〕
http://www.yuhikaku.co.jp/

印刷・萩原印刷株式会社／製本・大口製本印刷株式会社

ISBN 978-4-641-16565-6